国家社科基金一般项目"'慎诉'视域下不起诉的范式改造项目研究"（项目编号：22BFX054）研究成果

# 企业合规刑事司法程序改革研究

杨帆　徐梦翔　著

ZHEJIANG UNIVERSITY PRESS
浙江大学出版社
·杭州·

**图书在版编目(CIP)数据**

企业合规刑事司法程序改革研究 / 杨帆,徐梦翔著
. --杭州:浙江大学出版社,2023.7
ISBN 978-7-308-23236-4

Ⅰ.①企… Ⅱ.①杨… ②徐… Ⅲ.①企业法－研究
－中国 ②刑法－司法制度－研究－中国 Ⅳ.
①D922.291.914 ②D924.04

中国版本图书馆 CIP 数据核字(2022)第 226527 号

**企业合规刑事司法程序改革研究**
杨 帆 徐梦翔 著

| | | |
|---|---|---|
| 责任编辑 | 傅百荣 | |
| 责任校对 | 梁 兵 | |
| 封面设计 | 周 灵 | |
| 出版发行 | 浙江大学出版社 | |
| | (杭州市天目山路 148 号 邮政编码 310007) | |
| | (网址:http://www.zjupress.com) | |
| 排 版 | 杭州隆盛图文制作有限公司 | |
| 印 刷 | 广东虎彩云印刷有限公司绍兴分公司 | |
| 开 本 | 710mm×1000mm 1/16 | |
| 印 张 | 13.5 | |
| 字 数 | 250 千 | |
| 版 印 次 | 2023 年 7 月第 1 版 2023 年 7 月第 1 次印刷 | |
| 书 号 | ISBN 978-7-308-23236-4 | |
| 定 价 | 58.00 元 | |

# 序　言

继认罪认罚从宽制度之后，企业刑事合规无疑是近几年以及将来较长时间内的研究热点。刑事合规赋予了合规最为强大的法律效力，法学理论界掀起了有关刑事合规研究的高潮，一大批优秀的研究成果涌现。理论研究叠加现实的需求，由此触动了关于刑事合规的司法改革从地方到中央、由点到面的改革探索。2022 年 4 月，随着最高检主导下的改革探索逐步深入发展，刑事合规改革在全国范围内全面推开，这对我国的司法程序和企业治理改革而言，都是一件大事。

对企业刑事合规研究兴趣所至，我先后陆陆续续发表一些小文章，也带领我的学生们做过一些刑事合规的调研、访谈，指导一些地方检察院开展刑事合规建设，分享刑事合规研究成果。但从整体上来看，研究较为零碎，缺乏系统性的整理。考虑到人才培养和学术研究的一体化，我由此萌生了和学生一起完成企业合规刑事司法程序系统性研究的想法。

企业合规的刑事化已呈全球发展态势。刑事合规势必对刑事立法、司法产生深远影响，对诉讼程序提出承载、支撑要求。我国刑事合规的理论研究逐步兴起，实践中一些地方司法机关在保护民营经济的政策指引下，进行了刑事程序的改革与探索，如检察机关对特定条件下的企业犯罪，发出合规检察建议或作出合规相对不起诉。然而随着刑事合规的全面深入发展，我国刑事诉讼程序应从侦查、起诉、审判、执行、辩护等多个环节进行系统、科学改造，以满足企业合规对刑事程序的实质需求。从现有的研究来看，对刑事合规的程序关注，多集中在暂缓起诉、不起诉等程序激励方面。实际上，合规的刑事化，必定会对整个刑事诉讼流程带来影响。因此,有必要对刑事合规程序进行系统化的梳理,并探究其程序配置的理念,以期对中国正在如火如荼推进的刑事合规程序改造有所裨益。

研究主要分为理论篇和程序篇。理论部分包含:刑事合规的一般理论,包含刑事合规的概念、刑事合规的价值、刑事合规的功能;刑事合规的发展,包含刑事合规的国际运行、本土化探索;现代化刑事合规体系的构建,包含刑事合规现代化发展的要求与现实困境、现代化刑事合规体系的构建等。程序部分考虑从刑事诉讼的发展流程展开,主要内容有:企业合规的刑事司法程序改造——立案侦查阶段,包括刑事合规立案侦查的域外特色与经验、我国企业犯罪立案侦查阶段存在的问题、我国企业犯罪立案侦查的程序完善;企业合规的刑事司法程序改造——起诉阶段,包括刑事合规起诉的域外特色与经验、我国企业犯罪起诉阶段存在的问题、我国企业犯罪起诉的程序完善;企业合规的刑事司法程序改造——审判阶段,包括刑事合规审判的域外特色与经验、我国企业犯罪审判阶段存在的问题、我国企业犯罪审判的程序完善;企业合规的刑事司法程序改造——执行阶段,包括刑事合规执行的域外特色与经验、我国企业犯罪执行阶段存在的问题、我国企业犯罪执行的程序完善。考虑到刑事合规程序与刑事犯罪这一实体法的紧密联系,又加入了企业犯罪治理与刑事实体合规激励研究,内容包含:企业犯罪追诉司法实践的数据分析、企业犯罪追诉实体方面存在的问题、刑事实体激励——个人与单位的切割、出罪等。律师是刑事合规程序中的重要参与者,是被追诉方的利益的守卫者与咨询师,本书也展开了对辩护律师有效参与刑事合规业务的研究,具体内容包括:辩护律师有效参与刑事合规的重大意义、刑事合规程序中辩护律师的功能定位、辩护律师有效参与刑事合规的障碍、保障辩护律师有效参与刑事合规的路径选择。基于认罪认罚与刑事合规某种程度上的价值一致性和适用上的可融合性,我们也尝试了从认罪认罚与刑事合规融合的角度展开研究,内容包括:认罪认罚从宽制度的核心要义、刑事合规与认罪认罚程序激励融合的可行性、刑事合规与认罪认罚程序激励的运行现状、刑事合规与认罪认罚程序激励融合的路径选择。在研究的最后,本书凝练全书的观点,提出了企业合规刑事诉讼特别程序改革的立法建议,并附上具体的立法建议稿,以期对将来的刑事诉讼立法改革有所贡献。

在研究过程中,我们以问题为导向,通过比较观察、实证研究等方法,遵循现象—问题—原因—对策的思路,确保研究成果的实践指导意义。由于刑事合规在中国可谓一个崭新的话题,难以为一般群众所理解,在研究时,为了使表述通俗易懂,我们设计了在每一章开篇的案例引导,先帮助读者建立直观的印象。随后,通过对案例的评述,引导读者进入研究的主题。循序渐进,才能使得接下来的专业阐述获得读者的共鸣。本研究在众多关于刑事合规的研究成果中最大的特色是案例引导下、深入浅出的系统性研究。研究整合了刑事合规的最新研究成果,紧密结合中国现实,提出了一些建设性意见,希望对中国的刑事合规理论研究和实践改革起到推进作用。

需要特别提及的是,本书的部分案例从选择到评述,我的硕士研究生何肖璐、邹惠敏、曾潇宣、杨祁、张欣、谭志云、张仪烁作出了巨大贡献,在此深表感谢!本书共计十一章,杨帆完成前言、第一章、第二章、第三章、第五章、第六章、第九章、第十章、第十一章,徐梦翔完成第四章、第七章、第八章。

杨　帆

2022 年 6 月 30 日

# C NTENTS 目录

# 第一章　刑事合规的基本范畴

## 西门子企业合规案[*]

2006 年 11 月，西门子公司因涉嫌商业贿赂而受到德国慕尼黑检察机关的调查。在调查过程中，检察机关发现西门子在全球有 20 多位接受"可疑支付"的接收人和公司来历不明，数百万欧元被转往阿拉伯联合酋长国、印度尼西亚、苏丹等多国的账户。这些可疑的接收人和公司曾经接受过西门子的多笔资金，用于在多个国家进行商业贿赂，从而获取业务订单和编织商业关系网络。随后，西门子主动向美国司法部和证券交易委员会报告了在多个国家的行贿行为，并聘请美国德普律师事务所进行了长达两年的内部独立调查。美国司法部经过调查，以西门子公司以及西门子阿根廷、孟加拉国、委内瑞拉分公司为共同被告人，提出了刑事起诉，指控上述被告人在多个国家通过咨询公司向有关政府官员支付了高额贿赂，并将这些贿赂款以"咨询费"和"律师费"的名义进行记账。

美国证交会则对西门子公司提出了民事起诉，指控该公司从 2001 年 3 月至 2007 年 9 月，向外国政府官员进行了广泛而系统的行贿以获取业务。其间，西门子向第三方提供了至少 4283 次、总计约 14 亿美元的资金，用于行贿全球多个国家的政府官员。通过行贿，西门子获得了 332 个项目，获取的利润额超过 11 亿美元。而自 1998 年以来的十年时间里，西门子曾向中国官员及相关人员行贿 7000 多万美元，并由此获取了金额高达 23 亿美元的订单，涵盖医疗设备、高压输电线路、地铁列车和信号系统等多个领域。为避免造成更为惨重的损失，西门

---

[*] 本案例援引自陈瑞华：《西门子的合规体系》，《中国律师》2019 年第 6 期。

子最终与美国司法部达成了刑事和解协议。根据这项协议,司法部放弃对西门子提起刑事指控,条件是以西门子违反 FCPA 有关会计条款和内管制条款为由,对西门子公司处以 4.485 亿美元的罚款;以违反该法会计条款为由,对西门子阿根廷分公司处以 50 万美元罚款;以违反反贿赂条款和会计条款为由,对西门子委内瑞拉和孟加拉国分公司各处以 50 万美元的罚款。

针对美国证交会提起的民事起诉,西门子选择了民事和解,最终西门子对证交会有关西门子违反反贿赂条款的主张既不否认也不予以承认,只是同意向证交会退还 3.5 亿美元的不正当所得。与此同时,西门子公司在德国境内也与慕尼黑检察机关达成协议:检察机关认为西门子公司的行贿行为至少获取了 3.9475 亿欧元的经济利益,基于该公司董事会存在疏于监督的问题,最终作出了处以 3.95 亿欧元罚款的决定。但检察机关不再对西门子提起公诉。以上和解协议达成后,西门子公司主要在两个方面挽回了损失:一是西门子公司没有被认定为参与了行贿行为,德国的公共出口信用机构的保险对其继续有效;二是西门子作为负责任的合同签订者,可以继续与美国政府进行相关的交易。

西门子公司行贿事件发生后,该公司对管理团队作出了大幅度调整。监事会主席和首席执行官相继辞职,约 200 名经理被开除,100 多名高层管理人员被责令配合调查。西门子还重新组建了合规团队,任命前财政部长威格尔博士担任独立合规监察官,从 2009 年开始持续监督西门子在合规方面的改进情况。西门子聘请独立的会计师事务所和律师事务所等外部专业机构进驻,开启了德国历史上的首次公司独立调查。这项调查活动评估了 5000 多个咨询协议,检查了 4000 万个银行账户报表、1 亿份文件以及 1.27 亿次交易,进行了无数次内部谈话。西门子为此付出了高昂的代价,仅外部专业机构的调查费用就高达数亿欧元。最终在 2008 年 12 月,西门子公司与美国、德国主管机关达成庭外和解,支付了创下历史纪录的 16 亿美元罚金,但免于被起诉。与此同时,西门子建立了独立而权威的合规组织体系。与美国司法部和证交会达成和解协议之后,西门子公司在监管期限内重建了反商业贿赂合规计划,并建立反垄断、反洗钱和数据保护等专项企业合规计划;投入资源加强企业合规组织与制度建设,开展有效的企业合规培训;根据国际业务不断变化,不断完善企业合规管控措施,成为全球合规体系建设样板。

## 评述

从西门子公司的上述经历可见企业刑事合规的重要价值。主要体现在以下三个方面:

## 一、从企业的角度

**1. 通过非罪化的刑事处理方式，企业获得了刑事激励措施，避免了刑事处罚**

在西门子案例中，由于西门子实施了行贿行为，西门子将会收到美国司法部的刑事指控，美国证交会也会提起民事诉讼，德国检察机关也将对其进行刑事调查。为了避免受到美国司法部的刑事指控和法院的定罪量刑，西门子走上了企业合规的道路，建立了完善的企业合规体系。正是这种能够对企业免予刑事处罚的处理方式，明显激励了西门子建立合规计划，同时也成为西门子推进合规计划建立的最大动力。通过促使西门子公司重建合规计划，美国司法部放弃了对西门子公司的刑事指控，西门子公司避免了被定罪判刑的结局。企业一旦被定罪判刑，则直接影响该企业的经营状态，极大可能导致企业陷入经营困境，面临经营困难的问题，更严重的还会导致整个企业破产倒闭。对于一些上市企业而言会面临着退市的后果，对于拟上市企业，也会因为法院的定罪判刑而无法上市。通过合规激励机制的建立，对于已经建立了合规计划的企业，企业一旦构成犯罪，可以获得宽大处理的机会；对于还未建立合规计划的涉案企业，若其承诺建立合规计划，并且在考察期之内完成合规整改，就有可能免予起诉，避免企业被打上犯罪的标签，企业也不会因为犯罪失去交易资格、被迫退市，防止企业出现破产倒闭的严重后果。西门子案件显示，企业因为实施海外贿赂行为而受到刑事追诉时，因其配合调查，采取自我披露以及重建合规计划的行为，没有被提起刑事指控，最终避免了经济上、声誉上的损失，同时还建立了一套完备的合规计划。由此可见，对于那些构成刑事犯罪的企业，建立合规计划可以使企业获得被作出宽大处理的机会，避免企业陷入最危险的状态，最终挽救了企业。

**2. 通过企业合规，企业获得了可持续发展的机会**

从短期来看，企业建立合规管理体系可能在一定程度上给企业带来消极影响，比如企业合规在前期需要投入大量人力和物力。西门子在建立合规计划时就付出了高昂的代价，开除大量经理人，重建合规团队，调查费用高达数亿欧元，同时还会失去某些通过违法手段所获取的利益。但从长期来看，建立了完备合规管理体系之后，企业依法依规经营不仅可以减少企业违法违规行为的发生，规避各种法律风险，使得声誉免受损失，还有利于树立良好的企业形象，吸引更多的客户和投资者，企业的竞争优势得到增强，企业的收益也将大大增加，促进良性发展。从治理方面看，企业经营不仅要遵守法律法规和相应的行业规定，还需要对企业存在的法律风险进行预判，更好地预防企业内部和第三方等出现违法犯罪行为,以此来建立一套完整的企业合规管理体系,也即企业需要针对自身在经营上可能出现的法律风险,建立能有效防范和应对的自我监管机制。西门子公司建立了独立而权威的合规体系,标榜着"只有清廉的业务才是西门子的业务",成为全球合规建设的样板,也实现着企业可持续发展的目标。

**3.有效切割各方责任,最大限度地保护企业利益**

从西门子公司可以了解到,由西门子公司制定的《商业行为准则》会发放到每一个新入职的员工手中,并且需要签署声明书,确保员工了解公司的行为规范,对规范自己的行为作出承诺。同时,西门子的合规文化不仅适用于企业内部,还会影响公司外部,如西门子的供应商以及其他的商业伙伴。西门子公司与所有的供应商都签订了《西门子供应商行为准则》,出台了一系列的规定、相应的措施和合规工具来对合作业务关系进行评估和管理。

随着企业的发展,企业规模的逐渐扩大,企业不仅需要对自己违法违规的行为承担法律责任,有时还需要对员工或者第三方违法违规行为承担相应的责任,这加重企业了的负担。但是如果企业建立了合规体系,企业对员工进行了相应的培训以及与员工签署了承诺书,员工违法违规行为由该员工自行承担,企业不再承担相应的法律责任,有效切割员工责任和企业责任。企业在与第三方合作时,也会对第三方进行调查和风险评估,对存在违法违规风险的第三方进行合规管理,因此企业可以不承担因为第三方违法违规行为产生的法律责任,最大限度地避免法律风险,保护企业的利益。

## 二、从社会的角度

**1.减少企业发生违法犯罪的机会和可能,从源头开始治理**

企业建立合规管理体系,企业依法依规生产经营能有效防控法律风险,并有效减少或避免发生违法犯罪的机会和可能。同时,企业的所有人都会被合规文化潜移默化地影响着,一个企业没有自然人的授意是不可能单独犯罪的,因此一旦企业建立了合规管理体系,并且推进合规文化建设,企业在开展业务时会遵守相关的法律法规,高层领导会遵守合规承诺,规范运营企业。西门子公司在建立合规管理体系后,要求公司所有员工都要遵纪守法,要求从各级的管理层开始做起,不仅要认真遵守和执行企业合规的要求,宣传企业合规文化,还要与合规部门一起遵守道德行为规范,实现企业的可持续发展。

**2.社会利益得到有效保护**

一家企业的生存发展对当地的经济有直接影响,如政府的税收收益、民众的就业等等。一家企业若被打上犯罪的标签,其生产经营可能会面临极大困难,出现停产停业甚至破产的情况,员工可能会下岗,投资人和合作伙伴的利益会受到损失。但是企业若能建立完善的合规体系,通过合规整改,能够避免企业被定罪判刑的结果发生,此时企业能够继续运营,政府税收得以保证,员工不会承受失业的风险,客户可以避免因为企业的破产而失去商业机会,商业伙伴也不会因为企业的破产造成经济损失。因此,通过合规计划的保护,企业能够持续发展,在一定程度上维护了经济秩序,防止出现经济动荡的情况,有效避免员工失业的风险,利益相关者的权益也可以得到有效的法律保护。

### 三、从国家的角度

减轻政府的执法负担,节省司法资源,提高诉讼效率。在过去,行政处罚和刑事处罚是作为惩罚违法犯罪行为的主要手段,因此,企业一旦违法违规,那么行政机关或者司法机关将会对企业进行行政处罚或者起诉审判。但是,若企业建立了合规管理体系,则企业可以实现自我监管,有效预防犯罪行为的发生,同时在处理违规事件时,也会有更加积极的效果,从而减轻政府的执法负担。检察机关也可以对涉案企业考察后决定是否不起诉,使得案件可以在审判之前就得到解决,节省司法资源,提高诉讼效率。在西门子案中,西门子与美国司法部达成刑事和解协议,使得该案件在起诉前就得到解决。

## 第一节　刑事合规的概念

### 一、企业合规

合规是源于西方语境下的表述,中国本土式的表述通常以公司治理、企业内控、风险管理等形式出现。"合规"英文为"Compliance",翻译为遵守、服从的意思。从字面意义上来看,所谓"合规",意指符合规定。这里的规定通常作广义的理解,主要包含以下内容:国家制定和颁布的不同层级的法律、法规;不同行业实践中总结出来的成文以及不成文的规则、交易惯例、习惯;企业根据自己的实际需求设计的内部管理制度;国际组织制定的条约和国际惯例;[①]商业伦理、道德、企业文化等。

---

① 陈瑞华:《企业合规的基本问题》,《中国法律评论》2020年第1期。

合规具有丰富内涵和多维的视角。不同的主体、不同的行业则基于不同的立场对合规作出了各自不同的界定。公司治理意义上的合规,强调企业及其内部工作人员的经营管理行为时应当符合一切社会规范的要求。合规管理、业务管理、财务管理,被称为企业管理的三大支柱,其主要内容包含事前为预防违法犯罪等风险主动建立防范体系、事后面对国家的调查和处罚并避免企业遭受重大经济损失建立合规体系。作为企业犯罪治理的合规,则期望激发企业自主预防犯罪的积极性、主动性,力图建立国家与企业合作共治的犯罪治理模式。作为社会文化组成部分的合规,将合规视为一种企业文化样式,意欲通过合规建设增强市场主体对法律的信任感和对自我行为的自控力,强化公民对法律的信仰,培育法治文化传统。① 为遵循这一理念,中国证监会在 2017 年发布的《证券公司和证券投资基金管理公司合规管理办法》第 4 条规定:证券基金经营机构应当树立全员合规、合规创造价值、合规是公司生存基础的理念,必须推进企业的合规文化建设,培育全体工作人员的合规意识,努力提升合规管理人员的职业荣誉感和专业化、职业化水平。法律层面上的合规,注重通过正向的激励与反向的惩罚,帮助企业识别、预防、指引在经营过程中可能遭遇的风险。

现有的立法对企业合规的界定主要有:2018 年 12 月发改委、外交部、商务部、人民银行、国资委、外汇局、全国工商联共同制定的《企业海外经营合规管理指引》第 3 条之规定,企业合规是指企业及其员工的经营管理行为符合有关法律法规、国际条约、监管规定、行业准则、商业惯例、道德规范和企业依法制定的章程及规章制度等要求。2018 年 11 月国资委发布的《中央企业合规管理指引(试行)》第 2 条之规定,要求中央企业及其员工的经营管理行为符合法律法规、监管规定、行业准则和企业章程、规章制度以及国际条约、规则等要求。

显然,由于合规调整关系的复杂性和多样性,现行立法对企业合规的概念界定规避这一差异,更多选择通过其外在形式进行简单、直接规定,强调指企业的经营活动与法律、规则和准则相一致。为克服这种界定的局限性,我们对企业合规的概念界定必须进行手段和内容的填充,即为:运用规范管理、法律指引、文化建设、犯罪治理等多种手段,确保企业以及内部管理人员、员工,遵守法律法规、行业规则、商业道德等,实现企业的健康发展。

法律层面的企业合规根据法律规范的内容和调整的手段不同,可分为刑事合规、民事经济合规、行政合规。根据具体行业领域的不同,又可细分为:知识产

---

① [德]米夏埃尔·帕夫利克:《目的与体系——古典哲学基础上的德国刑法学新思考》,赵书鸿等译,北京:法律出版社 2018 年版,第 102 页。

权合规、大数据合规、税务合规、环保合规、金融合规等。

## 二、企业刑事合规

合规有公司企业法意义上的合规、行政法意义上的合规、民事经济法意义上的合规。当合规与刑事法律相结合，刑事法律赋予了企业和企业家最大的合规利益，合规因此凸显出最强大的法律效力。刑事合规可谓合规的最严厉最特别的表达形式。当前对刑事合规的界定主要从公司自治和国家规制的角度展开。从公司自治角度而言，刑事合规包括全部必要以及被法律允许的措施，这些措施是旨在避免因企业相关行为而给企业员工带来刑法责任。[①] 从国家治理的角度而言，基于对公司自我管理的不信任甚至否定，刑事合规更重视其国家管理、政府规制方面的效力。在此基础上，可将刑事合规界定为"国家—企业的犯罪合作治理模式"，即将企业合规管理与刑事责任建立关系，通过量刑激励或起诉激励等方式，推动企业自我管理·达到企业与国家共赢。[②]

研究至今，学界对刑事合规的概念仍然缺乏一个统一、权威的界定。中外学者对刑事合规的论述角度和侧重点不一。国外学者，如德国的托马斯·罗什教授以及弗兰克·萨力格尔教授，均从企业主体的角度出发，将刑事合规视为一种规范性、制度性、技术性的措施。[③] 国内学者孙国祥教授认为刑事合规，是指通过刑事法律上的正向激励和责任归咎，推动企业制定、实施合乎刑事法律的计划和措施，从而预防刑事风险。[④] 李本灿教授则认为刑事合规是通过构罪或者量刑来推动企业自我管理的立法与实践。[⑤]

不难发现，当前对刑事合规的研究，多从刑事实体法的角度展开。甚至认为刑事合规就是将刑法规范中预防犯罪的注意义务内化为企业合规计划的组成部分。实际上，无论是合规在实体法上的效力实现还是刑事程序自身独立的价值功能，刑事合规自产生伊始，就不是一个单纯的刑事实体法的问题。众所周知，

---

① Rotsch，in：Aschenbach/Ransiek（Hrsg.）Handbuch Wirschaftsstrafrecht，3. Aufl. 2012，1. Teil 4. Kap. Rdn. 6.

② 李本灿：《刑事合规制度的法理根基》，《东方法学》2020 年第 5 期。

③ 国际上关于刑事合规的界定，代表性的观点主要参见：［德］托马斯·罗什：《合规与刑法：问题、内涵与展望——对所谓的"刑事合规"理论的介绍》；［德］弗兰克·萨力格尔：《刑事合规的基本问题》，马寅翔译，载李本灿等编译：《合规与刑法：全球视野的考察》，北京：中国政法大学出版社 2018 年版，第 58 页。

④ 孙国祥：《刑事合规的理念、机能和中国的构建》，《中国刑事法杂志》2019 年第 2 期。

⑤ 李本灿：《刑事合规理念的国内法表达——以"中兴通讯事件"为切入点》，《法律科学（西北政法大学学报）》2018 年第 6 期。

刑事合规首次与刑事法律建立关系是在《美国量刑指南》（United States Sentencing Guidelines,以下简称《指南》）。1991 年美国在将《组织量刑指南》编入《联邦量刑指南》第八章时,明确提出:维持预防、发现和举报犯罪的内在机制,使对组织及其代理人的制裁总体上能够提供公正的惩罚,足够的威慑和对组织的激励。[①] 在美国刑事合规的实际操作中,一个有效的合规计划是检察官对企业犯罪决定是否起诉、法官裁量如何量刑时的一个重要考虑因素。因此,无论以何种形式表达,刑事合规的内涵必定包含对刑事实体部分的要求以及刑事诉讼规则、制度、程序的融入。

综上所述,刑事合规是指在刑事追诉中,借助实体和程序的激励、引导等规制手段,督促商业组织体自我管理、遵守刑事法律义务的法律制度。

## 三、企业刑事合规的特征

虽然国内外学者对刑事合规的界定各有不同,但一般而言,对刑事合规基本特征的认识相对一致。企业刑事合规的特征包括以下几个方面。

1. 刑事合规主要是通过刑事实体法、刑事程序法等相关法律调整

从世界范围内的刑事合规立法来看,基本上都是刑事实体法与程序法并行。美国通过《反海外腐败法(FCPA)》《组织量刑指南》《联邦检察官手册》《萨班斯-奥克斯利法》构建了刑事合规从实体到程序的完备法律体系和可操作的具体程序。受美国法律的影响,英国 2011 年通过的《反贿赂法》也规定,对于商业组织预防贿赂失职罪,如果该组织能够证明其已经制定了"充分程序"以预防行贿行为发生的,则不构成该项犯罪。[②] 紧接着,英国在 2013 年通过《犯罪与法院法》,授权英国反严重欺诈办公室、皇家检察署,可以与涉嫌犯罪的商业组织达成暂缓起诉协议。此外,法国通过《法国刑法典》《法国刑事诉讼法典》《萨宾第二法案》,德国通过《反洗钱法》《银行法》《证券交易法》,日本通过《反垄断法》《反垄断法合规计划指南》《反垄断法合规计划手册》等,在刑事合规的立法上,均与美国、英国有着基本相同的处理。

除了受刑事实体法、程序法调整外,刑事合规还与公司法、企业法、证券法、金融法、财税法、知识产权法等相关部门法建立了广泛的联系。只有上述法律就刑事合规形成一个有机统一的整体,才能凝聚力量,实现刑事合规之目的。

---

① U. S. Sentencing Guideline Manual,N. 8,Introductory Commentary.

② 邓若讯:《英国贿赂罪改革研究》,《中国刑事法杂志》2012 年第 3 期。

2. 刑事合规的目标是犯罪治理与风险控制

刑事合规是一个丰富、多元的概念,既是公司内部控制制度,又凝结了国家刑事法律对合规与否的回应。刑事合规赋予企业积极主动参与犯罪预防的义务。企业通过合规计划和合规体系的构建,规范企业的运营和管理,达到刑事风险控制的目的,同时也实现了国家对犯罪的治理从简单威慑到合规指引、单一治理到合作共治的转变。因而,刑事合规是现代企业治理的重要组成部分,也是企业犯罪治理思路的重要转变。

3. 刑事合规的核心依旧是定罪与量刑

企业在经营管理中最大的风险即为刑事风险,而刑事合规从企业和企业家最为关注的刑事利益出发,强化刑事合规"非罪化"治理的功能与价值。通过"出罪"处理,将企业的外部责任由刑事处罚转变为其他替代性法律责任。对于必须判处的刑罚,尽量实现刑罚的轻缓化,减少企业因为被定罪处罚带来的负面影响。[①] 在世界范围内,英国是通过独立构罪方式推动企业自我治理的典型,美国则是通过量刑激励推动企业合规的典型。

4. 刑事合规的主要路径是激励与惩戒

刑事合规一般是在企业犯罪治理层面上,对企业自我管理行为在刑事领域进行评价,包含实体上和程序上的评价。具体路径上,一般通过惩罚、激励、协作等多种手段来推进刑事合规的发展。与传统的事后刑罚惩戒不同的是,刑事合规更多是惩戒的前置预防。刑事合规通过合规运行机制,控制了企业的刑事风险,极大地限制和缩减了刑法处罚的范围与可能性,体现了风险社会对刑罚适用谦抑性的需求。而激励在刑事合规中的效果则体现得更为充分,如关于"出罪"、认罪认罚从宽、暂缓起诉、不起诉等规定,从实质上赋予了企业更多的合规优惠。

## 第二节　刑事合规的理论基础

刑事合规并不是空中楼阁和无源之木,其旺盛的生命力与持续发展的动力源于其有力的理论支撑和理论指导下科学的制度设计。刑事合规的理论基础来自社会学、法学、经济学、管理学等多学科。

---

① 陈卫东:《从实体到程序 刑事合规与企业"非罪化"治理》,《中国刑事法杂志》2021年第2期。

## 一、刑法的犯罪预防理论

刑法中通过刑事制裁对犯罪的预防分为一般预防与特殊预防。一般预防又称为事前预防、积极预防。立法者通过创制刑法向社会大众提供一个犯罪与刑罚的对价表,司法机关适用刑罚对被告人定罪量刑,公民则基于对刑罚的畏惧而打消犯罪的念头,刑法借此实现预防没有犯罪的人实施犯罪行为之功能。特殊预防又称事后预防、消极预防,是指对已经实施了犯罪行为的罪犯进行定罪惩罚,使其以后不敢再犯罪。基于特殊预防的有限性和滞后性,现代刑法理论更倾向积极的事前预防,即秉持防患于未然的思想,从源头处杜绝犯罪行为的发生。

就企业犯罪而言,我国的刑法罪名不可谓不多,法网也足够严密。足见严刑峻法却并未有效遏制企业发展的增长趋势并达到防患于未然的效果。反之,一些企业一犯再犯,这对国家、社会甚至是企业成员造成严重损害,也浪费了国家的司法资源。① 刑事合规将犯罪治理的端口前移,通过事前引导,帮助企业建立合法经营的合规体系,促动企业自我管理、自我监督,主动识别并有效化解法律风险,从而保障企业的遵纪守法。毕竟,相较于惩罚企业,保护和引导企业合法经营才是最终目标。刑法的谦抑原则也反对过分依赖单一的、严厉的刑罚来治理企业犯罪,而是应该将处罚与合规结合,通过不判处刑事处罚或实施轻缓化刑罚的方式,保护企业,引导企业自觉遵守法律。显然,企业刑事合规与现代刑法理论都是面向未来的,是一种从根源处预防企业刑事违法犯罪的指导理念。从这一层面上,现代刑法的积极预防理论为企业刑事合规的建立提供了理论根基。

## 二、合作共治理论

一般而言,自治包括自主性、自力性、自律性三个核心要素。② 合作共治则是要求组织内的所有主体以不同的层次实现自我管理。合作共治是解决新时期村民、居民自治"悬浮"困境的有效模式,是社会管理创新的重要成果。通过对村(居)民合作共治的实效考察,可发现合作共治的重大优势:(1)自治主体的广泛性、多样性、灵活性。除了传统的政府参与治理外,社区组织和民间力量以多种形式参与,改变了过往政府独大、过度行政化的治理弊端。(2)治理过程互动化。合作共治不是通过单向的"上命下从"来达到的管理目标,而是主要通过平等合作、互惠协商,形成确立一致性的认同和集体行动目标来实施对公共事务的复合

---

① 石磊:《刑事合规:最优企业犯罪预防方法》,《检察日报》2019 年 1 月 26 日第 3 版。
② 徐勇:《中国农村村民自治》(增订本),北京:生活·读书·新知三联书店 2018 年版,第 351 页。

治理。① 在此过程中,各主体之间的交流、互动,保证了管理的科学性和民主性。(3)治理的高效性。共治凸显了参与者的主体性和主人翁地位,最大程度地激发了各个参与者的积极性与主动性。同时,各主体之间各司其职、各负其责、相互补充、相互促进,保障了共治管理的效率。(4)合作共治降低了管理成本。由于利益的一致性,各主体通过合作行为,积极主动地参与管理,协调成本也降到了最低。② 同时,多主体的合作参与,极大地降低了政府的管理支出,减轻了政府的财政压力。

现代社会已经不再是政府唱独角戏的单一舞台,多元主体共同参与治理,是国家与社会的理性选择。企业如同一个小社会,刑事合规的运用即是对合作共治理论的充分体现。在实体方面,政府不再是一味地对犯罪企业进行事后惩处,而是注重引导企业通过建立合规体系,培养企业的法律意识、守法文化。如通过刑法中对合规出罪的规定,激励企业自觉、主动地同违法犯罪行为作斗争。这即是犯罪治理中的合作共治。在刑事追诉中,国家也放低了姿态,通过认罪认罚等制度手段,在定罪、量刑、程序等多方面与被追诉企业协商,在最大程度保护企业合法利益的前提下,对企业进行合理的制裁。如刑事诉讼中,通过对企业合规不起诉的运用,督促企业建立有效的合规计划,避免将来的违法犯罪行为发生。此即为刑事诉讼程序的合作共治。

### 三、法经济学的"成本—收益"理论

现代社会的发展无法回避的一个重要问题是社会需求与资源的矛盾。法律作为一种稀缺的社会资源,其运作与实施也必须考虑投入与产出、成本与收益。面对这一问题,西方法律经济学家尝试"用经济学阐述法律问题",因此而形成了法经济学(又称法律的经济分析或法律经济学)的交叉学科。在经济学领域中,一定的成本(投入)需要耗费相当的资源,一定的收益(产出)会给生产经营者带来相当的收入。基于资源的有限性,人的欲望和需要是无限的,必须通过提高单位产品的收益或降低生产消耗,来实现资源效益的最大化。某种程度上可以说,法经济学的重要任务就是探究法律资源进行有效配置的路径,甚至可将法经济学定义为研究法律资源在各种可供选择用途中间进行配置的科学。

对财富(效益)的最大化追求往往影响着人们的行为。人类对财富(效益)最

---

① 格里·斯托克、华夏风:《作为理论的治理:五个论点》,《国际社会科学》1999年第1期。

② 丁文、戴凯:《合作共治:三治融合视阈下的村民自治转型——基于W村的实证调查》,《华中师范大学学报(人文社会科学版)》202□年第5期。

大化的追求显示,法律作为一个重要变量深刻影响着人们为其偏好所支付的成本,决定了人们在法律制度约束下的行为选择。[①] 法律规则约束下的行为选择好比于市场这只"看不见的手"指引下的行为选择,促使主体自觉、自愿地遵守和实施。法律对财富(效益)价值目标的追求,与公正、秩序、自由等价值目标是吻合的。对此,庞德指出,正义并不意味着个人的德行以及人们之间的理想关系。而是代表着一种制度,该制度意味着社会关系的调整和行为的安排,它能使生活物资和满足人类对享有某些东西和做某些事情的各种要求的手段,能在最少阻碍和浪费的条件下尽可能多地给予满足。[②]

从法经济学的研究范围来看,法经济学对法律制度问题的研究基本上覆盖了整个法律领域,当然也包含刑事合规制度的实施。按照法经济学的观点,刑事合规法律制度也是一种稀缺的资源,有关刑事合规的法律创新和法制改革也必然要考虑效益的最大化要素。刑事合规制度的成本包含立法成本以及制度实施成本。其带来的收益除了精神和伦理层面的,还会产生物质收益,主要包括:国家预防犯罪的成本减少;避免企业再次犯罪给社会造成损失;通过企业认罪认罚、程序分流而导致的诉讼成本的节约与减少;企业的非罪或轻缓化处理避免企业破产遭受损失;企业维持良好的信誉得以继续发展壮大等。

刑事合规表面上会增加企业的管理成本(如合规体系的建设)和司法的额外支出(如第三方管理人的聘请),甚至因为各项规章制度的严格控制会束缚企业的手脚,影响企业的运营。而犯罪会导致企业受损甚至破产,此外,还会严重损害投资者、员工、员工家庭、养老金领取者、客户、受害企业等众多无辜者的利益,形成"水波效应"。刑事合规,充当了企业运营发展过程中的"经济警察""经营医生""咨询师"等多种身份,避免企业高额的犯罪成本支出,促进了企业可持续地健康发展。国际社会经济发达的国家在经过无数次的探索后,无一例外地选择了以刑事合规为经济保驾护航。

## 四、权利本位理论

可以说,所有法律的核心内容归根到底都是解决权利与义务的分配、权利与权力的制衡问题。尤其在如何对待权利与权力的关系问题上,可充分体现一国法治文明的发展程度。

权利是人类文明社会的基本价值追求,也是社会文明演化进取的重要力量。

---

① 冯玉军:《法经济学范式研究及其理论阐释》,《法制与社会发展》2004 年第 1 期。
② [美]罗·庞德:《通过法律的社会控制法律的任务》,北京:商务印书馆 1984 年版,第 35 页。

人类对权利的探求经过了一个艰苦而富有成效的过程。西方经过洛克、孟德斯鸠、卢梭等思想家的积极推动,形成了较为成熟的"权利本位"思想理论。"权利本位"理论强调法律应当以权利为起点、重点或目的。权利和义务的关系,权利是第一性因素,义务是第二性因素。权利是目的,义务是手段。传统中国重视权力,强调个人的付出与职责的承担,鼓励个体权利服从国家权力,对主体权利的重视不足。在中国的法律中,职权主义的色彩浓厚。发展到 20 世纪 80 年代,在张文显、童之伟、葛洪义等学者的促动之下,"权利本位"逐渐成为中国法学理论研究和改革实践中的基本范式。不可否认,我们所处的时代是一个权利备受关注和尊重的时代,人们越来越习惯于从权利的角度来思考和解决社会问题。①

在刑事合规中,我们也应重视对主体的地位和权利保护。其权利可包含实体权利和程序权利。在实体中,通过企业的自治权行使和合规管理,企业可以获得"出罪"或从宽的待遇。在程序中,一方面,国家权力放低姿态,选择与企业进行合作,赋予企业一系列的选择权。企业可通过自身的努力,来决定企业的未来命运。另一方面,刑事合规程序激励机制也会带来刑事诉讼程序的简便、快捷,涉罪企业则有更加充足的时间来行使自身权利。且企业因为认罪认罚、合规承诺,还可以在刑事诉讼程序中得到优待,企业获得了"从头来过"的机会,企业自身与企业员工的权利得到最大程度的维护。

# 第三节　刑事合规的功能

功能的含义是指事物所发挥的有利作用或者效能,功能也强调通过自身的属性对主体某些需求的满足。刑事合规的改革,对国家的政治、经济、法治等多个方面均发挥了积极的推进作用。其功能集中体现在以下四个方面。

## 一、犯罪治理功能

实践证明,严密的法网和重刑主义并没有完全有效地遏制企业犯罪。面对几乎愈演愈烈的企业犯罪,各国深刻感受到传统单一依靠国家的威慑和事后惩处已经无法有效治理企业犯罪。在企业犯罪治理问题上,必须转变思路。在尝试将企业犯罪治理从末端治理转为提前预防、从威慑惩罚转为共治与激励保护之后,刑事合规在犯罪治理上效果彰显,其预防与惩治企业犯罪的作用日益受到

---

① 张文显、姚建宗:《权利时代的理论景象》,《法制与社会发展》2005 年第 3 期。

各国重视。

刑事合规通过刑事激励体现了认罪认罚从宽、宽严相济等刑事政策与价值。而上述政策与价值的实现很大程度上依赖刑事程序改革的推进。如各国刑事合规广泛适用的暂缓起诉,实现了以合规计划抗辩无罪或要求降低处罚的实体利益。辩诉协商或认罪认罚程序也为合规暂缓起诉协议的达成、履行提供平台支持。显然,理性、文明、正义的刑事程序,是实现刑事合规犯罪治理模式转变的保障。

## 二、权利保护功能

刑事合规则是国家基于对企业的信任,将部分监管职责让渡给企业承担,并给了企业在犯罪治理中一定的自主权。在合规中,国家权力放下姿态,选择与企业协商,达成契约。而现代刑事程序则逐步从传统的国家职权主导的"权力型诉讼"转向平等协商的"权利型诉讼",诉讼中的对抗性减弱,更多为合作与沟通。协商性司法开始在传统刑事诉讼模式外占据重要地位。[①] 显然,现代刑事程序的转型发展为刑事合规中自主权的实现提供了优质的天然土壤。

刑事程序以自身独立的价值,所保护的不仅仅是企业的权利,还包含企业员工、员工家庭等诸多主体的权利。如通过帮助企业重建合规计划,避免企业遭受被起诉定罪量刑的"灭顶之灾",保障企业合法、规范、健康地生产经营。在合规调查以及随后的认罪认罚协商中,充分保障涉罪企业获得专业律师帮助的权利、平等协商的权利,以换取企业自愿、主动地配合并披露相关的信息。

此外,企业合规的刑事程序通过限制国家机关权力的滥用,亦可实现保护企业实体权益和诉讼权利之功效。如在合规调查中,应对调查手段和措施进行限制。调查应以企业的自愿主动配合为主,谨慎采取强制性调查措施。在合规体系的重建中,检察机关、工商、税务、证券、金融等部门必须在各自的职权范围内发挥作用,不得越权。合规监督官或监控人必须具有专业的素质,按照独立公正的程序产生,在监管过程中,依法履职,不得干涉企业内部正常的经营管理。合规调查所收集的材料要进入刑事诉讼领域,必须接受刑事诉讼证据规则的规制。如,对采用非法调查手段获得的证据应予以排除,通过成果否定实现对权力滥用的根本预防,消除权力机关在刑事合规中的违法动机,从而最大程度地减少刑事合规程序因权力滥用对企业法益的侵害。

---

① 顾永忠:《关于"完善认罪认罚从宽制度"的几个理论问题》,《当代法学》2016 年第 6 期。

### 三、经济效率功能

合规与刑事诉讼程序在追求诉讼经济目标方面互通互联,高度同向。诉讼经济原则是各国刑事诉讼程序面对案多人少、司法资源不足的现实作出的共同选择。所以,辩诉协商、认罪认罚、速裁程序、简易程序应运而生,成为刑事程序的主导。而合规与生俱来地带着对经济效率的追求。众所周知,企业犯罪具有隐蔽性、复杂性。没有企业的主动配合,侦查难度剧增,诉讼成本会大幅度提升。以西门子案为例,美国司法部依据《反海外腐败法》起诉德国西门子公司,指控其向 65 个国家的政府官员行贿 14 亿美元。由于涉案范围、对象广泛,且跨国调查,美国司法部对西门子进行内部调查耗时数年,花费达 5 亿美元。① 我国国内诸多企业犯罪案件,也多次出现犯罪被追诉,但各方经济损耗巨大,赢了官司,输了经济之尴尬。因此,当合规叠加刑事诉讼,可以说,刑事合规程序某种程度上具备了创造价值和经济效益之明显功效。

刑事合规程序的经济效率功能通过节省司法资源、犯罪控制支出以及促进经济发展的路径实现。节省的司法资源包括:(1)企业因刑事诉讼的耗费和利润损失的减少,如速裁程序、暂缓不起诉程序让企业尽快摆脱讼累,恢复正常生产经营。(2)国家刑事司法资源的节约。如,因为企业的配合,国家在企业犯罪侦查、起诉、审判等方面的投入减少。(3)企业主动遵守刑事义务减少国家犯罪预防的支出。刑事合规将先前国家承担的犯罪控制职能部分转移给企业,实现国家与企业的共治,进而减少国家犯罪控制的负担与压力。(4)因企业犯罪的控制而减少犯罪造成的危害损失。基于对以威慑支撑的单一犯罪控制模式效果的反思,各国选择通过国家与企业的合作达到最大程度减少犯罪的目标。多国刑事合规的实践证明,合规在企业犯罪预防方面,的确是起到预防犯罪的明显功效,进而减少企业犯罪造成的损失。

另一方面,刑事合规程序在促进经济发展和实现经济增收方面,也得到了发挥。其主要包括:(1)企业员工、家庭、行业等社会主体获得潜在的、间接的收益增加。通过合规承诺换取刑事追诉的实体从宽、程序从简,表面上是挽救了一个企业,但是受益的除了企业,还包含千千万万的企业员工、员工家庭,大而化之,更是涉及一个行业的发展和社会的和谐稳定。(2)合规促进企业持续健康的发展。涉嫌犯罪的企业将面临巨大的经济损失,如股票被抛售、订单下降、银行停

---

① Brandon L. Garrett, "Globalized Corporate Prosecutions," Virginia Law Review 97, no. 8 (2011): 1775-1875.

止贷款、招投标被拒绝等。所以，刑事合规，尤其是有效的合规计划，已经成为大型企业特别是企业国际化的核心竞争力，是企业持续健康发展的护身符。[①]

### 四、疫情之下对民营经济的特别保护

自 2018 年 11 月 1 日，习近平总书记在民营企业座谈会上发表关于保护民营企业的重要讲话后，对民营企业和民营企业家的刑事保护得到持续关注。最高院、最高检明确表态，在刑事司法中，保护民营企业合法权益，严禁以刑事手段介入经济纠纷以及乱抓人、乱查封、乱冻结的行为。在刑事程序中，通过取保候审、不起诉、缓刑等路径实现这一目标。围绕这一目标，学者们更是提出了具体的实施方案。[②] 自 2019 年底，中国经济遭受新冠疫情重创，民营企业损失惨重，更需强有力的扶持与法治保障。刑事合规与附条件不起诉在功能上的同向性契合这一需求，为保护民营企业家和民营企业恢复生机提供了制度支持。

新冠疫情随后在世界范围的蔓延为中国企业走向世界提供了新的机遇。作为企业的内部机制和企业文化，合规体系旨在发现和预防企业内部的犯罪行为。[③] 各国反企业腐败法的经验和教训深刻说明，唯有刑事合规，促进企业行业自律与自我监管，企业获得免疫力，才能规避重大甚至毁灭性打击。在中国社会，企业的经营往往人情和关系大于法律规则，但在走出国门后，必将面对把法律规则、道德放在第一位的大多数国家，如果铤而走险将招致灭顶之灾。[④]

### 五、国际化推动

刑事合规，是中国企业走向国际的护身符、通行证。刑事合规的国际化推动功能体现在保障中国企业在海外刑事合规，免受严厉刑事制裁。同时，确保外国企业在所在地遵守中国的经济秩序。当下发达国家都通过本国的国内法，积极行使域外刑事合规管辖的司法主权。如美国通过"长臂管辖"将全球企业纳入其规制范围，以高额罚款/金处罚企业，实现其经济利益，西门子、阿尔斯通公司、中兴等国际企业都惨遭美国的严厉制裁。受美国刑事合规处罚的触动，英、法等国

---

① John J. Fons, "The case for compliance：Now It's a Necessity, Not an Option. "Business Law Today 13，no. 1(2003)：26-29.

② 熊秋红教授在《在刑事程序法上加强民营企业家人身财产安全保护的若干建议》（载于《法律适用》2019 年第 14 期）一文中提出了从刑事程序法上加强民营企业家人身财产安全保护的若干建议，其中也包含程序分流的措施。

③ U. S. Sentence Guidelines Manual § 8B 2. 1(a) (2004).

④ 黎宏：《合规计划与企业刑事责任》，《法学杂志》2019 年第 9 期。

也不断修改和完善本国的合规立法,将管辖主体和适法范围延伸到海外,以实现在刑事合规管辖方面的利益平衡。相比而言,我国在管辖外资企业犯罪方面往往出现"自我放弃司法主权"的现象。数据统计发现,尽管涉嫌犯罪或者已被判决确认犯罪的外国公司很大一部分属于大型跨国公司或者全球 500 强企业,但这些企业在最终被中国司法机关定罪的仅占约 8%,大多数则是不了了之。[①] 因此,在全球经济一体化的背景之下,我国亦应通过刑事合规建设,督促中国企业"强身健体",迈向全球。同时,建立法治化的营商环境,为国际企业在中国的"安家落户"提供保障,进而实现中国国内经济秩序的国际化关联。

---

[①]　李本灿:《企业犯罪预防中合规计划制度的借鉴》,《中国法学》2015 年第 5 期。

# 第二章　刑事合规的发展

## 雀巢奶粉刑事合规案 *

2011 年至 2013 年 9 月，被告人郑某、杨某分别担任雀巢（中国）有限公司西北区婴儿营养部事务经理、兰州分公司婴儿营养部甘肃区域经理，其二人在履职期间为了抢占市场份额，推销雀巢奶粉，授意该公司兰州分公司婴儿营养部员工被告人杨某某、李某某、杜某某、孙某通过拉关系、支付好处费等手段，多次从兰州大学第一附属医院、兰州军区总医院、兰州兰石医院等多家医院医务人员手中非法获取公民个人信息。其中，被告人王某某利用其担任兰州大学第一附属医院妇产科护师的便利，将其在工作中收集的 2074 条公民个人信息非法提供给被告人杨某某、孙某，收取好处费 13610 元；被告人丁某某利用其担任兰州军区总医院妇产科护师的便利，将其在工作中收集的 996 条公民个人信息非法提供给被告人李某某，收取好处费 4250 元；被告人杨某甲利用其担任兰州兰石医院妇产科护师的便利，将其在工作中收集的 724 条公民个人信息非法提供给被告人杜某某，收取好处费 6995 元。

一审庭审中，被告人郑某、杨某、杨某某、李某某、杜某某辩称，为完成公司任务收集公民个人信息，起诉书指控非法获取公民个人信息的数量不准确。根据当庭经过质证的雀巢公司指示（收录于雀巢公司员工培训教材）、雀巢（中国）有限公司情况说明，雀巢公司不允许员工以推销婴儿配方奶粉为目的，直接或间接地与孕妇、哺乳妈妈或公众进行接触，不允许员工未经正当程序或未经公司批准

---

　* 案例援引自陈瑞华：《企业合规基本理论》，北京：法律出版社 2020 年版，第 178-180 页。

而主动收集公民个人信息。根据当庭经过质证的雀巢公司就 DR 的概念、目标任务、与 DR 相关的信息获取方式等所作的情况说明,DR 任务目标不是收集消费者个人信息,DR 工作完成的实际效果由中国健康促进与教育协会承办的营养咨询中心(NCC)通过电话来了解和评估。为完成电访调研,需要用到消费者自愿提供的部分个人信息,雀巢公司不允许为此向医务人员支付任何资金或者其他利益。雀巢公司从不为此向员工、医务人员提供奖金。雀巢公司在《雀巢指示》以及《关于与保健系统关系的图文指引》等文件中明确规定,"对医务专业人员不得进行金钱、物质引诱"。对于这些规定要求,雀巢公司要求所有营养专员都要接受培训,并签署承诺函。经当庭质证的医务渠道 WHO 在线测试成绩、测试卷、关于在高风险国家与医务专业人员和医疗保健机构交往的指示以及员工奖金表均证明,被告人郑某、杨某、杨某某、李某某、杜某某、孙某均参加过雀巢公司不允许营养专员向医务人员支付费用获取公民信息的培训和测试。雀巢公司的政策与指示、雀巢宪章、关于与卫生保健系统关系的图文指引,证实雀巢公司遵守世界卫生组织《国家母乳代用品销售守则》及卫生部门的规定,禁止员工向婴儿母亲发放婴儿配方奶粉免费样品,禁止向医务专业人员提供金钱或物质的奖励,以引诱其推销婴儿配方奶粉等。

　　2016 年 10 月 31 日,一审法院判决雀巢公司郑某、杨某、孙某等六人以非法方式获取公民个人信息,情节严重;医院王某某、丁某某等三人违反国家规定,将本单位在履行职责或者提供服务过程中获得的公民个人信息,出售或者非法提供给他人,情节严重。上述九人的行为均已构成侵犯公民个人信息罪。一审法院宣判后,各被告提起上诉。其中,上诉人郑某的上诉理由是自己的行为系属公司行为;杨某某的辩护人提出本案属于单位犯罪的辩护意见;李某某上诉的主要理由是自己的行为都是公司下达的任务;杜某某上诉的主要理由是自己的行为是按照公司要求所作的,所获取的信息都是提供给公司的。2017 年 5 月 31 日,兰州市中级人民法院经过不开庭审理后认为,"单位犯罪是为本单位谋取非法利益之目的,在客观上实施了由本单位集体决定或者由负责人决定的行为。雀巢公司手册、员工行为规范等证据证实,雀巢公司禁止员工从事侵犯公民个人信息的违法犯罪行为,各上诉人违反公司管理规定,为提升个人业绩而实施的犯罪为个人行为。"据此,兰州市中级人民法院裁定驳回上诉,维持原判。

## 评述

　　该案被称为"中国刑事合规第一案",被视为我国刑事合规萌芽的标志,也经常被学者们研讨。该案的重大意义和对我国刑事合规改革的启示如下:

## 一、本案的重要意义

本案中,雀巢公司以合规计划作为抗辩理由,证明员工行为并未体现单位意志,从而实现了单位责任与员工责任的切割。本案具有以下三个方面的重要意义。

### 1.为国家确立合规的出罪功能提供思路

在我国,构成单位犯罪需要满足三个条件:以单位的名义;为了单位的利益实现;实施了体现单位意志的犯罪行为。其中最难认定的是"单位意志"。如本案,雀巢员工主观上以公司的名义,为了提高个人业绩,客观上也促进了公司的利益实现,实施了侵犯公民个人信息的行为。但他们的行为是否为"单位意志"却存在疑问。雀巢员工上诉的理由也是其行为是单位的意志,也是为了单位的利益。但兰州市中院的判决走出了通常认定"单位意志"的困境。兰州市中院认为,雀巢公司的章程、行为准则等规范性文件明确禁止员工以不正当手段获取公民个人信息,因而雀巢公司不存在故意。雀巢公司尽到了合理的义务。雀巢员工参加了公司组织的政策培训,并且通过了测试,故公司不存在过失。因此,雀巢公司对员工的犯罪行为不承担责任。① 由此可见,在员工犯罪后,如果单位能够证明其建立了有效的合规体系、尽到了合理的义务、不存在故意或过失,就能出罪。从这一点来看,本案为企业合规出罪功能的确立提供了思路。

### 2.节约了国家司法资源

司法资源是有限的,诉讼经济是刑事诉讼追求的目标之一。② 雀巢公司以合规体系切割单位与员工的责任,减少了司法资源的投入。首先,雀巢公司的合规体系减少国家诉讼资源的投入。在本案中,为证明员工行为不代表单位意志,雀巢公司承担了举证责任,主动配合调查,从而减少了司法机关在追诉过程中的时间精力投入,节约了诉讼资源。其次,雀巢公司的合规体系减少了国家预防企业犯罪的资源投入。相比于事后追惩,事前防范更具有经济性。雀巢公司针对自身合规风险建立合规体系,并将其融入员工的培训与测试中,预防员工犯罪,分担了国家预防犯罪的压力。

### 3.有利于全社会形成企业合规的氛围,推动我国企业合规改革的进行

企业具有逐利本能,企业合规只有在能为企业带来利益的前提下才会被企业接受。雀巢公司案件表明,有效的合规体系可以切割企业与员工之间的责任,

---

① 陈瑞华:《企业合规出罪的三种模式》,《比较法研究》2021年第3期。
② 杨帆:《企业刑事合规的程序应对》,《法学杂志》2022年第1期。

从而使得企业免予承担不必要的损失。其他企业为了维护自身利益,也会效仿雀巢公司的做法。反之,在本案中,如果雀巢公司已经建立了合规体系,并证明自己没有故意和过失的主观罪过,仍然受到检察机关追诉的话,其他企业便会对企业合规持怀疑态度、丧失合规动力,从而对企业合规的开展形成负面作用。对于企业来说,花费了大量资源建立的合规体系不能带来预期的效果,企业仍然会面临惩罚,其效果与不建立合规体系没有任何区别,企业自然会放弃建立合规体系。因此,雀巢公司案件有利于激励各企业建立合规体系,推动我国企业合规改革的进行。

4. 避免了"水波效应"的发生,保障企业的可持续发展

本案中,法院认定雀巢公司员工行为是自然人的个人犯罪而不是单位犯罪,使得雀巢公司免予被贴上犯罪的标签。如果雀巢公司被卷入刑事追诉,其正常经营必定会受到影响,雀巢公司将面临罚金刑、财产刑、被剥夺各种资格、丧失商誉等系列严重后果。随之而来的是,雀巢公司的大量员工失业,投资人、客户的利益受损,当地政府的税收减少,甚至波及当地经济。[1] 兰州中院以雀巢公司拥有有效的合规体系为由,认定其不构成单位犯罪,使得雀巢公司免予刑事追诉,避免了"水波效应"的发生。本案中,雀巢公司的声誉得以挽救,损失得以避免。

## 二、对我刑事合规改革的启示

1. 认可了确立合规的出罪功能,一定程度上形成合规的刑事激励

我国刑法为单位犯罪编织了严密的法网,但是在出罪方面却没有相应的激励机制,欧美等国家的企业无罪抗辩的合规制度在我国还未正式确立。为激发企业的合规动力,应通过确立合规出罪机制,将企业有效的合规计划作为阻却犯罪的法定事由。[2] 在本案中,雀巢公司证明其建立了合规体系,对合规风险尽到了防范义务,对公司员工尽到了管理义务,切割了其与员工的责任,由此雀巢公司不构成单位犯罪。因此,如果单位内的员工以单位名义、为单位利益实施违法犯罪行为,而单位建立了有效的合规体系,尽到了合理的义务,不存在故意或过失,单位可以此为抗辩理由,阻却单位责任,体现合规的刑事激励作用。

2. 鼓励国家与企业合作,共同预防企业犯罪

国家应当制定预防企业犯罪的措施,但由于司法资源有限,不同的企业运作方式不同、业务领域不同,面对的合规风险也不尽相同,国家难以制定适用于各

---

[1] 陈瑞华:《企业合规的基本问题》,《中国法律评论》2020 年第 1 期。

[2] 孙国祥:《刑事合规的理念、机能和中国的构建》,《中国刑事法杂志》2019 年第 2 期。

种类型企业的预防措施。此时,促进企业自我监督,即建立有效的合规体系,是可行的方法。只有企业自身才了解其面临的最大的合规风险,企业为自己"量身定做"的合规体系才能具有针对性和有效性。企业在建立合规体系的过程中,预防犯罪的责任由国家和企业共同承担。在本案中,雀巢公司针对员工在开展业务中容易实施的非法收集公民个人信息行为进行了合规指引,原本由国家单方面制定的预防措施,由雀巢公司根据自身的具体情况个性化地制定,实现了国家和企业在犯罪预防中的分工与合作。

**3. 激励企业通过建设有效的合规体系,严格进行行业自律**

雀巢公司一案表明,有效的合规体系可以实现企业与员工的责任分离,避免企业被贴上犯罪的标签,从而挽救企业的声誉,减少经济损失。因此,企业应根据自身面临的合规风险建立相应的合规体系。比如效仿雀巢公司制定员工行为守则等规范性文件、进行业务行为的风险识别、对员工进行常规性的培训和测试、对高风险员工进行针对性的培训等,以此尽量避免企业在经营中可能遭遇的刑事风险。企业的员工更应当遵守国家的法律法规以及公司的合规体系,否则将会承担相应的刑事责任。

# 第一节 刑事合规的国际运行

考察刑事合规的起源、发展、成熟,其目的是整理其运行的一般规律。在此过程中,力争吸取教训,避免重蹈覆辙。同时,借鉴其成功的做法,减少改革的成本。刑事合规并不源于中国,属于典型的"舶来品"。提及刑事合规,无法绕过美国的《反海外腐败法》(*Foreign Corrupt Practices Act*,简称 FCPA)[①]和《联邦量刑指南》(*The Federal Sentencing Guidelines*)[②]等诸多在刑事合规的历史发展中具有里程碑意义的法律文件的出台以及一系列典型案例的推动。

## 一、企业合规的起源

企业逐利的天性和利益最大化的终极目标必然会使企业一直游走在"守法"以及"违法"的边缘,并时刻面临着被惩罚、制裁的风险。作为企业管理方式的合

---

① 又称《反海外贿赂法》,该法 1977 年制定,旨在打击美国企业贿赂国外政府官员的行为,当前该法已经经过 1988 年、1994 年、1998 年三次修改。

② 为规范量刑、减少量刑差异,经过多次改革后,美国 1987 年通过该法。

规，也最早产生于市场经济最为发达的美国。时间最早可以追溯到 19 世纪的中期，当时一些企业为了扩大品牌效应、增强市场信任度，先后自觉自发地尝试了通过进行员工培训、加强内部监督、完善内部管理等多种方式来督促企业依法经营。随着经济的快速发展，一些行业协会陆续出台了行业行为引导的"指南"或"标准"，以指导企业依法依规经营。这个阶段的"企业合规"可谓一种企业自发的内部监督机制，一种企业与市场主动的"自我监管"措施，政府层面出手参与监管较少。后来，经济规模不断扩大，市场与企业自身的监管也暴露出一些短板，政府逐步加入对企业的合规监管，并通过形成普适性的准则，推广并规范企业的合规建设。最早确立"合规"概念的应该说是美国的金融业。美国金融业多年来平稳运行，为美国经济的繁荣作出了巨大贡献，与其早期注重合规建设的理念密不可分。由于金融行业合规建设所取得的明显成效，美国政府开始把合规建设推行到各行各业，并开始制定有关企业合规的系列规范性法律文件，企业合规制度开始建立起来。[1]

　　在立法层面，美国 1887 年颁布了具有里程碑意义的《州际商务法》(Interstate Commerce Act)。19 世纪下半叶美国铁路业发展迅猛，但是矛盾重重。此时，美国长期以来"自由放任"经济发展的传统与加强联邦管制的经济思想之间的冲突集中爆发。经过了数十年的争辩，国会最终于 1887 年 2 月通过《州际商务法》。该法成立行政系统中首个专门的管制委员会——州际商务委员会，州际商业委员会对铁路企业的运营、争议解决具有一定的监管权。在强调加强政府监管的同时，该法也规定了行业自律和企业自我监管的措施。在立法实施后，几大铁路运营公司很快提出了行业内部的统一行动策略，并对同行业者发出了从业建议。最终，主要的铁路运输行业协会纷纷向州际商业委员会提交了报告，表示愿意将此作为本行业内部的执行标准。《州际商务法》对于行业自律和监管作出的详尽规定，对后来的合规立法产生了深远影响。即便是在 1929 年的经济大萧条时期，行业自律和自我监管的理念依然被强调和遵守。[2] 20 世纪初，食品、医疗、证券等领域内加强政府监管立法的法律文件相继出台，主要包括：《纯净食品与药品法案》(1906 年)、《联邦储备法》(1913 年)、《克莱顿反托拉斯法》(1914年)、《银行法案》(1933 年)、《证券法》(1933 年)、《马罗尼法案》(1938 年)等。

　　可见，早期的企业合规是在政府引导下企业自我监管与行业自律相结合的

---

　　[1]　万方：《企业合规刑事化的发展及启示》，《中国刑事法杂志》2019 年第 2 期。

　　[2]　Joel Sligman, The Transformation of Wall Street: A History of the Securities and Exchange Commission and Modern Corporate Finance, Houghton Mifflin, 1982, p.184.

一种内控机制。虽然在各个时期,政府监管和企业自律之间,因为相互的不信任,如认为过于强调单一的政府规制会产生规制效率低下等、对企业自我规制的警觉与怀疑等,会导致政府监管以企业自律所起作用此起彼伏、此消彼长,但不可否认,不管是基于企业内生自发的,还是外在强制的企业合规建设任何时候都应当被重视。

## 二、企业合规的刑事化发展

刑事法律以其调整手段的严厉性而与其他法律明显区别开来。企业合规与刑事法律挂钩的背景是基于企业犯罪的预防与治理而产生的。

### 1. 刑事化的背景

随着资本主义的经济进一步发展,企业追逐利益的欲望与野心也日渐膨胀,为了不断扩大利润,许多企业不惜以身试法,走上违法犯罪的道路。企业的违法犯罪给国家和社会造成巨大损失,也给企业自身带来毁灭性的打击。发展到 20世纪 60 年代,美国企业犯罪的严重性集中爆发,并引起社会各界的高度关注。当时企业犯罪的类型主要集中在两大类:贿赂等腐败案件,企业垄断犯罪案件。

### (1)涉嫌垄断的犯罪及其合规治理

依据美国的《谢尔曼法案》(1890 年),垄断属于重罪。但依旧有一些在市场中规模较大或者具有特定优势的企业通过串通投标、分配市场、操纵价格等方式,排挤其他竞争者,谋求自身在市场中支配者的角色,进而获取暴利。在政府发起的反垄断调查中,多名企业高管锒铛入狱,企业则被处以数百万美元的罚金。以垄断最为严重的石油、电气行业为例,1911 年的洛克菲勒案、1946 年的通用电气案都遭受不同的制裁。在此过程中,部分企业选择了与政府合作,合规也成为企业进行抗辩的理由被提出。合规计划的刑事法律效力开始被企业、执法机关、司法机关所重视。

### (2)商业贿赂腐败的犯罪及其合规治理

20 世纪中期,美国经济的快速发展伴随着大量的商业贿赂以及腐败案件的发生。虽然先前颁布的诸多法律中对商业贿赂也有规制,但效果似乎并不明显。1972 年,"水门事件"爆发,这些受人尊重的美国高官和大企业主管的诚信受到质疑,社会要求加强对政府官员、大企业行为的监督。在政府随后的进一步调查中,发现数百家美国企业内部专门设立了用于在国内提供政治献金或在海外贿赂外国政府官员的秘密贿赂资金。为获取或保留业务,大约 400 多家美国企业曾向外国官员实施过贿赂,总计超过 3 亿美元。① 商业腐败案件的严重性和普遍性,直接促进了 1977 年美国《反海外贿赂法》(FCPA)的出台。FCPA 表达了美国政府对于商业贿赂的"零容忍"和"严制裁",迫使美国的企业积极寻求风险规避。显然,FCPA 通过设定企业预防贿赂犯罪和实施内部会计控制的法律义务,客观上形成了将企业合规作为企业内部预防、发现、制止违法犯罪行为的内控机制。该法所确立的反腐败条款和会计条款,同时将企业在预防犯罪的内部管理义务延伸至与美国企业有关联的所有企业,形成对企业犯罪治理的"长臂管辖"。

2.刑事化的联接

通过美国企业合规发展简史不难看出,早在 20 世纪 60 年代就曾出现了通用电气公司尝试通过合规进行抗辩的司法实践。尽管最终没有成功,但该案开启了合规计划在企业刑事责任认定中的重要篇章。20 世纪 80 年代的国防工业舞弊案促进了"企业自我揭弊计划"的实施。自此,企业合规逐步显现了刑事法律意义。②

(1)将"企业自愿揭弊计划"引入《联邦检察官手册》

20 世纪 80 年代中期被揭露的美国国防部贪腐舞弊案,其所涉金额之大、范围之广、影响之恶劣、官员级别之高均令人瞠目结舌。当时卷入此案军衔最高的是海军四星上将、前太平洋舰队司令莱昂斯莱。民众对国防工业及其物品采购普遍不信任,造成整个行业的商业信誉坍塌。为改变这一局面,1985 年 7 月 15 日,根据时任总统罗纳德·里根的指示,成立了国防行政特别委员会——帕卡德委员会。在帕卡德委员会的号召和积极推动下,18 家接受国防部订单的企业联合起草了《国防工业商业伦理和行为倡议书》。国防部还鼓励供应商自我揭弊,号召企业将自我揭弊作为企业合规计划的核心,国防部承诺据此将向司法部作出有利于企业的从宽建议。

另一方面,司法部对此案的侦查处理,遇到了前所未有的困难。考虑案件涉及国防领域诸多部门以及众多重大的军工企业,且民众对国防工业及其相关采购的不信任,为全面彻底地预防和治理国防采购的舞弊,美国司法部也开始寻求激励企业自我揭弊,并考虑将合规计划作为定罪量刑时的重要考量因素。在国防部的协作推动之下,虽然经过短暂犹豫,美国司法部最终在 1987 年 7 月 17 日

① 万方:《企业合规刑事化的发展及启示》,《中国刑事法杂志》2019 年第 2 期。
② 李本灿:《刑事合规的制度史考察:以美国法为切入点》,《上海政法学院学报(法治论丛)》2021 年第 6 期。

发布"关于自愿揭弊计划的指引",并将其引入《联邦检察官手册》。该指引明确规定,司法部在处理国防采购欺诈案时,应注重通过起诉裁量鼓励供应商实施合规计划。至此,企业合规的刑事激励初具雏形。

(2)《联邦组织量刑指南》正式确立企业刑事合规

针对频繁爆发的企业犯罪,为解决组织量刑与个人量刑的差异,1991年美国联邦量刑委员会在1987年颁布的《联邦量刑指南》基础上,制定《联邦组织量刑指南》。《联邦组织量刑指南》被视为"企业刑事合规发展的分水岭",是因为该法律文件第一次详尽、系统地规定了企业合规的概念、有效刑事合规的标准、企业合规的刑事实体与程序激励机制等内容。虽然经过几十年的发展,美国《联邦组织量刑指南》中的诸多规定依旧是各国企业刑事合规立法改革和理论研究的重要参考。

### 三、企业刑事合规的全球运行

在刑事合规的类型化研究方面,有学者将全球主要国家的刑事合规分为"英国模式"与"美国模式"。前者以英国、意大利、日本为代表,强调通过独立构罪方式推动企业自我治理商业贿赂;后者以美国、德国为代表,强调通过量刑激励,推动企业内控。[1] 具体到刑事合规的程序部分,类型化并不明显,但主要国家的刑事合规程序依然存在差异。从整体上来看,刑事合规的程序发展呈现如下发展态势。

1. 立案侦(调)查中的差异、灵活与协作

(1)立案管辖的差异性

在立案管辖上,管辖的主体、对象、依据、范围等,各国存在较大差异,由此导致在针对跨国企业的合规侦(调)时,产生管辖权的冲突与分歧。美国的"长臂管辖"[2]使得美国的刑事合规侦(调)查延伸至域外,诸多知名国际企业,如西门子、阿尔斯通公司、英国宇航系统公司、爱立信、华为、中兴等,都因FCPA受到严厉制裁。英国《反贿赂法》覆盖面更广,采取了属地主义和属人主义相结合的原则,扩大了反贿赂犯罪的管辖范围。[3] 美国主要管辖的是向政府公务人员的行贿行为,英国对所有行贿与受贿行为均可管辖。从实际效果来看,英国海外刑事合规

---

[1] 李本灿:《刑事合规理念的国内法表达》,《法律科学(西北政法大学学报)》2018年第6期。

[2] 根据FCPA的规定,为禁止与美国有关的企业从事贿赂外国政府官员的行为,其通过以下三个联点产生域外管辖效力:在美发行证券或依法向证券交易委员会定期申报;在美注册登记或取得国籍或定居;利用美国设施工具进行贿赂。

[3] 陈瑞华:《英国〈反贿赂〉与刑事合规问题》,《中国律师》2019年第3期。

的管辖威力不如美国的"长臂管辖"。美国积极的、扩张的域外刑事合规管辖一度引起相关国家的不满与担心,甚至质疑美国任意创设联结点,将全球企业作为"提款机"。其本质是意图通过合规管辖将全球企业纳入其规制范围,以高额罚款/金处罚企业,实现其经济利益。[①] 不可否认的是,美国严厉的海外刑事合规管辖也促动了其他国家尤其是遭受处罚的国家不断修改和完善本国的合规立法,探索在刑事合规管辖方面的利益平衡。如2016年,法国通过的《萨宾第二法案》模仿FCPA,将管辖主体和适法范围也延伸到海外。

(2)侦(调)查措施的灵活性、多样性、协作性

对企业犯罪的侦(调)查,尤其是跨国企业域外犯罪行为的侦(调)查,取证的困难可想而知。因而,在侦(调)查措施方面,必须灵活多样,并赋予侦(调)查机关授权和吸收企业进行协作的权力,或者在有必要的时候委托独立的第三方调查。如美国的FCPA主要通过司法部(DOJ)主导,证监会(SEC)、美国联邦调查局(FBI)、美国国税局刑事侦查处、国土安全局、财政部海外资产控制办公室(OFAC)等多部门协助。上述主体依照法定程序,采取侦听、卧底、线人、搜查、悬赏奖励等全方位、多层次的侦(调)查方式。同时,鼓励企业合作,主动披露信息和组织内部调查。美国司法部一旦怀疑企业行贿,很快就会与涉案企业首席执行官取得联系,然后由企业选择:要么同意合作,然后开始谈判;要么选择反抗,走诉讼程序。在美国司法部合规处理的主要案件中,大多数企业都选择了不同程度地与司法部合作,配合侦(调)查。

英国的《反贿赂法》强调,针对企业犯罪,应在侦查方式、侦查手段等方面多想办法,具体做法有:强调侦诉机关的举证责任;赋予侦查贿赂犯罪警官特别侦查权,如秘侦权、紧急处治权等。同时,也鼓励侦查机关通过诉讼指引,引导涉嫌犯罪企业建立合规体系。[②]

2.检察官主导下多样化的诉讼激励

检察机关是刑事合规程序的主导者,其把控刑事合规程序的主要手段为实现程序分流的诉讼激励机制。在世界各国刑事合规的程序激励中,影响最大的是美国企业刑事合规中的"暂缓起诉协议"(deferred prosecution agreement,简称DPA)和"不起诉协议"(non-prosecution agreement,简称NPA)。二者均强调企业有效的合规计划和合规承诺可以获得检察机关的不起诉或暂缓起诉待遇。所不同的是,NPA不记录有关的犯罪记录、不需要得到法官的批准、也不需

---

① 李本灿:《刑事合规的制度边界》,《法学论坛》2020年第4期。

② 邓若迅:《英国贿赂罪改革研究》,《中国刑事法杂志》2012年第3期。

要制作起诉书,而 DPA 则反之。[①] DPA 和 NPA 作为程序激励的核心,在美国的刑事合规中得到了最为广泛的适用。2018 年 9 月,美国司法部宣布与巴西国家石油公司达成不起诉协议(NPA),条件是巴西国家石油公司同意支付总计 8.532 亿美元的刑事罚款,并向美国司法部提交一份为期三年的反腐败合规自查报告。2018 年 6 月,美国司法部与法国兴业银行签署了一项为期三年的暂缓起诉协议(DPA),条件是:兴业银行同意支付 5.85 亿美元的刑事罚款以及三年内向美国司法部报告公司合规状况。

英国 2014 年通过《犯罪与法院法》,确立了刑事合规暂缓起诉制度。与美国不同的是,英国暂缓起诉只适用于企业而不适用于自然人。加拿大、澳大利亚、新加坡效仿英国,通过修订刑事法律,确立暂缓起诉制度。这些国家的程序激励也各有特色:澳大利亚的暂缓起诉强调公众的监督;加拿大的暂缓起诉强调法官对协议内容的司法审查;新加坡则强调暂缓起诉协议必须符合公平公正的原则。

### 3. 逐步加强刑事合规的司法审查

各国刑事合规程序的不一致滋生了执法过程中国家与国家之间的矛盾、分歧。比如曾经遭受美国重罚的外国企业认为美国的刑事合规程序带有政治性、报复性,是经济战的工具,而不是正当、合法的法律程序。此外,就程序本身的设计,也暴露出诸多问题。如美国检察官集暂缓起诉决定、执行、监督多项权力于一身,多宗被暂缓起诉的案件处罚严重不均,甚至出现"too big to jail"的隐性规则。[②] 同时,在放弃律师—当事人特权(waive the attorney-client privilege)、停止支付雇员律师费(not to advance or reimburse attorneys' fees to employees)、聘请独立监事(use of in dependent monitor)等三个方面,各国在具体实施中都存在较大争议,期待执法进一步规范、完善。[③]

针对上述问题,各国不断进行程序校正,主要措施为加强刑事合规的司法审查,确保程序在正义的轨道上运行。因此,美国在 2012 年 12 月的 HSBC 案和 2013 年 1 月的 WakeMed 案中,都出现了联邦法官对暂缓起诉协议严格审查的转变。至于刑事合规发展相对较晚的国家,如英国、德国、法国等国家,在刑事合规程序建立之初,就直接主动植入了司法审查的要素。

---

① 陈瑞华:《企业合规视野下的暂缓起诉协议制度》,《比较法研究》2020 年第 1 期。

② "too big to jail"典型案例是 2012 年的 HSBC 暂缓起诉案,该暂缓起诉创造了罚款纪录。首席检察官 Eric Holder 指出:一些企业规模过大,如果对其提起刑事诉讼,难度较大,也将会对国民经济甚至世界经济产生不利影响。此番讲话引起社会各界对刑事合规程序公正性的质疑。

③ 叶良芳:《美国法人审前转处协议制度的发展》,《中国刑事法杂志》2014 年第 3 期。

4.保障律师充分参与刑事合规

辩护是刑事诉讼中重要的职能,刑事合规亦是律师重要的法律业务。刑事合规中最令人担心的是追诉机关滥用权力,或滋生新的腐败,或导致企业权利得不到保障,或无法真正实现刑事合规之初衷。那么,专业律师的参加,则可有效预防上述问题的产生。

一些跨国刑事合规案件标的额大、涉及面广、体系复杂,包含法律、金融、外事外交等诸多专业性知识,单独依靠企业自身,根本无法完成刑事合规的谈判与体系建设,必须有专业律师的协助才能顺利完成。律师在刑事合规中的主要工作包含三项:合规调查;刑事调查的应对;有效合规体系的打造。[1] 美国联合技术公司(UTC)在律师充分评估风险后,于2013年和2014年向美国司法部、美国证监会、英国严重欺诈办公室(SFO)主动披露违规行为。2018年4月,UTC获得美国司法部不予起诉待遇,企业摆脱诉讼风险。正是因为律师在刑事合规中作用被重视,一些全球知名的律师事务所,如美国世强律师事务所(Steptoe & Johnson),针对全球刑事合规,开发了刑事合规专项服务。[2]

# 第二节 刑事合规的本土化探索

## 一、中国源起

合规是源于西方语境下的表述,中国本土式的表述通常以公司治理、企业内控、风险管理等形式出现。"合规"的正式亮相首先是在一些国际化程度较高的大型国有金融公司中,如2002年中国银行总行将"法律事务部"更名为"法律与合规部",设首席合规官(CCO)。自此,国内银行业基本开始了合规管理。合规最早见诸规范性法律文件的是2005年上海银监局制定的《上海银行业金融机构合规风险管理机制建设的指导意见》。合规始于金融业,陆续扩大到证券、食品安全、电信、制造业等诸多领域,并陆续出台系列行业准则和规范性文件。正是认识到合规已成为全球企业发展的新潮流,2018年11月1日,习近平总书记在民营企业座谈会上指出:"民营企业家要讲正气、走正道,做到聚精会神办企业、

---

[1] 陈瑞华:《企业合规制度的三个维度》,《比较法研究》2019年第3期。

[2] 有关世强律师事务所的刑事合规业务范围,参见 https://www.steptoe.com/en/services/index.html 首页,2020年12月4日访问。

遵纪守法搞经营,在合法合规中提高企业竞争能力。守法经营,这是任何企业都必须遵守的原则,也是长远发展之道。要练好企业内功,特别是要提高经营能力、管理水平,完善法人治理结构,鼓励有条件的民营企业建立现代企业制度。"①

如果说 2014 年的"昆山 8·2 爆炸事件"和 2018 年的"8·12 天津港爆炸事故"开始使国人痛心并关注企业合规,那么从 2016 年到 2018 年,中兴两次被美国制裁,付出高额的代价:被罚款总额超过 20 亿美元、管理层被全部更换、接受美国派人监管运营 10 年。"中兴事件"前后,国家果断采取措施,先后出台《合规管理体系指南》《中央企业合规管理指引(试行)》《企业境外经营合规管理指引》等全国性文件政策。2018 年更是被定义为中国企业的"合规元年"。显然,中国政府对合规的重视并不是自觉自发的,而是伴随着中国企业国际化的进程,尤其是企业遭受海外合规指控重创后的被动应对。因此,中国至今没有完备的合规法治体系。但一个明显的发展趋势是,未来中国政府将更加重视企业的合规法治建设。

## 二、我国刑事合规改革的可行性

### 1."宽严相济"刑事政策基础保障

"宽严相济"是我国的一项基本刑事政策,具有悠久的历史传统,对我国的刑事追诉和犯罪治理起到了重要的指导作用。宽严相济中的"宽"是指宽大、宽缓、宽容。具体包含以下两层含义:一是能轻则轻,二是应重而轻。能轻而轻,是指对于轻微的犯罪,应当处以较轻刑罚。应重而轻,是指犯罪嫌疑人虽然罪行较重,但如果具有坦白、立功、自首等情节,也应从宽处罚,体现法律对于罪犯的感化与教育,从而鼓励犯罪分子改过自新,回归社会。"严"是指严厉、严格、严肃。意指法网应严密,有罪必罚,对于重大犯罪应从重惩处,绝不姑息养奸,徇私枉法。"济"是指救济,即以宽济严、以严济宽。但是必须根据形势的发展变化,做到宽严有度,保持"宽"与"严"的平衡,做到"严中有宽""宽中有严"。

在刑事诉讼中贯彻宽严相济的刑事政策,要求司法机关根据犯罪的不同情况,该宽则宽,该严则严,宽严相济,区别对待。坚持教育、感化、挽救的方针,争取大多数,尽可能地减少社会对立面,维护社会的和谐稳定。对企业犯罪也应如此。在该政策的指引下,对企业的违法犯罪行为,应区分企业的具体情况,采取

---

① 《习近平:在民营企业座谈会上的讲话》,中国政府网:https://www.gov.cn/xinwen/2018-11/01/content_5336616.htm? cid=303,2022 年 6 月 2 日访问。第 29 页。

不同的处理方式;对于较轻的企业犯罪行为,可以尽量采取轻缓的处罚措施,给予企业一次重生的机会。对于严重的企业犯罪行为,处罚起来绝不手软,但若在可能的情况下,为维护企业的可持续发展,可通过正面激励和其他替代措施,让企业既承担责任,受到相应的惩罚,但是又将单一惩罚的副作用降到最低。

2.认罪认罚、不起诉等制度供给

2018年我国刑事诉讼法修订最重要的成果之一即为认罪认罚制度的确立。该制度的价值意义在于贯彻宽严相济刑事政策、推动刑事案件繁简分流,节省司法资源,最终从根本上化解社会矛盾。根据最高检所发布的2021年1月至9月全国检察机关主要办案数据显示,在2021年1月至9月已办理的审查起诉案件中,全国适用认罪认罚从宽制度审结人数占同期审结人数的85%以上。[①]　显然,认罪认罚从宽已是我国刑事诉讼最主要的结案方式。在该制度中,"认罪认罚"是前提,"从宽"是落脚点。"从宽"包含实体从宽和程序从宽,不起诉则是程序从宽中最大的激励因子。根据2019年10月"两高三部"发布的《关于适用认罪认罚从宽制度的指导意见》,认罪认罚从宽制度贯穿刑事诉讼全过程,适用于所有的案件和罪名,当然也包含企业犯罪。认罪认罚从宽制度为企业与检察官的沟通、协商直至达成最后的缓诉协议,换取刑事法律的相应优待,提供了操作执行的具体方案。具体到刑事合规中,尚需构建企业犯罪适用认罪认罚从宽处理指引,并建立起从刑事合规—认罪认罚—程序分流的关联。

就刑事合规的主要程序激励措施——合规不起诉适用而言,我国现行不起诉的程序包容性,在改造后可满足刑事合规不起诉的适用需求。当前中国检察院机关的不起诉主要有五种:法定不起诉、酌定不起诉、证据不足不起诉、附条件不起诉、特定条件下不起诉。上述五种模式,其适用对象范围非常广泛。刑事合规的程序分流,可通过程序改良和模式嵌入,实现多样化的选择。尤其是酌定不起诉与附条件不起诉,都属于检察机关裁量不起诉范畴,可以非常便利、有效地适用于刑事合规的程序激励。以我国企业刑事合规试点中常用的合规相对不起诉和国际刑事合规通行的附条件不起诉为例:如何实现酌定不起诉的刑事合规适用? 依据《刑事诉讼法》第177条之规定,适用酌定不起诉必须满足三个条件:已经构成犯罪;犯罪情节轻微;依照刑法规定不需要判处刑罚或者免除刑罚的。对于企业犯罪,如果企业的合规体系、犯罪情节、危害结果综合审查,符合上述条件的,符合上述条件的,检察机关可以不起诉。与美国的NPA不同的是,我国

---

① 《最高检发布2020年1月至3月全国检察机关主要办案数据》,最高人民检察院网站,2021年10月19日。

的酌定不起诉没有达成不起诉协议要求,而 NPA 要求美国检察官与涉案法人之间签订的一份"不诉"协议,只是签订协议时,检察官不需要制作正式的起诉书,协议只需由当事人双方保存而不需要提交法院备案。① 所以,我国的酌定不起诉的刑事合规改造重点可从不起诉协议的签订、履行着手。对于刑事合规中适用最为广泛的附条件不起诉,我国从 20 世纪末的探索试点、2012 年刑事诉讼法的正式确立,至今已经过 30 年的平稳发展。其主要内容为:对于未成年人涉嫌刑法分则第四章、五章、六章规定的犯罪,可能判处一年有期徒刑以下刑罚,有悔罪表现的,人民检察院可以作出附条件不起诉的决定。所附条件为设置一定的考验期和应遵守的义务,待考验期满再根据犯罪嫌疑人在考验期内的表现,决定是否最终起诉或不起诉。其运行模式与美国刑事合规中的暂缓起诉基本相同。但基于当前我国的附条件不起诉只针对未成年犯罪,如果适用刑事合规,尚需对立法进行技术处理。

### 3."少捕慎诉慎押"刑事改革的推动

司法政策具有回应社会发展需求、推动和指引司法活动的重要功能。我国奉行多年的"宽严相济"司法政策是不起诉的坚实基础,不起诉则是落实宽严相济刑事司法政策的重要诉讼环节。当社会形势发生变化,为了回应新的形势和任务,司法政策也应及时完成自我更新。"少捕慎诉慎押"司法政策的出台正是对人民诉求和时代需要的积极回应,同时也为不起诉的改革发展指明了方向。

"少捕慎诉慎押"从理念到基本刑事政策的转变。"慎诉"作为一种司法理念,最早出现在未成年人案件中。2011 年最高检第一次明确提出,对未成年案件,要坚持少捕慎诉。随后以附条件不起诉为抓手,进一步推动对未成年人的"慎诉"。2018 年浙江省检察院成立全面深化"枫桥经验"工作领导小组,开展"少捕慎诉、保障权益"专项检察活动。2020 年 2 月,随着刑事合规的试点启动,最高检提出在企业合规中应坚持"少捕慎诉"。② 2021 年,最高检发布的《"十四五"时期检察工作发展规划》明确提出要落实少捕慎诉慎押司法理念。2021 年 4 月,中央全面依法治国委员会把"坚持少捕慎诉慎押"作为一项基本的刑事司法政策列入 2021 年工作要点。中央将"慎诉"从司法理念上升为党和国家的刑事司法政策,必将对我国刑事司法产生重大而深远的影响。这意味着司法机关在

---

① Craigs Morford,"Memorandum for Heads of Department Components and United States Attorneys,"2008-03-07,http://www.justice.gov/dag/morforduse of monitors memo-03072008.pdf,2012-12-20.

② 唐海东:《少捕慎诉原则化构建研究》,《重庆理工大学学报(社会科学)》2020 年第 12 期。

办理刑事案件时,必须按照方向指引,出台系列改革举措,为"慎诉"的落地实施提供充分的保障。

将"少捕慎诉慎押"贯彻到企业刑事合规改革中,并形成了 2021 年 4 月最高检印发的《关于开展企业合规改革试点工作方案》(以下简称《方案》)中的具体规定。《方案》明确指出,检察机关开展企业合规改革,目的在于加强对民营经济的平等保护,更好落实依法不捕不诉不提出判实刑量刑建议等司法政策,既给涉案企业以深刻警醒和教育,也给相关行业企业合规经营提供样板和借鉴。可见,刑事合规改革与"少捕慎诉慎押"刑事改革在理念、路径、目的上,具有高度的一致性。"少捕慎诉慎押"刑事改革也极大地助推了企业刑事合规的本土化探索和改革。

### 4. 检察机关的职能保障

刑事合规的改革中,检察机关是绝对的主导者,公私共治,集执法、司法多项权力于一身。美国检察机关一度遭受越权、滥用权力的指责,其身份及权力来源的正当性被质疑。主要原因是美国无论合规不起诉还是合规暂缓起诉,美国法官都只做形式审查,不会过多干预。民众担忧美国检察官绕开正式法律体系,实施合规不起诉和合规暂缓起诉会引发宪法和公共政策上的危机。同时,检察官在签署合规不起诉和合规暂缓起诉协议中,占据不正当的优势地位,在与被告公司的谈判和协商中极有可能滥用公诉权力。[①]

与美国检察机关单纯的控诉职能相比,我国的人民检察院的性质是国家法律监督机关,其内涵和职能更为丰富。检察机关法律监督的抽象表达是通过行使检察权,保护个人和组织的合法权益,维护国家安全和社会秩序、国家利益、社会公共利益,保障法律正确实施,实现社会公平正义。在这一目标指引下,检察机关可超越单纯的起诉职能限制,从社会治理的角度,更为灵活地去实施刑事合规改革。依托检察机关的法律监督身份,通过实施刑事合规改革去帮助企业进行合规建设,实际上已成为检察机关的职能。2017 年《最高人民检察院关于充分履行检察职能加强产权司法保护的意见》第 8 条提出,要利用审查逮捕、起诉工作,采取检察建议等形式,帮助各类产权主体强化产权保护意识,促进国有企业健全内部监督制度和内控机制、规范国有资产流转程序和交易行为,促进集体经济组织建立健全集体资产管理制度和财务监督制度,促进民营企业提高依法规范经营和维护自身合法权益的意识和能力,从源头上预防和治理侵犯产

---

① Wilson Angand and others, Deferred Prosecution Agreement——Justice Delayed or Justice Denied? Norton Rose Fulbright,March 2018.

权犯罪。有学者剖析认为此条暗含检察机关的刑事合规职责,且检察建议的功能与不起诉协议和暂缓起诉协议中的合规建议有相似之处。① 显然,检察机关的法律监督职能为其完成刑事合规的使命提供了更为广阔的空间。

### 三、从试点改革到全国推开

自 2019 年底,新型冠状病毒在世界范围的蔓延为中国企业走向世界提供了新的机遇。作为企业的内部机制和企业文化,合规体系旨在发现和预防企业内部的犯罪行为。② 各国反企业腐败法的经验和教训深刻说明,唯有刑事合规,促进企业行业自律与自我监管,企业获得免疫力,才能规避重大甚至毁灭性打击。中国社会的企业经营往往人情和关系大于法律和规则,但在走出国门后,面对的是将法律规则、道德放在第一位的国家,如果铤而走险将招致灭顶之灾。③ 在此背景下,中国的企业刑事合规试点改革在最高人民检察院的主导下正式启动。

1. 第一轮试点

2020 年 3 月,最高人民检察院决定在浦东(上海)、金山(上海)、张家港(江苏)、郯城(山东)、南山(深圳)、宝安(深圳)6 家基层检察院开展为期一年的企业合规改革试点。刑事合规第一次正式进入公众的视野和刑事追诉的领域。参与试点的单位按照最高检的部署积极探索,其他非试点单位也根据本地实际情况,展开对企业刑事合规的研究。第一轮试点取得的主要成就有:

(1)合规相对不起诉与检察建议的组合运用。2020 年 3 月,无锡市新吴区检察院对一家涉嫌虚开增值税专用发票的民营企业在企业按照《检察建议书》进行整改并建立刑事合规体系后,作出了相对不起诉处理。8 月,杭州市成立全国首家企业刑事合规促进会,开始了政府和企业共同进行刑事合规建设的第一步。9 月,浙江省岱山县人民检察院印发《岱山县人民检察院涉企案件刑事合规办理规程(试行)》,规定人民检察院在收到涉案企业合规承诺书后,将会派合规监督员进驻企业,帮助企业进行合规建设,并根据建设情况合理适用相对不起诉处理。相对不起诉和检察建议都是现行法律体制之下人民检察院的常规工作手段。但将二者结合起来,用于刑事合规的程序激励和合规体系的建构,却属实施与运用的创新。这一探索全然有国家保护民营经济的呼吁和疫情影响的考虑,但实际上也开启了检察机关通过程序分流,积极介入刑事合规并发挥主导作用

---

① 李玉华:《我国企业合规的刑事诉讼激励》,《比较法研究》2020 年第 1 期。
② U. S. Sentence Guidelines Manual § 8B 2.1(a) (2004).
③ 黎宏:《合规计划与企业刑事责任》,《法学杂志》2019 年第 9 期。

的进程。同时,也为国际刑事合规中重要的程序激励——合规暂缓起诉在我国的植入打下了基础。

(2)独立合规官的选任。2020年8月,深圳市宝安区人民检察院与区司法局共同会签了《企业刑事合规协作暂行办法》,并正式印发《深圳市宝安区司法局关于企业刑事合规独立监控人选任及管理规定(试行)》,为"合规不起诉"的实施提供了配套措施。11月,深圳市宝安区司法局选任产生第一批企业刑事合规独立监控人。独立、尽职的合规官是刑事合规程序中的重要主体,也是刑事合规程序顺利推进的保障。在刑事诉讼中,独立合规官地位、权利、义务及其选任,都应有完备的法律规定。深圳市宝安区选择的企业刑事合规独立监控人主要是律师,未来全国的刑事合规程序立法,在合规官的选任范围上可考虑多样化的来源。

第一轮企业合规不起诉改革试点取得了阶段性成果,但刑事合规的实施也面临着一些理念上的分歧,遭遇了制度上的"瓶颈"。如第三方监管机制如何运行、企业合规的经费来源与支付等等,试点中各地检察机关做法不一,改革立法与制度的供给不足,试点单位都小心翼翼进行试水探索。

2. 第二轮试点

2021年3月,最高人民检察院扩大试点范围,决定在北京、上海、江苏、广东等10个省份开展为期一年的第二期试点工作,此次共选取61个市级院、381个基层院作为试点院。截至2021年12月底,10个试点省份办理涉案企业合规案件600余件,其中300余件适用第三方监督评估机制。[①] 第二期企业合规改革试点除了扩大改革试点范围,更加注重在"有序"和"规范"上着手,此轮试点在制度建设、立法探索方面取得显著成果。

(1)《关于开展企业合规改革试点工作方案》

2021年4月8日,最高人民检察院出台《关于开展企业合规改革试点工作方案》(下称《方案》),《方案》的出台为改革进一步指明了方向。其重要内容主要包括:检察机关对于企业犯罪案件,在依法作出不批准逮捕、不起诉决定或提出轻缓量刑建议等的同时,应结合具体情况,督促涉案企业进行合规重建,预防和减少类似违法犯罪行为的发生,实现刑事诉讼政治效果、法律效果、社会效果的统一;认真落实依法不捕、不诉、不提出判实刑量刑建议等司法政策;将企业合规改革与认罪认罚从宽制度、检察建议、依法清理"挂案"、适用不起诉结合起来;探

---

① 徐日丹、谷芳卿:《最高检:第二批涉案企业合规改革试点省份办理相关案件600余件》,https://www.spp.gov.cn/spp/zdgz/2)2202/t20220224_545715.shtml,2022年5月12日访问。

索建立企业合规第三方监管机制;加强组织领导,一把手亲自抓,成立以检察长为组长的试点工作领导小组。

(2)《关于建立涉案企业合规第三方机制的指导意见(试行)》

要将企业合规改革真正落到实处,中立的、专业的第三方监督评估最为关键,因此,第三方监督评估机制是合规改革中的核心机制之一。2021年6月,最高人民检察院、财政部、国资委、全国工商联等八部门共同发布《关于建立涉案企业合规第三方机制的指导意见(试行)》(下称《指导意见》)。《指导意见》的主要内容包括:第三方机制的界定、运行原则、适用对象;第三方机制管委会的组成和职责;第三方机制的启动和运行等。自《指导意见》实施后,各试点单位的第三方机制先后相对统一、规范地建立起来,试点取得实质性成果。

**3. 全国推开**

经过两轮的试点改革,2022年4月,最高人民检察院联合全国工商联专门召开会议正式宣布,企业刑事合规改革试点在全国检察系统全面推开。随后,全国范围内关于刑事合规改革的理论研究和实践探索蓬勃发展。2022年5月,在《指导意见》的基础上,全国工商联、最高检、司法部、财政部、生态环境部、国资委、国家税务总局、国家市场监督管理总局、中国贸促会共同发布了《涉案企业合规建设、评估和审查办法(试行)》(下称《办法》)。《办法》为规范第三方机制的工作有序开展、进一步推进企业合规改革试点工作提供了较为明确的方向指引。其主要内容包含:将企业合规整改分为三步:合规建设(企业负责)、合规评估(第三方组织负责)、合规审查(人民检察院和第三方机制管委会负责);明确了涉案企业开展合规建设的前提、开展合规建设的组织、人员和职责、合规建设的基本框架(包含合规管理的组织和职责、建立健全合规管理的制度机制、建立合规管理运行机制、建立合规管理的保障机制);明确第三方组织对涉案企业开展合规评估的要求和具体的指标体系;明确办案单位开展合规审查的要求和具体内容;要求合规整改不能止步于涉案罪名,应当以专项合规为重点、全面合规为目标,进行"溯源"治理,从源头上预防相同或相似违法犯罪行为的发生;规定了小微企业的合规无需第三方评估;强调了对涉案企业"虚假合规"从严处罚。

全国范围内的试点推开,意味着我国企业刑事合规改革进入了"深水区"。改革中会遇到诸多的障碍,但不可否认的是,随着试点成熟,积累足够的经验后,刑事合规的改革必定会上升到中央立法层面,进而对国家的法治结构产生重大影响。

# 第三章　现代化刑事合规体系的构建

## 法国空客公司商业贿赂案 *

空中客车公司（Airbus，又称空客、空中巴士），是欧洲一家著名的飞机制造、研发公司。空客公司成立于1970年，总部位于法国，并通过子公司与分公司在全球开展业务。2020年1月30日，空客公司承认了向政府行贿，隐瞒相关款项等系列腐败及违反出口管制的行为，并与法国国家金融检察官办公室（PNF）、英国严重欺诈办公室（SFO）以及美国司法部（DOJ）达成了和解协议，同意支付近40亿美元的罚款并接受相关合规措施，以解决三国对其进行的全球贿赂和违反相关贸易条例方面的指控。

在2000年，空客公司成立，其前身是欧洲最大的军火供应制造商——欧洲航空防务航天公司（EADS NV）。2008年初，空客内部新成立了国际战略和营销市场部（Strategy and Marketing organization International，简称 SMO International），其目标是支持空中客车的三个事业部门——商务部门、国防与太空部门和直升机部门在国际上的业务和持续发展，其负责管理所有帮助空客完成销售和服务订单的第三方商业合作伙伴，该部门会查看和批准三个事业部门的合作伙伴业务情况及其商业合作申请；虽然员工数量只有150人左右，但其能调动的对于商业合作伙伴的年度最高津贴可达3亿美元左右。据悉，该部门

---

* 此案例主要援引自新浪美股：《因全球贿赂案 空客被处以创纪录的40亿美元罚金》（发表于2020年2月1日新浪财经官方账号）。同时，部分事实和数据援引自网易玩家工作室：《世界各地行贿卖飞机被查 空客交40亿美元求和解》（发表于2020年3月网易航空公众号）和光曦国际：《Airbus以40亿美金的罚款数额直接登顶FCPA罚金榜》（发表于2020年2月17日光曦国际客服微信号）。

管理着一个中间人体系，用以支持飞机的销售工作。在巅峰时期，这一体系拥有250名中间人，这些中间人每年会耗费巨资帮助空客寻找买家，在此过程中就出现了一些隐蔽的行贿。这主要包括雇用航企高管的妻子作为"中介"并支付巨额佣金、雇用政府高官亲属作为"中介"介绍业务，或花费数千万美元资助航企高管管理的运动队，以奖励他们购买空客飞机。为了规避风险，空客内部甚至会使用代号来指代交易。自2008年到2015年期间，SMO International通过中间人以多种方式掩饰和隐藏了商业合作伙伴参与腐败的真实情况。例如，创建虚假和欺诈性质的合同；收取虚假和欺诈性质的服务发票；为商业合作伙伴定期创建虚假项目报告；开发某些"特殊项目"；设计虚拟投资机会以秘密方式资助供应商业合作伙伴；隐匿和商业合作伙伴的真实业务关系，如只有口头协议，使用间接付款方式，利用虚假的无偿贷款等等。其中，在2013年到2015年之间，空客的高层、员工和其商业合作伙伴故意为保留和得到更多商务订单而合谋贿赂中国政府官员和国有企业高层人员，并不时提供相关家庭成员去美国旅行的机会，而产生的所有旅行和娱乐费用都由空客承担。空客在销售国际用品和直升机的过程中，违反美国《武器出口管制法》（*Arms Export Control Art*，简称AECA）和《国际武器贸易条例》（*International Traffic in Arms Regulations*，简称ITAR），在2009年和2015年，分别向加纳共和国出售C-295军事用机2架，而没有申报其支付的给予第三方咨询中介和个人的政治捐款和相关费用超过350万欧元；在2010年和2015年，向印度尼西亚出售C-295军事用机共9架，而没有申报其支付的给予第三方咨询中介和个人的政治捐款和相关费用超过1600万欧元；在2009年和2014年，向越南出售C-295军事用机共3架，而没有申报其支付的给予第三方咨询中介和个人的政治捐款和相关费用超过615万欧元；在2000年初，向奥地利出售空客在德国合资厂生产的15架欧洲台风战机（*Typhoon aircraft*），其使用了国防部件，而没有申报其支付的给予第三方咨询中介和个人的政治捐款和相关费用超过5500万欧元。

根据举报人提供的线索，有关部门对空客长达8年的调查正式拉开帷幕。2011年，举报人与英国调查人员取得了联系，举报GPT（GPT当时是EADS的子公司），EADS是在2015年正式更名为空客的第三方中间商曾向沙特阿拉伯官员提供了"豪华车、珠宝和现金公文包"，是为了促使一项20亿英镑的通信合同顺利通过；2012年8月，SFO宣布对GPT进行刑事调查；2012年下半年，德国警方突击检查和搜索了EADS的德国办公室；2014年12月，德国慕尼黑检察官宣布EADS因涉嫌与罗马尼亚和沙特阿拉伯边境安全合同有关的贿赂而受到调查；2016年8月，SFO扩大了对空客的调查范围；2016年，英国出口金融机构因缺乏第三方贷款的透明度而暂停了对空客的融资。法国和德国也暂停了出口资金,后来恢复了资金;2017 年 3 月,法国调查人员也已开始初步调查。法国的调查基于相同的指控,然后由 SFO 进行审查;2017 年 11 月,空客在一份公司声明中说,发现根据《国际武器贸易条例》向美国国务院提交的"备案不正确"。最终,联合执法的三个国家当局决定对空客公司进行以下处罚。空客向法国国家检察机关——帕奎特国家金融公司(简称 PNF)支付约 21 亿欧元(约合 23 亿美元)的罚金。空客与美国司法部(简称 DOJ)签订暂缓起诉协议(简称 DPA),司法部对与《海外反腐败法案》(FCPA)相关的违法行为处以 20.9 亿美元的刑事罚款,并同意贷记最高不超过 18 亿美元的款项支付给法国检察机关。在 DPA 中,空客同意支付共 5.824 亿美元以解决违反 FCPA 和《国际武器交易条例》的串谋指控。空客还向 DOJ 缴纳了 5000 万欧元(约合 5500 万美元)的债券作为一项民事诉讼的罚没款。作为美国决议的一部分,空客还同意与美国国务院达成一项 1000 万美元的和解协议,以解决违反《武器出口管制法》(AECA)和《国际武器贸易条例》(ITAR)的行为,其和解协议中的一半费用(500 万美元)用于补救合规措施。并且,空客承认在英国境外发生的贿赂事实,与英国严重欺诈办公室(SFO)签署了一项为期三年的暂缓起诉协议,同意支付 9.91 亿欧元(约合 10.9 亿美元)以解决《英国反贿赂法》的指控;而作为该协议的一部分,该公司还同意赔偿 SFO 在调查期间所发生的"合理费用",该金额定为 6989401 欧元(约合 770 万美元)。

## 评述

刑事合规是经济发展到一定阶段的法治产物。欧美等发达国家为应对国内外的形势发展需求,率先建立了开放的刑事合规法律体系。本案中,空客公司面临着法国、英国、美国等多国的商业贿赂指控,刑事合规压力巨大。案件最终通过多国协商合作得以解决。中国是当前多边治理中的重要主体,此案给快速现代化发展中的中国在现代化的刑事合规建设方面提供了几点重要启示。

### 一、现代化的刑事合规法律体系是当前企业可持续发展以及国际化的重要保障

随着经济全球化的发展,企业合规日益成为国际社会的新趋势,各国也通过出台相关法律规范,对企业合规制度加以确认。例如,1977 年美国《反海外腐败法》、2010 年英国《反贿赂法》、2013 年英国《犯罪与法院法》、2016 年法国《萨宾第二法案》。除英美法以外,还有一些国家,如加拿大、西班牙、德国、日本、新加

坡等国也通过出台相关法律文件等方式,建立起相对完善的企业合规法律制度。至此,合规制度不再囿于某些国家或地区,而是遍布全球、成为各个国家确认企业刑事责任的重要法律制度。在本案中,根据《反海外腐败法》《反贿赂法》《萨宾第二法案》的要求,美英法三国当局以空客公司通过中间人向海外官员行贿的行为对空客公司进行调查及并作出相应处罚。最终,空客公司依据上述法律,与英美法三国通过合规不起诉达成和解协议,同意支付近40亿美元的罚款而免予被提起诉讼。

在全面对外开放的背景下,企业合规风靡全球,而我国当前缺乏国际化的刑事合规法律体系。中国企业一旦面临着被外国提起刑事诉讼时,就极可能导致企业破产的风险出现。这不仅会让大量无辜人员面临失业下岗的危机,还极大程度上阻碍了我国经济的发展。在空客公司案件中,虽然英美法三国对其处以了巨额罚款,但在合规调查中均认可了空客公司对调查的主动配合,公司因其配合调查的行为致使罚金被减少,最终免遭诉讼。英美法三国给予的考验期也让空客公司有机会去完善合规管理体系,保障公司的健康发展。当前,伴随着国内企业"走出去"和外国企业"引起来",我国应尽快建立与国际接轨的现代企业合规法律制度,降低企业在经营中可能面临的法律风险,减少企业犯罪,营造更好的商业环境。

## 二、各国刑事合规管辖冲突的协调

在各国企业合规快速发展的背景下,跨国公司的管辖冲突就成为无法避免的问题。1977年,为了提高美国企业对外竞争力,促进海外事业的发展,美国制定了《反海外腐败法》,拓展本国法律的海外适用,"平等"约束海内外公司,即所谓的"长臂管辖"。而英国在借鉴美国合规制度的同时,也拓展了本国法律的域外管辖。与美国域外管辖的强势相比,英国《反贿赂法》采取属地与属人原则相结合的方式,范围更广,但效力相对较弱。法国也通过《萨宾第二法案》拓宽了本国法律的适用主体和管辖范围。本案中的空客公司属于法国公司,适用法国刑法。但英美当局均可利用《反海外腐败法》和《反贿赂法》,通过合规不起诉拓宽本国法律的域外管辖,对空客公司进行处罚。

总的来看,美英法三国都通过合规不起诉拓宽域外管辖。而美国在海外适用合规不起诉时,因其过分强势的长臂管辖引起了极大的争议。除本案中的空客公司以外,国内外许多知名企业都受到过FCPA的制裁,如我国的中兴公司。强势的域外管辖虽然侧面促进了各国合规制度的发展,但由于各国法律制度,合规管理等方面存在巨大差异,跨国公司的管辖极易发生冲突和分歧。因此,在面对各国域外管辖的发展，我国不仅要加强企业合规的制度建设，也要拓展我国刑事地域管辖，平衡国际管辖之间的冲突和矛盾。

### 三、加强刑事合规的国际合作，共同维护全球经济秩序

由于法律制度，合规标准不同带来的管辖冲突，必须通过协调、合作，才能达到共赢。为了协调各国，加强反腐败合作，2003年联合国大会通过《联合国反腐败公约》，且目前已有187个国家或地区加入该公约。此外，2005年巴塞尔银行监管委员会发布《合规与银行内部合规部门》、2010年经济合作与发展组织发布《内部控制、企业道德及合规最佳实践指南》、2014年国际标准化组织发布《合规管理体系指南》等。通过这些国际公约、指南，为各国构建企业合规制度铺垫了基本的脉络和方向，并为国际合作打下了基础。在空客案中，美英法三国联合执法，通过合作，对空客公司进行调查及处罚，以达到效益最大化。因此，在面对跨国公司域外管辖发生冲突时，首先，应当通过协调不同国家之间的合规标准和管辖领域，减少国家之间因侦查、惩处带来不必要的冲突。其次，也可以通过参加国际组织，达成国际公约等方式形成共识，以协商的方式进行合作，实现共赢。中国的刑事合规法律体系，要着眼于中国的现实情况，但同时必须借鉴和参与刑事合规的国际标准，这样方可使得中国在未来的全球刑事合规法律体系建设中掌握一定的话语权。

# 第一节　刑事合规现代化发展的要求

"现代化"意涵适应新情况、善于吸取众长、积极顺应未来趋势。现代化也是一个严整多层的体系，包含思想现代化、管理现代化、技术现代化、政治经济现代化。其中思想现代化是其灵魂，管理现代化与技术现代化是其两翼，政治经济现代化则是其赖以生存发展的基础。国际化背景之下，中国经济的转型、企业的现代化发展，要求刑事合规与时俱进。我国缺乏刑事合规的法治传统，面对内生的需求和外部叠加的压力，在引进域外刑事合规时，既有制度建设可以重新规划的巨大优势，又存在基础薄弱缺乏支撑的现实困境。但刑事合规现代化发展的目标是坚定的。纵观国内外刑事合规发展的形势，我国现代化刑事合规体系的构建，必须包含以下基本要素：

## 一、开放的刑事合规理念

一方面,刑事合规已经不仅仅是任何一个国家的事情,已经上升至国际法的义务。2014 年,世界银行发布了《诚信合规指南》,国际标准化组织(ISO)发布了 ISO 19600《合规管理体系指南》,均对违反合规要求的企业设置了多种惩罚措施。经济合作和发展组织(OECD)先后颁布的《跨国公司行为准则》《关于进一步打击国际商业交往中贿赂外国官员的建议》《内控、合规最佳行为指南》等法律文件亦从各个层面强调企业的合规管理。联合国采购处制定的《联合国供应商行为守则》以及联合国贸易委员会通过的《公共采购示范法》则要求政府积极承担对企业的合规监管义务。[①] 显然,在合规的全球化发展态势之下,任何一个国家的刑事合规建设都无法关起门来单独进行。中国作为一个逐步崛起的经济大国,必须在国际刑事合规法律准许的范围之内,在承担国际义务的前提之下,以开阔的视野,构建本国的刑事合规体系。

另一方面,刑事合规面对企业的复杂多样,如企业的注册登记地、企业的形式、企业的性质、企业的规模、企业的运营情况等各不尽相同。各国的刑事合规必须充分考虑这一要素,秉持包容、公平、公正、中立的立场,对本国企业和外国企业开展刑事合规监管。美国依据本国的《反海外腐败法》(FCPA)对海外企业"长臂管辖",实施严厉的刑事合规制裁,一度引起法、英、德等国家的反感,这些国家纷纷修改本国的国内刑事合规法律,也加大了对外国企业的刑事合规管辖与制裁。如法国 2016 年通过《萨宾第二法案》,模仿 FCPA,将管辖主体和适法范围也延伸到海外。英国 2011 年通过《反贿赂法》,扩大了反贿赂犯罪的管辖范围。从一定程度上讲,刑事合规既是全球经济一体化的产物,又是贸易战争的新型武器、制度博弈的标准战场、文化渗透的隐性载体。[②] 中国的刑事合规体系建设必须面对国际局势中的利益博弈,选择自己刑事合规的涉外立场,做到刑事合规管辖对内对外的一视同仁和一律平等,以促进刑事合规体系建设的全面发展。

## 二、道德和法治构建的合规文化

合规建设是将公司治理从国家政府的单一主体逐步转向政府与企业共治,赋予企业更为广阔的自治空间。因而,合规自产生之初,就立志于培育企业的合

---

① 赵万一:《合规制度的公司法设计及其实现路径》,《中国法学》2020 年第 2 期。
② 张莉:《"合规"挑动出海中企神经——专家解读"合规管理体系指南"》,《中国对外贸易》2018 年第 7 期。

规文化,并形成传统。只有厚植的合规文化,才能形成了合规强大的、持续的影响力。合规文化包含合规的信念、风气、氛围、制度、计划、措施等,正是这种内生合规文化形成的"软环境",培育了市场主体对法律的信任感和自控力,强化了公民对规范忠诚的价值信念。正如伯尔曼所说,真正能阻止犯罪的乃是守法的传统,这种传统又植根于一种深切而热烈的信念之中,那就是,法律不仅是世俗政策的工具,而且还是生活终极目的和意义的一部分。①

合规的直意为"合乎规定",其规定主要包括:一是法律法规;二是商业行为守则和企业伦理规范;三是企业自身制定的规章制度。② 合规既是一种法律要求,又是一种道德要求。合规文化的主要构成要素为法治与伦理道德。道德与合规之间是一种水乳交融的关系,因此,合规制度有时也被称为道德与合规制度。在合规建设上,各国通常将法治与道德并用,甚至对伦理道德提出了更高的期望。美国的"合规与道德领导委员会"(Compliance and Ethics Leadership Council)强调企业不仅应该制定有效的合规计划和道德标准,还应制定确保这些标准得以实施的保障措施。美国的联邦量刑委员会(FSGO)更是直接指出,为构建有效的合规计划,企业应尽职预防和侦查犯罪行为,推进企业文化建设,鼓励伦理及合法行为。③ 国际刑事合规的法律文件中,也同样体现了对诚信等伦理道德的重视。如联合国贸易委员会通过的《公共采购示范法》规定,各成员国必须确保供应商公平参与竞争,允许以本国道德标准和其他标准限制违法供应商或者承包商的资格。国际标准化组织(ISO)发布的 ISO 19600《合规管理体系指南》与世界银行发布的《诚信合规指南》,均严厉禁止欺诈、串通、腐败、胁迫等不当行为。因此,中国现代化刑事合规体系的构建,必须充分利用道德文化的引领作用,实现刑事合规建设德治与法治的融合与统一。

## 三、健全的刑事合规体系

健全的刑事合规体系由两大部分组成:第一部分针对公司自身,包含企业独有的合规文化、独立的合规部门、专业的合规人员、有效的合规计划、配套的合规保障措施等。上述要素形成企业合规的内循环,构建预防企业犯罪的第一道"防火墙",可最大程度地避免企业可能遭遇的刑事风险。在上述合规要素中,有效

---

① 〔美〕哈罗德·J.伯尔曼:《法律与宗教》,梁治平译,北京:生活·读书·新知三联书店1991年版,第43页。
② 陈瑞华:《企业合规制度的三个维度——比较法视野下的分析》,《比较法研究》2019年第3期。
③ Federal Sentencing Guideline, Chapter8, PartB, Effective Compliance and Ethic Programs.

的合规计划是关键。域外刑事合规也将打造有效的合规计划作为合规建设的核心。到底什么是有效的合规计划？有关国家和国际组织对此有不同的看法。美国《联邦组织量刑指南》认为有效合规计划包含七个标准：明确的合规标准和程序，旨在根据可能带来的风险来预防和检测不同业务部门的犯罪行为；高级管理层对合规的知识、承诺、监督和支持；在招聘和晋升中筛选不道德的员工；持续的培训和教育；监视、审核和报告要求以及对计划有效性的定期自我评估；遵守合规的纪律处分和激励措施；发现犯罪行为后采取纠正措施。英国有效合规计划的判断标准则是"相称程序原则、高层承诺原则、风险评估原则、尽职调查原则、有效沟通原则、监控和评估原则"[1]六原则。《世界银行集团诚信合规指南》(*Summary of World Bank Group Integrity Compliance Guidelines*)规定了包括"禁止不当行为、诚信合规责任"在内的十一个指标。[2]

第二部分涉及刑事司法，包括刑事实体法和刑事程序法通过惩罚与激励，指引、帮助企业建立合规计划，避免或降低、减少企业刑事风险的专门机制。刑事实体方面，通过企业犯罪之定罪与量刑设定、刑事责任判定，实现对刑事合规的引导。刑事程序方面，可在立案、侦查、起诉、审判、执行各阶段，配置不同制度，最终实现刑事合规的法律效力。如在起诉阶段，企业以合规承诺换取不起诉，检察机关则主导对企业合规监管和改造。

合规体系中诸要素并不是静止、孤立的，而是彼此联系，在适用中呈现一体化的发展趋势。如企业的合规计划是指公安司法机关在决定对企业以及员工进行立案、侦查、起诉、审判等刑事诉讼行为时重要的考量因素。而公安司法机关在对企业及员工进行追诉时，帮助企业打造合规计划也是一个重要任务。在当前中国的刑事合规探索中，有效、完备的合规体系建设是改革中的重点，也是难点。如关于合规计划是否有效的判定标准和鉴定程序、对企业合规的监管等，各试点单位做法不一，实施效果也存在较大差异。

## 第二节　刑事合规现代化发展的现实困境

刑事合规作为合规建设的重要保障，全国各地司法机关在探索合规相对不

---

[1]　陈瑞华：《英国反贿赂法与刑事合规问题》，《中国律师》2019 年第 3 期。

[2]　《世界银行集团诚信合规指南摘要》(Summary of World Bank Group Integrity Compliance Guidelines)可以从如下网址获取，http://pubdocs. Worldbank. org/en/489491449169632718/Integrity-Compliance-Guidelines-2-1-11. pdf，2021 年 11 月 25 日访问。

起诉、合规监管人制度等方面取得一系列阶段性、局部性成果之后,刑事合规的建设由于缺乏宏观理论的指导而无法深入、系统进行。从整体上来看,刑事合规的改革呈现理论准备不足、思路不清、措施"碎片化"的问题。具体体现在我国在推进刑事合规建设过程中,如何处理刑事合规中国立场与域外借鉴、顶层设计与重点突破、司法体制改革与其他改革三对关系,已成为我国刑事合规现代化发展过程中急需化解的重点和难点。

## 一、刑事合规的中国立场与域外借鉴

刑事合规是一个"舶来品",其在中国的本土化发展也同样遭遇了中国立场与域外借鉴的关系协调问题。当前,对刑事合规的本土化,存在两种极端观点:一种观点认为,刑事合规是西方国家的产物,不适合中国的国情。在此观点指引下的,一些地方对刑事合规改革探索的重要性缺乏认识,改革缓慢推进,难以取得实质进展;另一种观点则认为,国际化背景之下,必须加大刑事合规体系建设的步伐,为了避免改革走弯路,可以完全照搬发达国家的刑事合规发展经验。在此观点引导下,这些地方的刑事合规改革激进、步伐迈得大,也出现一些刑事合规"一刀切"等问题,引起当地企业的反感。

实际上,就如何处理好司法改革中中国立场与域外借鉴的关系,习近平同志已经作出过了深刻的论述。他指出,我们既要借鉴域外法治有益成果和经验,但不能完全照搬照抄国外司法制度。① 在此基本原则指引之下,推进刑事合规的现代化发展,必须对刑事合规制度本身和我国的国情有一个科学的认识。现代化的中国刑事合规体系要求我们拥有全球视野和国际意识,但同时充分认识我国的制度与法律优势,以包容、开放、自信的理念处理好刑事合规中国立场与域外借鉴之间的关系。在尊重国情基础上对标国际规则,吸收域外刑事合规的法律资源供给,成为国际刑事合规规则的遵守者、执行者、制定者、引领者。

## 二、刑事合规的顶层设计与重点突破

刑事合规通过刑法、刑诉法的介入,实现对企业犯罪的预防和有效治理。如刑事合规中最重要的激励手段——合规不起诉的适用、刑法中企业合规的"出罪"情节设定。这些核心、重大的制度规定,都需要国家基本法律的调整。在基本法律未作出调整之前,实践中当前各刑事合规试点的地方单位对合规不起诉的适用缺乏明确的法律依据,只能选择在"合规相对不起诉""合规存疑不起诉"

---

① 习近平:《习近平谈治国理政》第2卷,北京:外文出版社2018年版,第132页。

中打"擦边球",影响合规不起诉的法律激励效应的实现。而对于刑事合规中第三方监管机制的探索,由于缺乏统一的法律指引,深圳、南京、上海、广州等城市都小心翼翼地探索,不敢放开手脚,大胆激活刑事合规。通过最高检主导的两轮刑事合规的试点,刑事合规顶层设计需要解决的重点问题也逐步清晰,主要包括:刑事合规的企业范围、有效合规的标准、刑事合规激励机制的建立、第三方监管机制的运行等。

显然,体系化的刑事合规必须从中央的顶层设计开始。顶层设计应考虑地方经济的差异性、企业的差异性,坚持个体效益与社会公共利益相统一,兼顾制度设计的适当性与超前性。刑事合规建设中也必须做到"点"和"面"的结合。刑事合规建设的顶层设计和需要重点突破的改革必须经过科学论证、实践检验,确保制度建设的方向正确和实施效果。因此,当前就刑事合规改革的刑法、刑事诉讼法的修订,虽然学界呼声很高,但中央对立法修订非常谨慎,希望通过全国范围内较长时间的试点,以期获得更为成熟的方案,方可启动立法修订。

### 三、刑事合规改革与其他司法体制改革

刑事合规涉及刑法、刑事诉讼法、公司法、知识产权法、证券法、金融法、破产法等多个法律领域,内容具有复杂性和多样性。因此,刑事合规的改革必然涉及与其他司法体制改革的关系协调,如刑事合规与行政合规、经济合规的有效衔接。当前我国的刑事合规试点改革已经在全国全面推开。从整体上来看,各地试点情况表现出极大的差异性。此外,检察机关在主导推进刑事合规试点改革时,普遍感觉到与工商、税务、金融等部门在合规的衔接上缺乏抓手,甚至在某种程度上,各部门各话各事,无法形成合规的制度合力。刑事合规的改革也无法获得其他司法体制改革的协同配合,改革缺乏系统性支持,进展缓慢。

对于司法改革的推进,要解决司法领域的突出问题,必须深化司法体制改革。司法体制改革要全面、系统推进,不是单独进行的。刑事合规的改革亦是如此。即刑事合规改革不能在封闭的体系中进行,必须放在司法体制改革的大局中,进行整体布局谋篇。如刑事合规虽然是检察机关主导下进行,但实际上对公检法三机关的关系、职权配置有重大影响,也与社会治理理念相互呼应。刑事合规的改革必须顺应时代发展的洪流,借力并促进司法体制改革。为此,各地应该积极探索、分享和交流刑事合规的经验,实现司法改革经验的共享。要善于从其他改革中汲取经验、力量,确保刑事合规改革取得真正实效。

## 第三节　现代化刑事合规体系的构建

现代化的刑事合规体系是当前中国经济可持续发展和企业国际化的重要保障。然而,如何处理刑事合规体系和合规能力现代化发展过程中,中国立场与域外借鉴以及司法体制改革等诸多具体问题,需要紧密结合中国实际情况,充分发挥中国传统,形成刑事合规的中国特色与中国智慧。刑事合规的现代化发展是社会治理改革创新必须回答的时代命题,置身于当前中国的社会治理改革,我国现代化刑事合规体系的建设必须通过思想先导、目标设置、方法指引、制度保障等手段,为现代化刑事合规体系的构建提供全面、有力的支撑。

### 一、思想先导:遵循刑事合规规律

司法活动专业性较强,有着自身的发展规律,司法体制改革要遵循司法规律。司法体制的改革不能仅凭主观想象和热情行事,应针对各项改革的特殊要求,有针对性地采取科学的应对手段。实践证明,凡是遵从司法规律的改革,事半功倍;凡是违反司法规律的改革,不仅事倍功半,甚至会南辕北辙,引得民怨不止。刑事合规更是具有自身特殊的规律与性质,刑事合规建设也不能简单等同于一般的司法体制改革。刑事合规涉猎多个领域,其操作执行需要更多的专业知识和技术。如检察机关主导下企业合规计划的打造,除了需要有法律专家对合规计划进行审核外,还需要税务、审计、会计、金融、知识产权以及企业所涉领域的行业专家参加审核鉴定,方可保证合规计划的有效性,从而为起诉、羁押等诉讼决定的作出提供科学的依据。此外,刑事合规在中国的发展时间较短,并未形成诸多有效的办法和经验。因此,刑事合规的本土化过程中,我们必须先认识刑事合规的自身规律,然后遵循规律,制定措施。否则,一味激进推进改革,就会陷入"盲人摸象""闭门造车"之泥潭。当前一些地方针对大小企业要求一律开展刑事合规的做法,打着保护企业之名要求刑事合规,实际上却增加了企业的负担,引起企业反感,影响了人民群众对司法的满意度提升。如此刑事合规的改革,却造就南辕北辙之负面影响。研究刑事合规的性质与规律,重点从以下三个方面展开:

1.追溯刑事合规制度的源起

20世纪70年代美国的"水门事件",暴露出许多美国军工企业通过行贿在海外获取订单的丑闻,引发民众对企业合规的强烈要求。美国顺势通过《海外反腐败法案》,强调企业的合规管理责任。而开刑事合规制度之先河的法律文件则是 1991 年美国颁布的《联邦组织量刑指南》,该法律文件首次将合规引入刑事法律规范,要求企业建立具有预防违法犯罪功能的合规计划,并将有效的合规计划作为获得刑事激励的重要条件。不难发现,刑事合规建立的初衷即为预防和治理企业犯罪。在此背景之下,我国刑事合规体系中的各项制度与措施,无论是激励还是惩戒,都必须牢记刑事合规"预防与治理犯罪"这一初心。

2.考察刑事合规的运行过程与效果

进入 21 世纪后,仿效美国刑事合规的经验,英国、法国、意大利、澳大利亚等众多发达国家纷纷确立了本国的刑事合规制度。各国在建立本国的刑事合规制度时,纷纷加上本土化要素,从而形成本国刑事合规的特色。归纳起来,世界范围的刑事合规主要有以下四种类型:以美国为代表的量刑起诉激励模式;以英国为代表的独立成罪模式;以意大利为代表的司法审查模式;以法国为代表的强制合规模式。[1] 此外,各国的刑事合规亦根据时势不断进行总结和自我修正。如美国早期给予检察官在刑事合规不起诉方面较大的自由裁量权,导致一部分检察官滥用自由裁量权,因而滋生腐败。为此,美国司法部颁布了一系列有关起诉法人的内部规范和诉讼指南,并引入法官的司法监督机制。[2] 各国的刑事合规制度发展彼此密切关联,如美国严厉的"长臂管辖"就推动了其他国家尤其是遭受处罚的国家不断修改和完善本国的合规立法,探索在刑事合规管辖方面的利益平衡。如 2016 年,法国通过的《萨宾第二法案》将管辖主体和适法范围也延伸到海外。[3] 我国的刑事合规探索也同样有一个耐心学习小心探索的过程,对各项试点改革应秉持包容心态,允许程序存在一定的容错性。

3.明确刑事合规制度的目的与评价标准

目标与成效是检验刑事合规的核心变量,前者是方向指引,后者则是校对标尺。我国司法体制改革的总目标是建设公正高效权威的社会主义司法制度,检验目标的标准尺度是"司法公信力"。同样,我们必须明确刑事合规制度的总体目标,并在总体目标之下设立一系列的评价指标。

刑事合规建设的总体目标是实现刑事合规体系和刑事合规能力的现代化。要实现这一总体目标,就要通过深入调查和充分沟通,切实了解广大企业以及民众对刑事合规的实质需求。在尊重中国传统以及现实国情基础上,融入域外刑

---

① 张远煌:《刑事合规国际趋势与中国实践》,《检察日报》2019 年 11 月 2 日第 003 版。
② 叶良芳:《美国法人审前转处协议制度的发展》,《中国刑法杂志》2014 年第 3 期。
③ 杨帆:《企业合规的刑事诉讼程序应对》,《法学杂志》2022 年第 1 期。

事合规的有益经验,构建公平、高效、专业、开放、便民的刑事合规机制。

## 二、目标定位:以"合规为民"为中心

司法体制改革必须为了人民、依靠人民、造福人民。同时,司法体制改革成效也归根到底要由人民来评判。落实到刑事合规改革建设,必须坚持"合规为民"。牢固树立合规为民理念,在具体工作中需要做到以下三个方面:

### 1. 多方主体利益的协调

刑事合规涉及的"民"包含多方主体:涉案企业、企业负责人、企业员工、企业投资人、企业员工家庭、被害人、被害人家庭等。尤其是大型企业,如康美药业、海南航空等,更是涉及上百万民众的根本利益。在选择对这些企业的刑事合规措施时,必须综合考虑多方利益。一方面,避免让大企业将"too big to jail"作为免死金牌,在刑事合规中没有诚意。域外刑事合规的实践证明,"小可入狱,大到不能倒"的刑事合规泥潭最终会损害国家经济秩序和国民利益。因此,对大企业的刑事合规,必须从战略的高度进行利益均衡。另一方面,注重对受害企业的保护。刑事合规的重点是涉案企业,但如果通过对被害企业的刑事合规,能提升受害企业的自身免疫和防御能力,减少犯罪,实际上也达到预防和减少企业犯罪之功效。因此,刑事合规必须同时兼顾被害企业的利益,做好赔偿、补偿、扶持、合规指引等多项工作。

### 2. 个体利益与公共利益、短期利益与长远利益的兼顾

企业作为经济体,具有逐利且永远希望自身利益最大化的本能。然而,企业不仅仅是一个单纯的经济组织,它还承载了其他多项社会职能。刑事合规如同一个调节阀,在充分照顾企业经济利益的前提下,通过法律与伦理道德,确保企业的经营行为遵守基本道德底线和秩序底线,最终实现公共利益和个体利益的协调共赢。显然,刑事合规制度必须符合法律在处理个体利益和公共利益关系时要遵守的"社会利益不能容忍为了满足反社会的邪恶目的而行使个人权利"的基本要求。[1]

刑事合规在进行制度设计时,除了需要对当前的需求深入了解,还必须对未来的发展趋势有一定的预判。刑事合规既要照顾短期利益,更要从可持续发展的角度出发,做长远的谋划。如,刑事合规会增加企业的运营成本,束缚企业的手脚,甚至短时间内会影响企业的收益。然而,从长远利益考虑,合规之道,取则

---

① [美]罗斯科·庞德:《普通法的精神》,唐前宏等译,北京:法律出版社2001年版,第140页。

行远。但对一些小规模的企业，为保证企业的竞争力，则可探索灵活、多样的合规标准。

### 三、方法指引：化解刑事合规难题

司法体制的改革必须厘清重点和难点，然后有针对性地采取措施。针对当前我国刑事合规改革的主要困难，可尝试从下列三个方面进行突破：

1. 法治与德治的综合运用

坚持依法治国和以德治国相结合，是中国特色社会主义法治道路的一个鲜明特点。合规虽起源分散，但汇聚的共识认为，合规中的"规"不仅限于法律，而是包含法律和伦理规范。正是后者填补了法律的空白，这样的两种区分，也有学者形容为：合规与正直（integrity）。[①] 在实践操作中，美国司法部《量刑指南手册》也将"促进鼓励伦理行为和守法承诺的组织文化"作为有效合规体系最低标准之一，要求员工遵守除了法律之外的公司内的行为准则和惯例。显然，合规自其产生之初就天然地融入德治和法治的要素。中国作为具有文明古国，已经形成了丰富的伦理道德。我国自古以来就强调"德"在社会治理中的重大作用，早在两千多年以前，儒家代表人物孔子就提出了"道之以政，齐之以刑，民免而无耻。道之以德，齐之以礼，有耻且格"的治理理念。"德主法辅"的治国思想也是中国古代统治者长期奉承的基本国策。当前中国在推进依法治国的过程中，强调坚持依法治国和以德治国相结合，弘扬中华传统美德。社会主义核心价值观可谓新时期我国德治的精髓，"富强、民主、文明、和谐、自由、平等、公正、法治、爱国、敬业、诚信、友善"是法治的基石，为立法提供方向引领。以"诚信"为例，"守诚信"为商业贸易、经济交往应遵守的根本伦理准则，因此《中华人民共和国合同法》《中华人民共和国公司法》等将"诚实守信"作为基本法律原则强调。绝大多数的企业犯罪，都严重违反"诚信"原则。法安天下，德润人心，要有效预防犯罪，在企业治理上，也必须坚持法律和道德相辅相成、法治和德治相得益彰。因此，在构建现代化刑事合规体系的过程中，"德"的要素亦应被充分挖掘与运用。

2. 刑事合规职权的合理配置

刑事合规的实施，对现有司法职能的配置带来较大的冲击。公安司法机关除了行使传统的打击犯罪的职能外，还要肩负对企业的合规指引职能。尤其是主导刑事合规的检察机关，承担了对企业进行合规监管、合规体系重建等重任。

---

① Lynn Sharp Paine, Managing for Organizational Integrity, 72 Harv. Bus. Rev. 106 (1994).

检察机关职能的扩充，一方面会增加检察机关的工作量，加剧案多人少的紧张。试点实践中一些地方检察机关已经开始感觉到从事刑事合规在人手和专业能力上的欠缺。另一方面，刑事合规的推进，会引发公、检、法之间以及公检法与其他国家机关之间的关系更新需求。因此，刑事合规现代化必须面对司法职能的调适问题。按照习近平"优化司法职权配置"①的思想引导，刑事合规要求司法机关首先转变观念，适应在刑事合规中新的角色扮演。同时，平衡好不同司法机关的"案负"，处理好刑事合规与其他职能的关系，提升工作效率。最后，围绕刑事合规，建立起公、检、法以及行政机关之间的衔接关系，实现刑事合规的系统推进。

### 3. 刑事合规司法监督的加强

刑事合规赋予了公安机关、检察机关在立案、侦查、起诉等环节一系列的自由裁量权。为确保刑事合规程序在正义的轨道上运行，我国应吸取美国刑事合规中侦诉机关滥用权力的教训，对刑事合规程序进行持续、动态的司法监督。对凡是涉及对企业重大利益的处分措施，应加强人民法院的司法审查。如侦查机关对企业的搜查、大额财产的查封、扣押，检察机关对企业附条件的不起诉决定，人民法院可以选择形式审查、书面审理、听证会等形式进行审查。② 对于在刑事合规中出现的司法腐败零容忍，坚持"老虎""苍蝇"一起打，坚决清除害群之马。③

## 四、合规司法方案设计：追求科学、创新、务实

刑事合规重在实施，遗憾的是合规在我国刑事诉讼程序中处于整体缺失的状态。在全国深化司法体制改革的背景下，为保障刑事合规制度的实施，应建设专门的刑事合规方案。这一方案立足于中国的现实，面向时代发展的要求，追求科学、创新、务实，内容包含以下四个基本要素：

### 1. 完备的刑事合规司法流程

刑事合规的制度实施中，程序法承载诸多重要职能。我国的刑事合规试点改革，对司法程序改革提出了新的要求。因此，应从立案、侦查、起诉、审判、辩护等多个环节进行的改造，设计专门的刑事合规司法流程，以满足企业合规对司法

---

① 中共十八届四中全会在京举行 习近平作重要讲话，《人民日报》2014 年 10 月 24 日 01 版。

② 杨帆：《企业刑事合规的程序应对》，《法学杂志》2022 年第 1 期。

③ 中共中央文献研究室编：《习近平关于全面依法治国论述摘编》，北京：中央文献出版社 2015 年版，第 76 页。

程序的实质需求。具体包括：立案阶段的合规筛查（如探索附条件的不立案）；侦查阶段的合规激励（如扣押、查封等强制措施的谦抑）；起诉阶段的"少押慎诉"（如合规暂缓起诉）；审判阶段构建合规导向的裁判规则（如加大对合规的缓刑适用力度）；执行阶段的合规保护（如企业财产刑的暂缓执行）等。学者们提出的建立企业合规特别程序，可满足这一需求。

**2. 检察机关的主导下刑事合规与行政合规的衔接**

基于检察机关的法律监督身份和公益诉讼、认罪认罚等多项具体职能的承担，刑事合规应由人民检察院主导。检察机关主导下的刑事合规除了产生公、检、法就专项刑事合规的分工、制约、监督外，更多的时候会涉及刑事合规与行政合规的衔接。刑事合规的推进，必须得到行政合规的有力支撑。一个完整的合规司法方案必须注重刑事合规与行政合规的有效衔接。当前，两者衔接的重点是理顺合规行政处罚与刑事处罚、行政激励与刑事激励、行政调查与刑事侦查、行政证据与刑事证据之间的关系，以及在协助企业打造合规体系的过程中公安司法机关与各行政机关之间的协助配合关系。

**3. 有效合规模式的打造**

刑事合规归根到底是充当企业的"诊疗师"，帮助企业违法犯罪的"防火墙"。考虑到刑事合规的成本、效益以及企业自身的巨大差异，合规模式的制度要素应包含基本要素和专门要素。基本要素是每一个企业合规体系中的最低限度设置，帮助企业强身健体，提升免疫力。结合国内外的研究，一般认为，基本要素应包含以下七个方面：合规章程与政策、合规组织、合规风险评估、培训与沟通、审计与监测、合规报告以及补救措施。[①] 专门要素则是在研究企业的行业属性、犯罪原因、制度漏洞、管理缺陷后，进行针对性、个性化的设置。如对于科技公司，必须加大知识产权保护管理。对于大型外贸出口公司，则应注重国际法律风险的防控。具体到每一个企业，检察机关在进行综合评估后，可选择"7＋X"[②]的合规模式设置。2022 年 4 月 19 日全国工商联、最高检、司法部、财政部、生态环境部等九部委联合发布的《涉案企业合规建设、评估和审查办法（试行）》第十四条明确规定：第三方组织对涉案企业专项合规整改计划和相关合规管理体系有效性的评估，重点包括以下内容：(1)对涉案企业合规风险的有效识别、控制；(2)对违规违法行为的及时处置；(3)合规管理机构或者管理人员的合理配置；(4)合规管理制度机制建立以及人力物力的充分保障；(5)监测、举报、调查、处理机制及

---

① 陈瑞华：《企业有效合规整改的基本思路》，《政法论坛》2022 年第 1 期。
② "7"是指基本要素，"X"是指针对性、个性化的要素。

合规绩效评价机制的正常运行;(6)持续整改机制和合规文化已经基本形成。上述有关评估标准的规定也从侧面表达了我国立法对有效合规的基本要求,涉案企业进行合规整改时,必须遵循上述基本要求。

**4.合规与认罪认罚的融合**

刑事合规的前提是认罪、接受处罚、作出合规承诺。所以,刑事合规与认罪认罚从宽制度在手段、价值、功效、目的上具有高度的一致性。但 2018 年刑事诉讼法正式确立的认罪认罚从宽制度是以自然人为犯罪主体设计的,并没有考虑到单位犯罪认罪认罚的特殊性。如,何为认罪认罚,主要强调的嫌疑人真心悔罪、如实交代自己的犯罪行为。量刑的协商是在检察机关与被追诉人之间展开,从宽待遇主要归于被追诉人。而企业犯罪的认罪认罚、量刑协商、从宽待遇的要求均与自然人不同。因而,考虑到企业认罪认罚的特殊性,有学者提出了需构建"合规型认罪认罚"[1],以更好地推进刑事合规改革的实施。

具体手段上,首先应明确企业认罪认罚的标准。企业是一个组织,不可能如自然人一样悔罪、如实交代自己的犯罪行为,企业的决定形成必须经过决策程序,并由相关的自然人表达。且企业的性质、规模差异较大,其认罪认罚的态度、表达亦均有所不同。立法不仅应关注企业与自然人不同的认罪认罚判定标准,还应注意到企业之间的差异性。其次,在认罪认罚的时间上,可结合刑事合规计划构建的时间节点不同,可分为"事前合规型认罪认罚"与"事后合规型认罪认罚"。前者在涉案之前已经形成有效合规计划,以合规计划为抗辩理由进行认罪认罚。后者在刑事追诉中承诺建立有效合规计划,以其作为认罪认罚的表现。最后,对企业叠加合规以及认罪认罚情节的,可将合规承诺、合规风险披露嵌入认罪认罚从宽,并设定大于单纯的认罪认罚或刑事合规的从宽幅度。因为在追诉中对认罪认罚和刑事合规的激励均有体现,可进一步激发涉案企业与追诉机关合作并采取有效措施预防再次犯罪的意愿。[2] 需要提及的是,对于企业合规和认罪认罚的从宽激励,除了传统的激励手段外,还可针对企业的特殊情况,探索实体上将缓刑扩大到企业、程序上设立暂缓起诉等措施。

---

① 孔令勇:《刑事合规与认罪认罚从宽的融合——企业合规从宽制度研究》,《中外法学》2022 年第 3 期。

② 杨帆:《认罪认罚视域下企业合规的程序激励体系构建》,《江海学刊》2021 年第 5 期。

# 第四章　企业犯罪治理与刑事实体合规激励

## 海南省文昌市 S 公司、翁某某掩饰、隐瞒犯罪所得案 *

海南省文昌市 S 科技开发有限公司（以下简称 S 公司），是当地的高新技术民营企业，公司负责人为翁某某。在 2015 年至 2016 年间，张某某在海南省文昌市翁田镇某处非法采矿，在其雇佣的王某某联系帮助下，将非法采得的石英砂出售至 S 公司。S 公司负责人翁某某明知石英砂为非法采挖所得，仍进行收购，以解决该公司生产原料来源获取难问题，收购石英砂数量总计达 3.69 万吨。在收购中，翁某某安排其公司财务部门，通过公司员工陈某某和翁某某的个人账户将货款支付给王某某，再由王某某取出现金转交给张某某。经过有关部门的审计，货款数额达到 125 万余元。

2020 年 2 月，文昌市公安局负责立案侦查张某某的涉黑涉恶犯罪行为，在其中发现了翁某某涉嫌掩饰、隐瞒犯罪所得罪的相关线索。2021 年 1 月，当地公安机关将翁某某传唤到案，翁某某向侦查人员如实供述了其与 S 公司掩饰、隐瞒犯罪所得行为的全部事实，并自愿认罪认罚。2021 年 2 月，经过侦查，获取了完整的犯罪证据之后，文昌市公安局将翁某某涉嫌掩饰、隐瞒犯罪所得罪一案移送至文昌市人民检察院进行审查起诉。该院经过犯罪事实的详细审查，将 S 公司追加为涉嫌掩饰、隐瞒犯罪所得罪的被告单位。经过认真审查，检察机关的司法工作人员了解到了 S 公司及其负责人翁某某涉嫌掩饰、隐瞒犯罪所得罪的全

---

　　* 本案例援引自最高人民检察院于 2021 年 12 月 8 日发布的关于企业合规的第二批指导性案例——海南文昌市 S 公司、翁某某掩饰、隐瞒犯罪所得案。

部行为和事实。并且检察机关获悉该公司及其负责人在生产经营中过度关注企业的生产效益，片面追求经济效益，法律意识淡薄，才最终导致了犯罪行为的发生。而该公司属于高新技术的民营企业，其生产的产品主要应用于航天、新能源、芯片等国家重要的高新技术领域，曾获得全国优秀民营企业创新奖，公司员工有80余人，年产值约200万元。由此可见，该公司对国家与社会有较大的贡献，一味追究其刑事责任难免得不偿失，不利于维护企业的权益，也不利于保护社会公共利益。2021年3月，经S公司主动申请，检察机关在审查起诉的程序中对其适用了企业合规措施，要求该公司开展合规管理体系的全面审查，并进行有效的合规整改。2021年4月，S公司向检察机关提交了合规整改承诺书，经公司董事会审核通过，并获得检察机关的审查同意，该公司按照承诺书要求开展合规整改工作。

2021年7月，文昌市自然资源局和规划局、市场监督管理局和税务局等机关的工作人员以及人大代表、律师代表组成了第三方监督评估组织，对S公司的合规整改情况进行了评估验收。2021年8月，经过一系列的评估验收工作，第三方评估组织出具了合规整改验收报告。在报告中，第三方评估组织认为S公司已经完成了合规整改，建立了完善的合规管理体系。随后，检察机关就S公司的合规整改情况以及获得从宽处理的可能性举行了公开听证会。听证会上，听证员、人民监督员一致同意检察机关对S公司及其负责人翁某某所作出的从宽量刑建议，同时也肯定了该公司的合规整改结果。

2021年9月，在听证会之后，文昌市检察院根据该案案情，结合S公司企业合规整改情况，正式以S公司、翁某某涉嫌掩饰、隐瞒犯罪所得罪提起公诉，并作出了相对轻缓的量刑建议。2021年11月，文昌市人民法院采纳了检察机关的全部量刑建议，最终以掩饰、隐瞒犯罪所得罪判处S公司罚金3万元，判处翁某某有期徒刑1年，缓刑1年6个月，并处罚金1万元。该案的检察机关与翁某某以及S公司展开了辩诉交易，通过翁某某以及S公司开展合规整改的承诺换取从宽量刑的可能。同时，检察机关的从宽量刑建议也给翁某某以及S公司开展合规整改产生了激励作用，促使其与检察机关进行积极的合作。检察机关在该案中充分履行了检察职能，确保S公司的合规整改工作取得应有成效。检察机关经过审查，判断出S公司在合规管理方面存在的明显漏洞，有针对性地提出整改建议，指导企业围绕漏洞进行整改。同时，检察机关还派送工作人员不定期走访S公司及有关单位，对合规整改过程持续跟踪，适时提出建议。在检察机关的督促与指导以及刑事实体的合规激励作用下，S公司与检察机关展开积极配合，成功实现了合规整改。

## 评述

本案是企业合规第一轮试点期间非试点地区严格按照法律规定与企业合规不起诉改革的基本精神所开展的企业合规探索。当地所选择的企业为符合企业合规考察条件的高新技术民营企业,在该企业合规整改结束之后,检察机关组织开展了公开听证,在听证中结合案情和合规整改效果,对涉案企业及其负责人提起公诉。检察机关因该企业进行了合规整改而作出了轻缓的量刑建议,体现了刑事合规的实体性激励。尽管该案的涉案企业及其负责人无法获得合规不起诉的出罪待遇,但是其配合司法机关开展的合规整改为自身获得了宽缓处理的可能,同时降低了自身的刑事法律风险,做好了犯罪预防,避免类似情况的出现。该案对企业合规的实体激励提供了以下几点启示:

### 一、事后合规影响涉案企业量刑

本案中,事后的合规完善影响了刑罚的裁量,进而影响宣告刑,表现出了刑事合规的实体性激励作用。从国外的司法实践也可以看出,事后的合规能减轻或免除刑事责任。例如,奥地利2006年制定的《组织责任法》规定,当企业组织采取合规措施预防犯罪行为发生时,罚金刑应当减轻。这意味着,奥地利国内企业发生犯罪行为之后建立的合规计划也会被认可,可以在司法裁判中减轻自身刑罚。在日本,也有多个裁判所在判决中将企业犯罪事后所开展的合规计划作为酌情量刑的情节予以考虑。文昌市有关单位在该案中展开的探索实践也与国外的事后合规影响量刑存在相似之处,该案中的S公司在事后开展合规整改,建立了完善的合规管理体系,以此获得了检察机关的从宽量刑建议,并得到了审判机关的支持。但合规整改获得从宽量刑的待遇还需要在制度中明确,否则存在违背罪刑法定原则的嫌疑。该案的量刑并非处于法定刑幅度以下,但难以避免以后其他案件最终裁量的刑罚会低于法定刑幅度。将事后合规建设情节从宽效力法定化应成为合规不起诉改革探索中的一项重要选择。

### 二、实体激励推动涉案企业合规整改

刑事实体对涉案企业进行合规整改的激励之一是通过量刑的手段得以实现。本案中,司法机关对S公司给予一定的从宽量刑,S公司为获得该结果,需要和司法机关进行配合,完善自身的合规管理体系。因此,该案体现的是司法机关可以发挥实体激励的作用推动涉案企业开展合规整改。企业合规对涉案企业实现宽大处理一般以认罪认罚、退赃退赔、赔偿被害人损失以及恢复侵害法益为

前提,再由企业建立并实施合规计划,从而将企业引入合法合规经营轨道。企业因合规可以获得大于单纯认罪认罚的从宽幅度,而通过合规整改实现从宽量刑,无论是出自量刑趋利避害的目的,还是出自完善企业经营方式的目的,都有利于改造企业管理体系,节约司法资源,实现企业与社会利益的共赢。因此,本案中的 S 公司愿意与司法机关开展有效的合规整改合作,并通过规范自身经营方式的以实现社会公共利益的维护,当属合规实体激励成效使然。

### 三、单位与自然人等同对待有利于改造企业单位

我国涉案企业主体的单位犯罪并不少见,但是一些地区的和司法人员出于地方保护、以罚代刑等目的,往往并不会将涉案企业以单位犯罪立案侦查以及刑事追诉。即便有涉案企业主体进入了刑事诉讼程序中,有的司法机关也不会将单位作为被告,而是以自然人作为追诉对象。在该案中,文昌市当地公安机关最初只是立案侦查翁某某的违法犯罪行为,在审查起诉阶段才由检察机关将 S 公司列为被告。我国未将企业列为被告的现象容易使得法律失去一定的权威性,也可能会导致企业不会遵守法律,进而不愿意实现合规经营,最终造成恶性循环。本案中,翁某某及其 S 公司都被作为被追诉人进入到刑事诉讼程序当中,有利于司法机关将 S 公司纳入刑事合规的规制轨道当中,并对其作出合规整改的引导和帮助,实现企业的健康发展。

## 第一节　企业犯罪追诉司法实践的数据分析

企业刑事合规当前正在我国快速发展,但企业犯罪追诉中有关实体激励存在的系列问题阻碍了这一进程,因此应对企业犯罪实体激励问题进行分析,促进企业刑事合规改革的顺利推进。在此部分,本书将对广东省某市的企业经营管理者羁押情况、单位犯罪起诉数量、犯罪诉讼时长等方面进行总结与归纳,所得出的研究结论对我国业犯罪治理与刑事实体合规激励构建有所裨益。选择该市的原因主要是:第一,该市经济发达,市场经济活跃,企业数量众多。第二,当地企业犯罪层出不穷,难以治理,企业犯罪数量仍呈现上升态势。第三,该市部分检察院被纳入最高检首批合规不起诉改革试点单位,正在参与合规不起诉改革的探索。在样本数据统计上,笔者通过"小包公·法律实证分析平台",对广东省某市 2016 年至 2019 年公开的司法裁判文书和 2013 年至 2019 年公开的检察文书进行检索。在该数据平台内部对所检索的文书进行数据筛选,通过输入关键

词检索的方式完成数据清洗,获取本部分研究所需的司法实践数据。在关键词的选择上,系根据刑法和刑事诉讼法的规定,以 160 余种可认定单位犯罪的经济犯罪名称和刑罚程序名词进行检索,案件主体包括企业和企业经营管理者,流程包括犯罪追诉的部分阶段。对企业犯罪追诉的数据研究显示:

## 一、以单位犯罪追诉的案件数量过少

通过对调研地区 2010 年至 2019 年公开的检察文书进行数据分析,可以发现在其中的企业犯罪追诉上,被作为单位犯罪追诉的案例数量极低。具体言之,在 2725 个企业经济类型犯罪的审查起诉中,仅有 4 例案件是以单位犯罪进行审查起诉的。在该地区公开的 2016 年至 2019 年的经济犯罪的裁判文书中,也能反映出仅有 30 个案件在审判中被认定为单位犯罪。而此时间段中的该类型犯罪的裁判文书总数量却是 19605 件,由此说明以单位犯罪定罪量刑的数量极其少。在一定程度上,该数据能体现出该地区经济犯罪审查起诉的真实情况,以及涉及企业主体的犯罪被认定为单位犯罪的实际数量。2018 年 12 月,最高院、最高检、公安部、司法部和生态环境部关于办理环境污染刑事案件有关问题召开了座谈会,会上指出一些地方存在追究自然人犯罪多,追究单位犯罪少,单位犯罪认定难的情况和问题。[①] 尽管座谈会未指出是哪些地区,但是可以明确的是,追究单位犯罪少的问题存在属实,该市单位犯罪数量过少也体现了单位犯罪认定难的问题。

## 二、对犯罪嫌疑人的人身自由限制时间过长

从调研地区 2010—2019 年企业犯罪检察文书可以发现,在该地区,该类犯罪的犯罪嫌疑人人身自由被限制的时间过长。在所检索的 2725 个案件中,仅有 753 个案件的犯罪嫌疑人被决定适用了取保候审,占总数的 27.6%;被适用监视居住措施的案件仅 44 件,约占总数的 1.6%(见图 1)。以上数据表明,涉嫌企业犯罪取保候审和监视居住的适用率偏低,其中所映射的是对企业犯罪的犯罪嫌疑人(主要是企业家)的羁押率较高。也有学者估算,2012 年刑事诉讼法实施以来,无论何种类型的案件,在许多地区,取保候审的适用率均不超过 40%。[②] 在取保候审整体适用率不高的背景下,企业家人身自由限制的时间过长也在所难

---

① 《两高三部关于办理环境污染刑事案件有关问题座谈会纪要》,https://www.spp.gov.cn/zdgz/201902/t20190220_408574.shtml,2019 年 2 月 20 日。

② 郭烁:《取保候审适用的影响性因素实证研究》,《政法论坛》2017 年第 5 期。

免。在案件被审判过后,以单位犯罪被定罪量刑的案件中,仅有 15 件是犯罪的自然人被适用了缓刑。而在总数 19605 件案件中,未被认定为单位犯罪的经济犯罪案件有 19575 件,其中有 2936 件被适用缓刑,占比 15%,比例同样不高,其中也有许多都是企业家(见图 2)。

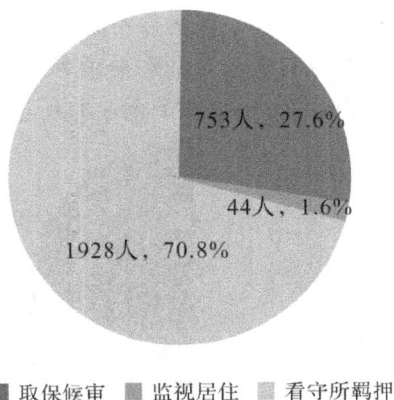

图 1　2010—2019 年被追诉自然人的羁押与非羁押情况统计

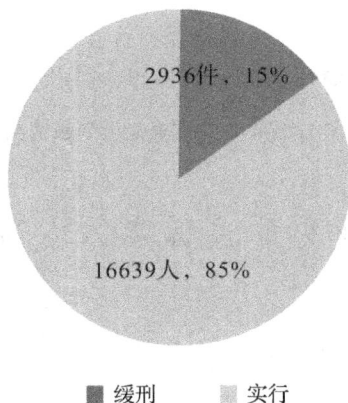

图 2　2016—2019 年未被认定为单位犯罪案件适用缓刑和实刑情况统计

### 三、案件的诉讼时间过长

企业犯罪追诉中除了对自然人的羁押率偏高,还应关注的问题是案件审查起诉的时间跨度。案件审查起诉时间过长,会使得刑事被羁押人的羁押时间也随之过长。笔者以"延长审查起诉期限"作为关键词在"小包公·法律实证分析平台"筛选案例数据,可以发现,在调研地区 2010 年至 2019 年的企业犯罪追诉案件中,2725 个案件里有 1336 个案件被延长审查起诉期限 1 次,679 个案件被延长审查起诉期限 2 次或 3 次(见图 3)。例如,广东省某市 A 区人民检察院 2018 年经办了一起单位受贿案,该案件在移送审查起诉期间,延长审查起诉期限延长了 3 次,退回补充侦查 2 次。尽管该案最终以不起诉决定处理,但仍然给企业家及其企业带来了较大的困扰。该案件不起诉的原因是审查结果表明犯罪事实不清,证据不足,案件结果有利于企业和企业家,但案件的审查起诉程序依然是限制了企业家人身自由,同时也损害了企业的利益。

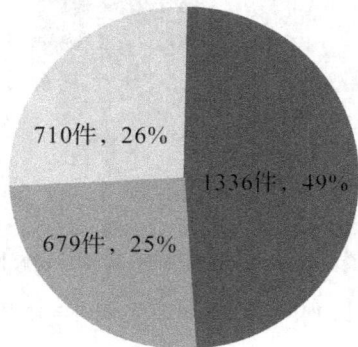

710件,26%　1336件,49%　679件,25%

■延长审查起诉期限2或3次　■延长审查起诉期限1次　■未延长审查起诉期限

图 3　企业犯罪延长审查起诉期限情况统计

# 第二节　企业犯罪追诉实体方面存在的问题

## 一、企业犯罪双罚制适用不足

我国《刑法》第三十一条规定了单位犯罪的双罚制,即单位犯罪时,既处罚企业又处罚相关自然人。因此,企业犯罪被认定为单位犯罪时,基于刑法规定一般应进行双罚。但是我国在企业犯罪的追诉过程中存在双罚制适用不足的问题,导致部分单位犯罪没有被依法追诉,没有承担相应的刑事责任,在一些企业犯罪的案例中出现了自然人被定罪量刑而单位却未被定罪量刑的问题。

企业犯罪双罚制适用不足,容易导致单位犯罪认定受阻,进而不利于企业合规措施的启动。我国刑法总体上也是将自然人犯罪作为适用的对象,刑罚处罚对象主要是自然人,对单位犯罪适用刑罚还处于例外规定。因此实践中对于涉案企业主体的犯罪情形,真正被作为单位犯罪处理的情况并不多见,多数情形被不当地以自然人犯罪处理。[①] 在当前企业合规探索改革的发展进程中,企业合规不起诉主要针对单位犯罪的情形,如果无法依法严格地对企业犯罪认定为单位犯罪,不利于涉案单位进入合规不起诉程序阶段。对于需要进行合规整改的涉案企业,一般首先需要认定其是否构成单位犯罪,进而判断单位是否承担刑事责任,这是确定单位可否进入合规不起诉程序的前提。如果不能对犯罪企业以单位犯罪追诉,则无法使其进入到合规不起诉中。在企业合规改革过程中,合规不起诉将作为合规程序的重要环节之一,该环节所针对的一般是可以认定为单位犯罪的情形,当企业犯罪中的企业家或者企业员工行为被认定为自然人犯罪时,该案很难进入单位犯罪的合规不起诉程序当中。企业犯罪双罚制适用不足主要来源于检察机关对单位犯罪的起诉裁量权过大。许多地区对企业的保护较多,为维护企业的生产经营,力图企业免受追诉,地方政府也会努力推动犯罪企业免受犯罪追诉。对单位犯罪的避免追诉给合规不起诉工作的开展造成影响,即涉案企业本应认定为单位犯罪但没有认定,进而导致本应进入合规不起诉程序而无法进入,是为对该类企业不公。双罚制适用不足使得部分企业单位没有受到刑事责任的追究,也会使之失去配合司法机关进行合规整改的机会。

## 二、单位犯罪的刑罚方式单一且力度较小

我国当前企业犯罪的刑罚方式存在单一且力度较小的问题。刑罚的方式单一表现为,处罚的方式只有罚金刑一种,缺少其他的刑罚方式。单位犯罪案件在定罪量刑上几乎都只处以了罚金刑。我国刑事实体法律关于单位犯罪刑罚方式的规定过于单一,缺少剥夺资格等等之类的刑罚方式,实际上剥夺资格等刑罚方式对企业单位能造成更大的实际威慑力。刑罚的力度较小表现为,罚金的数额不高,相对于企业的生产经营规模以及违法所得受益而言,数额并不属于企业不可承受的程度。

我国刑法对自然人犯罪的刑罚处罚规定较之于单位犯罪而言更加完善,单位犯罪在法律规定中仅设置了罚金刑。单位犯罪的独立处罚不足,刑罚方式单一,刑法中除罚金刑之外没有规定其他刑罚方式。我国刑法对单位犯罪实行的是双罚制,双罚制规定如果企业构成单位犯罪,需要对企业单位处以罚金,对单位中的主管人员和其他直接责任人员单独科处刑罚。但该刑罚方式并未追究犯罪企业的其他法律责任,也未采取其他的处罚方式对企业进行惩处。我国单位

---

[①]　黎宏:《组织体刑事责任论及其应用》,《法学研究》2020 年第 2 期。

犯罪刑事处罚的方式仅有罚金刑一项,但行政处罚规定了对单位有多种处罚方式。在行政执法中,有"责令停业整顿"或"吊销营业执照或许可证"等限制企业生产经营的处罚方式,这种处罚方式属于资格罚,在我国刑罚中却尚未能得到体现。此外,我国刑法所规定的单处罚金惩处方式往往罚金数额较低,对于企业而言无法造成足够的威慑力。缺乏刑罚威慑力易使企业产生刑罚过轻的心理态度,不利于实现企业自身的改造,同时也不利于对其他企业产生警示作用。在此后合规工作展开时,企业或因对刑罚的忌惮缺乏而无建立合规计划的动力。

我国单位犯罪的刑罚力度较小,详而言之,单位犯罪的罚金数额较低。我国刑法也存在个别罪名以单位罚金刑代替责任人罚金的漏洞,这使得个人可以利用单位犯罪的名义脱逃法律责任。在法律适用上,有司法解释将单位犯罪的追诉标准规定为高于自然人犯罪追诉标准,自然人犯罪因此可以利用单位犯罪的法律规定逃避法律责任。并且在司法实践中,单位犯罪中的自然人在被定罪量刑之后,往往被宣告缓刑的数量较多,或者表现为有期徒刑的量刑较小,并且罚金的数额也并不高,相较于违法所得不成合适比例。可见,单位犯罪对自然人的刑罚力度呈现出轻缓的形态。单位中的自然人可以借助单位犯罪的法律规定,获得不同于单纯自然人犯罪的刑罚对待。此类规定使得许多企业犯罪涉案人员会尽量以单位犯罪作为辩护目标,以此实现减少刑罚承担的目的。刑罚因而对单位犯罪难以发挥应有的威慑力。在单位犯罪的刑事处罚上,单位所承受的刑罚力度并不大,无法使其背后的自然人遭受较大的代价,难以降低企业再犯的动机和能力。总之,单位犯罪的刑罚力度较小会使得企业失去对犯罪追诉的畏惧。在企业合规改革中,刑事合规可以为企业提供出罪机制,但由于刑罚方式和力度不足,企业则难以产生配合司法机关进行合规整改的积极性。

### 三、单位责任与个人责任未分离

我国企业合规需要解决"出罪"问题,必先厘清"归责"标准。我国当前的企业犯罪追诉存在单位责任与个人责任未分离的现象。由于企业犯罪包含单位犯罪,我国刑法对单位犯罪采取双罚制。因此,企业犯罪在刑事责任划分上可以分离出单位责任和个人责任。许多单位个人所实施的犯罪已符合自然人犯罪的认定标准,但由于单位犯罪的认定不完善,自然人可以利用单位实现刑事责任的转移。在单位无过错的前提条件下,也会有个人实施了犯罪行为,单位因对行为进行隐瞒而遭遇刑事法律风险。单位犯罪属于单位本身的犯罪,单位应当对犯罪行为承担刑事责任。单位犯罪和单位个人的犯罪分别属于不同性质的犯罪,一个归于单位犯罪,一个归于自然人犯罪,二者则拥有相互独立的归罪逻辑体系,而不是以对方的行为作为判断是否属于犯罪的条件,因此也就不存在单位犯罪中单位和个人对刑事责任分担的问题。不仅如此,由于当前我国单位犯罪归责是以自然人存在犯罪行为和犯罪意图为前提,即便企业建立了完善的合规体系,对犯罪预防做了足够努力,司法机关也很难将其视为预防犯罪以及应对自然人犯罪方面的补救措施。① 我国在单位责任归咎上采用的是个人抑制模式,企业自身的合规管理体系与合规文化等未能被当作企业犯罪判断的依据,企业合规作为刑事激励机制也便难以实现。从主客观相统一角度来看,如果单位中个人犯罪实际属于个人行为的实施,则应当属于自然人犯罪,在定罪量刑的标准上应等同于自然人犯罪。但现实中往往会有犯罪分子将单位责任作为替代责任,实现刑事责任的减轻或逃避。

单位个人行为与单位之间是否有联系,这是当前认定单位犯罪的标准之一。在司法实践中,该标准导致对大小企业犯罪认定区别对待的问题出现。由于难以确定大型企业中的个人犯罪行为与企业是否存在联系,司法机关一般会对大型企业的个人犯罪以自然人犯罪认定。而对于中小型企业而言,其中的个人犯罪行为与企业之间是否存在联系区分难度小,所以相较于大型企业,涉案的中小型企业会容易被认定为单位犯罪。大型企业和中小型企业单位犯罪认定不平等主要是单位责任与个人责任确定不明所致。由于单位责任和个人责任分离不清,涉嫌犯罪的单位如何建立合规体系成为当前企业刑事合规本土化发展所面对的问题之一。②

因此,现有的组织责任论存在判断标准模糊、在司法实践中缺乏可操作性、合规计划的地位不明确等缺陷,实务界和理论界期待以合规为中心重塑企业刑事归责理论。③ 对于企业员工实施的犯罪,若没有基于单位的集体决策,因此而造成的犯罪后果,企业的责任与自然人的责任应该分别承担。在合规对企业犯罪治理的处理上,企业实施犯罪后可以通过合规整改进入不起诉或暂缓起诉程序,但对企业犯罪应当承担刑事责任的主管人员和其他直接责任人员,则不能一放了之。④ 单位刑事责任和个人刑事责任是否应当分离,是我国在探索企业合规的过程中应思考的重要问题。

① 陈瑞华:《合规视野下的企业刑事责任问题》,《环球法律评论》2020 年第 1 期。
② 李本灿:《法治化营商环境建设的合规机制——以刑事合规为中心》,《法学研究》2021 年第 1 期。
③ 毛逸潇:《合规在中国的引入与理论调适》,《浙江工商大学学报》2021 年第 2 期。
④ 孙国祥:《企业合规改革实践的观察与思考》,《中国刑事法杂志》2021 年第 5 期。

### 四、涉案企业家缓刑适用过少

上文调研数据表明,广东省某市的企业犯罪案件缓刑适用率低。在企业犯罪的追诉中,犯罪的企业家在被定罪量刑之后并不会被优先适用缓刑。根据刑法的平等原则,这无可厚非。但如果企业合规制度在我国建立之后,我国的犯罪企业在该制度指引下需要开展合规整改。除部分企业犯罪会进入合规不起诉程序之外,也会有犯罪企业被以单位犯罪审查起诉,其中的企业家也会被定罪量刑,施以有期徒刑,被剥夺人身自由。但在许多情形中,企业家对企业拥有几乎绝对的掌控力。而当企业家服刑时,此时如若企业需要开展合规整改,则企业家就会无法有效地指示企业开展合规整改,并难以重新进入市场经济的竞争当中。在企业合规制度实施背景下,审判机关可以以合规整改为条件对企业家多适用缓刑。

对于部分大型企业来说,其企业家被定罪量刑判决有期徒刑之后,企业家失去人身自由,对企业失去掌控,会造成企业的灭顶之灾,典型案例如黄光裕之于国美电器。企业家并不仅是犯罪人,还是企业的经营管理者,企业家对企业的掌控与企业生死命脉密切相关,当其人身自由被剥夺之后便失去了对企业的掌控,企业便也失去了原有的良善的经营管理能力,造成一系列问题出现。在未来,企业犯罪和企业家犯罪之后,由于刑事合规的作用,企业可以自行或在检察机关的引导下进行合规整改。但企业家处于有期徒刑服刑期在监狱中被关押时,就不能对企业发挥应有的管理效能。因此,在企业犯罪追诉中,对犯罪企业家被适用缓刑不足会阻碍合规整改,不利于企业合规制度在我国的实施。

## 第三节　企业合规对企业犯罪的刑事实体激励

企业合规如何与我国本土法律文化和制度有效适应协调,这是我国在探索企业合规必须面对的问题。在我国现有的刑事法律规定中,并没有将企业合规计划的建立与实施作为企业无罪或免责抗辩的事由,所体现的是依法严格地对犯罪企业进行追诉。[①] 企业合规作为舶来品,与我国的法治传统存在天然的鸿沟。我国具有对企业犯罪依法严格追诉的法治传统。基于上文对企业犯罪治理实体上存在问题的分析,需要考虑构建对企业犯罪治理的实体激励,从而解决企

---

① 陈瑞华:《论企业合规的中国化问题》,《法律科学(西北政法大学学报)》2020 年第 3 期。

业犯罪追诉实体方面对企业合规建立与实施产生的阻碍。

## 一、企业合规背景下规范双罚制的适用

### 1. 对检察机关滥用双罚制自由裁量权的限制

检察机关在企业犯罪追诉中行使自由裁量权,主要体现为其可以决定是否对涉案企业以单位犯罪起诉,以及是否建议适用双罚制。我国的双罚制单位犯罪规定处罚单位和单位成员,但在实践中却也总是出现只起诉单位成员的情形。对于应当适用双罚制的单位犯罪,有些检察人员只起诉其中的自然人而没有起诉单位,违背了我国宪法规定的"任何组织或者个人都不得有超越宪法和法律的特权"和"法律面前人人平等"原则。同时,这也违背了我国刑事诉讼法的起诉法定原则。起诉法定原则要求,凡是构成犯罪的案件,除特殊情况,如犯罪情节显著轻微不需要追究刑事责任的、犯罪已过法定追诉时效的、被告人死亡的、属于告诉才处理案件而被害人没有告诉等情况,可以依法作出法定不起诉、酌定不起诉、存疑不起诉、附条件不起诉、核准不起诉外,其他案件都必须依照法律规定提起公诉。在单位犯罪中,单位犯罪的行为是通过自然人行为体现的,自然人犯罪行为被认为是单位犯罪行为时,该案可以被认定为单位犯罪。因此,对本应认定为单位犯罪的案件,检察机关如果将该案认定为自然人犯罪,并以自然人犯罪审查起诉,显然是对不起诉权的一种滥用。审判机关对此种情形并没有过多的监督职权,只能"温和"的建议检察机关补充或者追加起诉而言,不能强行更改或者对检察机关采取措施。因此,就检察机关单位犯罪的起诉裁量权,应建立内部、外部的监督制约机制,如重大案件起诉的专家论证、审批、听证、赋予利害关系人申诉权等,促使检察机关对于应认定为单位犯罪的案件严格依法进行起诉。

### 2. 在企业合规义务履行前提下豁免涉案企业刑事责任

我国可以在刑事法律制度中规定,在企业合规义务的履行前提下,对涉案企业的刑事责任进行豁免。具体而言,可以对《刑法》第三十一条的规定进行较小幅度的修改,即增加一款"单位履行合规计划建立义务以预防犯罪的可以从轻、减轻、免除刑事责任"的条文,从而为企业合规的实施清除障碍。

现行刑法对单位犯罪简单、机械的适用双罚制,不仅使得单位犯罪追诉受阻,同时阻碍企业合规改革的实施。但究其原因也在于双罚制本身也属于一种缺陷比较明显的处罚方式,主要表现为:一方面,双罚制的规定忽视了单位主体在单位犯罪中的独立地位,单位无法凭借完善的预防犯罪合规体系豁免自身的刑事责任;另一方面,双罚制使得企业与员工无条件的捆绑在一起,起诉员工就

得起诉企业,这是检察机关不愿意认定单位犯罪并严格适用双罚制的重要原因之一。在单位犯罪双罚制的制度安排之下,涉案企业与员工都会被司法机关审查起诉,并承担刑事责任,处于一种连带关系。连带关系使得企业发生违法犯罪时,或被作为单位犯罪审查起诉,企业和员工都接受刑法处罚,抑或被作为自然人犯罪审查起诉,仅由员工承担刑事责任。[①] 而地方政府与司法机关为保护地方企业,会尽量避免前者情况出现,依靠检察机关的自由裁量权作用追诉自然人犯罪,仅处罚员工。涉案企业未被检察机关以单位犯罪审查起诉,不会进入刑事诉讼程序之中,也就不会承担刑事责任,这使得企业失去了建立或完善合规体系的压力,刑法激励无法对这类企业发挥应有作用,企业合规激励的实施遭遇阻碍,企业合规的存在价值受到较大的不利影响。而在《刑法》第三十一条中增加一款"单位履行合规计划建立义务以预防犯罪的可以从轻、减轻、免除刑事责任"的条文,使得这一问题得到改善。但同时,增加该条文并不意味着企业具备合规体系即豁免刑事责任,而是可以豁免,以此避免企业为逃避刑事责任承担而进行肤浅的合规体系建立。

## 二、增加单位犯罪刑罚方式与力度

我国应增加单位犯罪刑罚方式与加大处罚力度,发挥刑事合规的实体反向激励作用。以往的单位犯罪刑罚方式十分单一,主要以罚金形式进行处罚,在未来的企业刑事合规制度适用上明显不能满足需要。此外,刑罚力度不足,罚金的数额对于犯罪企业的经营获利来说并不高。如果没有其他更严重的刑罚方式,没有更大的刑罚力度,不易对企业产生刑罚上的威慑力,也难以使其产生配合司法机关进行合规整改的压力。

### 1. 增加单位犯罪刑罚方式

我国单位犯罪刑罚方式缺乏,制度也不健全。世界上其他国家的单位犯罪刑罚规定了多样的刑罚种类、灵活的执行手段。如,法国的刑法中规定,对于触犯"对法益危害性较小的 5 级违警罪"的情形,不仅可以对触犯违警罪的法人决定适用罚金和一些附加刑,还可以对法人决定适用禁止签发支票、五年内禁止使用信用卡付款、没收用于或准备用于实施犯罪的物品或犯罪行为所获得的物品,以此类强制措施代替罚金。法国的这些规定对于实现刑罚目的,即减少法人犯罪的可能性,威慑法人犯罪,能起到明显的抑制作用。在法人犯罪的刑事处罚制度方面,法国刑法对法人犯罪的累犯适用更加严重的刑罚力度,以及更严苛的缓

---

① 黎宏:《企业合规不起诉改革的实体法障碍及其消除》,《中国法学》2022 年第 3 期。

刑适用办法。此外,欧盟针对其成员国的刑罚制度,规定在法人的刑罚上可以在立即执行和缓期执行之间、单独处罚与合并处罚之间、作为主要手段和附加手段之间,赋予了酌情选择的权力,欧盟成员国可以在法律中规定根据案件情况酌情选择刑罚方式。欧盟的刑罚制度反映出法人刑罚执行的灵活性,也体现了不同情况的区分对待,对严重的犯罪会给予更加严苛的刑罚,轻微的犯罪予以轻缓处理。我国在刑事法律制度中也可以扩充单位犯罪的刑法执行方式和手段,提升各种企业犯罪刑罚执行的针对性和灵活性,使犯罪企业有动力配合司法机关进行合规整改。

在单位犯罪的处罚方式的扩充上,我国还可以考虑增设没收犯罪单位财产和资格剥夺等刑罚方式,以此作为解决企业犯罪治理问题的措施之一。没收犯罪单位的财产与以往罚金刑的区别在于:当犯罪的单位没有可供执行的钱款,可以没收单位的其他动产和不动产,以避免刑罚的落空。没收财产的数额需要大于罚金刑的数额,这可以增强单位犯罪的惩罚力度,强化刑罚威慑力。很多国家针对单位犯罪还设立了资格刑,如意大利刑法中就有褫夺犯罪单位营业权的规定,法国则有禁止向信贷机构等推销证券的规定。我国也可以参照我国行政处罚法方面的规定,针对单位犯罪增设责令停业、吊销营业执照及公布单位犯罪事实等方式,对犯罪单位处以资格剥夺的处罚,同时增设没收犯罪单位财产等刑罚方式。此外,对于配合检察机关开展合规整改的犯罪单位,可减免上述刑罚。增设的严厉刑罚方式可以给企业带来刑罚压力,所产生的较强刑罚威慑力能促使企业积极进行合规整改。

### 2. 提升单位犯罪刑罚力度

刑罚的严厉程度有利于促进企业与执法机关合作。[①] 刑罚力度的加大也能为合规的启动提供激励作用,但我国当前单位犯罪的刑罚处罚由于力度较小,合规激励不能被企业视为可预见的利益,从而无法推动企业自觉开展合规整改。单位犯罪的刑罚力度应当适当加大,在合规不起诉发挥"胡萝卜"作用的同时,刑罚力度的加大可以体现出"大棒"作用。单位犯罪刑罚力度不足还体现在单位违法犯罪行为容易以行政化处理,很多地方出于保护当地企业的需要,并不会将犯罪企业移送司法机关处理。国内近年来有许多重大企业违法犯罪事件并未移送司法机关,企业承担刑事责任的情形较少。[②] 该现象导致部分违法犯罪企业不

---

① Ian Ayres & John Braithwaite, Responsive Regulation: Transcending the Deregulation Debate, Oxford University Press, 1992, p. 40.

② 《形式主义害莫大焉,安全生产不能只上墙不走心》,《法制日报》2019年3月25日,第1版。

畏惧刑罚处罚，从而缺少合规整改配合的动力。因此，唯有严格化企业犯罪追诉程序，严厉化刑罚执行手段，加大刑罚力度，才能有效推动企业合规的实施。

### 三、以企业合规体系完善程度作为客观归责条件

实体法上自然人责任和企业单位责任的区分不明确，这是阻碍企业犯罪治理的因素之一。一方面，从企业角度来看，以单位员工自行实施犯罪行为为由，以自然人犯罪为由进行抗辩，摆脱企业应当承担的单位犯罪刑事责任，可能会造成单位牺牲个别成员达到犯罪图利目的等问题出现。对此，司法机关对企业进行追诉时，如果认可企业对单位犯罪的抗辩，并且径直以自然人犯罪追诉。在审判后，虽然企业本身的运营不受到影响，只是其中的自然人承担了刑事责任，但这不利于企业对自身合规风险审视，也不利于企业配合司法机关开展合规整改。另一方面，从自然人角度来看，企业的自然人为开脱自己的责任，便会寻求以单位犯罪为理由。此时，如果将大量的自然人犯罪责任归结给单位承担，单位没有出罪依托，此时单位对于预防犯罪就会无法作为或不愿作为。如果企业无论如何努力都不能避免刑事责任，则也不会有动力去进行内部制度建设。[1] 自然人责任和单位责任尚未清楚分离，因此产生了上述两方面的问题，责任分离的应对方案应在于归责方式的改变，实体法上对企业犯罪中的归责方式应当重新考量。

企业员工，尤其是企业的管理人员直接参与企业的经营管理，对企业的经营决策起着很大的作用，甚至会拥有企业的实际控制权。但如果企业员工的行为不符合企业合规管理体系要求时，所实施的违法犯罪行为则不应当要求企业承担法律责任。如果企业的合规体系和运行机制是健全的，可以有效地阻却对企业的责任归咎，只由单位个人承担刑事责任。[2] 2017 年兰州中院审理的雀巢公司员工侵犯公民个人信息一案对区分单位责任与员工个人责任提供了新思路。[3] 该案以雀巢公司建立合规体系作为免责事由，证明雀巢公司在其员工犯罪时没有过错，也就不应当承担刑事责任。相反，如果企业存在过错，那么在犯罪追诉时就没有理由不对企业追诉。企业受指控并承担责任的原因不在于职员的犯罪行为，而在于公司是否有违反自身义务的过错，即公司没有采取必要的措

---

[1] 田宏杰：《刑事合规的反思》，《北京大学学报（哲学社会科学版）》2020 年第 2 期。

[2] 时延安：《合规计划实施与单位的刑事归责》，《法学杂志》2019 年第 9 期。

[3] 兰州市城关区人民法院〔2016〕甘 102 刑初 605 号刑事判决书；兰州市中级人民法院〔2017〕甘 01 刑终 89 号刑事裁定书。

施确保职员实施符合规范的行为。① 单位存在过错使得单位应当承担刑事责任，原因也在于单位没有建立完善的合规体系，从而无法正确监督员工的业务活动。② 比如企业没有建立完备的安全生产管理制度，因此不能预防员工实施过失犯罪，又如，企业没有建立员工技能培训机制，致使员工在生产操作中失误引发重大事故的，对此单位均要承担过失犯罪刑事责任。所以，在企业合规的改革发展过程中可以考虑对企业犯罪进行客观归责，即只考虑企业的客观行为。企业的客观行为为企业内部是否适当构建了合规体系，并作为认定企业是否有主观过错或是否违法犯罪的标准。客观上判定企业的行为性质意味着可正反推定企业的主观犯意，为认定企业的犯意和罪过提供依据。同时，应当收集充分的证据来确认企业对特定危害行为是否有主观故意和过错。③

当企业出现没有适当建立合规体系的客观行为时，如果发生违法犯罪的行为，推定其存在犯意和过错，因此可以将企业以单位犯罪入罪，这有别于自然人的主客观相统一。如果企业建立了有效的合规计划，可以在一定程度上证明其不存在过错，也能证明其没有实施违法犯罪的客观行为，从而可以进行无罪抗辩。④ 以合规计划实施与否或适当性对企业客观归责，有助于实现对企业是否构成单位犯罪的准确认定。若员工造成了事故发生，但企业制定了合理且有效的合规计划，表明单位适当履行监督管理义务，为预防员工过失犯罪做好了防备，便可以阻却单位过失犯罪的认定。在单位过失犯罪的场合下，单位建立了适当的合规计划，表明其对于危害结果的发生则不具有预见可能性，不符合过失犯罪的构成要件，也就不成立犯罪过失，则危害结果的发生属于意外事件。是否认定属于危害结果的前提是企业建立了完善的合规管理体系与否，从而可以评价企业已经履行必要注意义务，但企业应将这些合规措施真正落到实处，建立的合规管理体系要经得起考验，才能起到归责豁免作用。⑤ 综上，在企业合规背景下适用客观归责，意味着对在企业犯罪责任认定中，合规体系是否完善是作为单位责任确定的主要考量因素。

———————————

① ［德］乌尔里希·齐白：《全球风险社会与信息生活中的刑法：二十一世纪刑法模式的转换》，周遵友、江溯等译，北京：中国法制出版社 2012 年版，第 254 页。

② 徐久生、师晓东：《法教义学视角下刑事合规之适用研究》，《安徽大学学报（哲学社会科学版）》2021 年第 5 期。

③ 黄晓亮：《合规犯罪的概念证成与防治推演》，《山东社会科学》2020 年第 5 期。

④ 王志远、邹玉祥：《刑事合规视域下单位犯罪刑事治理的检视与完善》，《甘肃社会科学》2020 年第 5 期。

⑤ 蔡仙：《论企业合规的刑法激励制度》，《法律科学（西北政法大学学报）》2021 年第 5 期。

### 四、加大对企业家的缓刑适用力度

考虑到我国大多数企业,老板即为企业,企业和老板无法截然分开,因此,出于保护企业的考虑,对于企业的负责人,在条件许可的前提下,尽量减少判处实刑,加大对企业家的缓刑适用力度。

1. 对企业家适用缓刑有助于企业开展合规整改

缓刑的适用可以让被判处刑罚者获得一定的自由,不被关押的企业家得以继续参与企业管理。企业家对企业影响较大,我国许多优质民营企业就是在杰出的企业家带领下,为当地市场经济作出了巨大贡献。因此,我国刑事司法应当对犯罪企业家予以重视。企业家在被定罪量刑之后,一般会吸收犯罪的经验教训,努力规避刑事法律风险。而如果对其适用缓刑,企业家则有更多空间继续领导企业打造完备的合规体系,积极改造企业经营方式,实现规范合法经营。但如若没有对犯罪企业家适用缓刑,所带来的后果不仅是企业家受到刑事处罚,这家失去领导者的企业也会遭受重创。从司法机关角度出发,充分保障民营企业的发展应当是其使命所在。为发挥企业合规的作用,对于犯罪情节尚不严重的情况,司法机关应尽量对企业家适用缓刑。司法机关可以通过缓刑适用力度的加大,积极给企业家创造回归企业的机会,努力给企业家在企业中进行合规整改创造条件。比如美国就在《联邦组织量刑指南》规定,在企业实施犯罪后,可适用缓刑(保护观察)。我国也可以参考借鉴该制度出台类似规定,在法律中要求对犯罪的企业家尽量适用缓刑,保障企业家能继续带领企业生产经营,持续创造社会财富,为社会做贡献。

2. 缓刑是刑事合规的重要激励手段

加大缓刑的适用力度也意味着减轻企业犯罪的刑事责任。而合规体系的构建程度可以作为企业刑事责任排除或减轻的参考标准之一,如果合规体系相对完善,在审判中可以对企业予以较轻的刑法处罚,尤其是可以加大缓刑的适用力度。对此,在企业刑事合规改革发展的背景下,我国司法机关应注重加大对企业合规体系完善程度的审查,如果企业在履行社会责任等合规情况上表现良好,应尽力减轻企业的刑事责任,对企业家适用缓刑。立法也应该尽力推动,将合规体系完善程度作为影响量刑的酌定因素,使得缓刑作为合规的激励手段之一。

# 第五章　企业合规的刑事司法程序改造

## ——立案侦查阶段

### 张家港市 S 公司、睢某某销售假冒注册商标案<sup>*</sup>

张家港市 S 贸易有限公司(以下简称 S 公司)于 2015 年 6 月注册成立,注册资本 200 万元,在职员工 3 人。睢某某系该公司法定代表人、实际控制人。2018 年 11 月 22 日,张家港市市场监督管理局在对 S 公司进行检查时,发现该公司疑似销售假冒"SKF"商标的轴承,并在其门店及仓库内查获标注"SKF"商标的各种型号轴承 27829 个,金额共计 68 万余元。2018 年 12 月 17 日,张家港市市场监督管理局将该案移送至张家港市公安局。2019 年 2 月 14 日,斯凯孚(中国)有限公司出具书面的鉴别报告,认为所查获的标有"SKF"商标的轴承产品均为侵犯该公司注册商标专用权的产品。2019 年 2 月 15 日,张家港市公安局对本案立案侦查。在侦查环节,公安机关认定 S 公司销售的货品是假冒注册商标的商品。按照法定程序,公安机关侦查终结后,该案件有两种处理模式。一是对于案件犯罪事实清楚、证据确实、充分,公安机关将案件移送给检察机关审查起诉。二是对于不应对犯罪嫌疑人追究刑事责任的,公安机关应当撤销案件。但是,在本案中公安机关并未选择上述两种处理模式,反而作出"挂案"决定,并维持两年之久。公安机关之所以未及时将案件移交检察院审查起诉是因为侦查机关在侦查取证中无法认定睢某存在犯罪故意。本案中,睢某虽然认错态度诚恳,却始终表示不知道采购的是假货。因此,本案所能证明崔某知假售假、故意犯罪的证据

---

* 案例援引自最高人民检察院于 2021 年 12 月 8 日发布的关于企业合规的第二批指导性案例——张家港 S 公司、睢某某销售假冒注册商标的商品案。

还不充分，案件无法达到移送审查起诉的标准。囿于该案查获货品确属假冒注册商标的商品与犯罪嫌疑人缺乏主观故意之间的矛盾，张家港市公安机关不得不"挂案"。

随后，在开展涉民营企业刑事诉讼"挂案"清理专项活动的契机下，张家港市公安机关针对本案久侦不结的问题，特地邀请张家港市检察机关开展个案会商，专门针对此案进行讨论，认定"挂案"性质、分析"挂案"原因，及时清理"挂案"。首先，张家港市检察机关派员介入听取案件情况，重新梳理公安机关掌握的证据。其次，检察机关及时启动社会调查，深入分析企业涉罪原因。办案检察官通过走访S公司和市场监督管理局、税务局等行政部门，实地了解S公司的经营状况，认为该公司之所以会涉嫌犯罪是因为企业规章制度不健全，内部管理不完善，尤其是企业采购程序不规范。检察机关认为这些问题都是影响S公司经营发展的刑事风险点。再次，检察机关向S公司宣传企业合规政策，引导S公司合规整改。检察机关在综合分析S公司经营风险点后，向其宣传了企业合规相关政策。S公司也分别向检察机关、公安机关递交了《提请开展刑事合规监督考察的申请书》。基于此，检察机关认为可以对S公司开展企业合规考察监督。最后，S公司、公安机关、检察机关、第三方监督机构等多方主体扎实推进合规考察，公安机关作出最终撤案决定。张家港市检察机关经向上级检察机关请示并向张家港市企业合规监管委员会报告后，张家港市检察院联合公安机关对涉案企业启动合规监督考察程序，并设立6个月整改考察期。考察期内，由张家港市企业合规监管委员会组建的监督评估小组，持续跟踪S公司整改情况并评估合规计划落实情况。在本案中，由于涉案企业员工数少、业务单一、合规建设相对简易，所以第三方监督评估小组提出缩短合规监督考察期限的建议。检察机关在听取市场监督管理部门、税务部门意见后，决定将合规监督考察期限缩短至3个月。3个月后，第三方监督评估小组评估涉案企业合规有效性，并出具了合规建设合格有效的评估报告。此后，张家港市检察机关组织公开听证，综合考虑企业合规整改效果，就是否建议公安机关撤销案件听取意见，听证与会人员一致同意检察机关制发相关检察建议。当日，检察机关向公安机关发出撤案检察建议，公安机关根据检察建议及时对本案作撤案处理，并移送市场监督管理部门进行行政处罚。

## 评述

本案的撤案处理与企业合规发展形成良性循环，对当前企业刑事合规的程序改革，可提供重要的思路。当前，我国涉案企业展开刑事合规整改主要集中在案件审查起诉阶段。如果企业在合规考察期满，圆满完成合规计划，经综合评估达到合规标准，且犯罪情节轻微的，检察机关可以提出从宽量刑建议。反之，如果企业不认罪认罚，不主动合规，检察机关可向法院提起公诉，并提出从重处罚的建议。[1] 在审查起诉阶段，以合规不起诉为激励内容，鼓励涉案企业作出合规整改，确实有利于促进涉案企业恢复正常经营状态，稳定社会管理局面，实现国家治理体系现代化。放眼现实，在侦查阶段，长期处于"挂案"状态的企业不在少数，涉案企业和相关人员也会因案件"挂"而不间受到不利影响。首先，企业信誉下降，影响商事经营活动，企业经济运行不畅。其次，企业经营受挫，企业员工生活保障力度下降，甚至面临失业风险。最后，员工失业，社会治理面临风险，造成社会不稳定。因此，在侦查阶段，针对"挂案"企业，以合规整改作为刑事免责条件，赋予撤案法律效力来激励涉案企业走向正途具有重要的现实意义。

## 一、企业合规与"挂案"清理并轨，引导企业走向合规正途

在侦查阶段，检察机关近年来开展"挂案清查"专项监督工作，主要内容是就侦查机关对一些民营企业或企业家立案后，既未撤销案件又未移送审查起诉，长期搁置的案件展开专项清理，监督侦查机关立案后的慢作为、不作为。[2] 企业刑事合规加速推进"挂案"清理工作进程，实现多元化的程序处理机制。以本案为例，张家港市公安机关为查清涉案企业货品来源，需要跨省赶赴多地进行现场调查，但公安机关也面临无法查清货品源头的困境。在证据收集过程中，公安机关也耗费了一定的人力、物力、财力。在当下有限的司法资源与日益增长的企业犯罪的矛盾下，若"挂案"企业若主动认错，表达合规意愿，制定合规计划，进行合规整改并经验合格，侦查机关便将赋予其合规撤案的法律激励，这不仅有利于节约司法资源，还能促进企业向好发展。

## 二、合规融入企业内部治理，促进企业稳健经营

企业合规不仅要求企业严格遵守法律规则，还要求企业制定能够有效应对刑事风险的内部合规计划，并按照计划要求严格落实。[3] 本案中，张家港市公安机关无法认定企业具有知假售假的犯罪故意是因为企业负责人并不知道其采购的是假货。但从本质上讲，S公司涉嫌犯罪的根本原因在于公司规章制度不健

---

[1] 董坤：《论企业合规检察主导的中国路径》，《政法论坛》2022 年第 1 期。

[2] 董坤：《论企业合规检察主导的中国路径》，《政法论坛》2022 年第 1 期。

[3] 陶朗道：《民营企业刑事合规的解构与展望》，《浙江工商大学学报》2021 年第 1 期。

全,内部管理混乱,合同范式不规范。为此,S公司在制定合规计划时,专门就这些刑事风险点进行预防设计,如制定了《财务管理合规建设制度》《发票制发流程》《货物销售采购流程》等内部制度,形成了规范合同模版,以期避免税务和知识产权等方面的风险问题。合规计划在企业经营过程中起到犯罪自我发现、自我调查、自我预防的作用。合规计划的合理制定是企业严格按照合规计划落实合规内容,也是企业今后稳健经营的保障。

### 三、多部门联合协作,实现刑事免责与行政处罚有效衔接

本案得到有效处理的关键在于多方主体间形成了良性互动流程。张家港市公安机关机关针对本案性质认定问题,特地邀请张家港市检察院开展个案会商,分析案件性质。张家港市检察机关通过调查、走访相关单位,仔细审查S公司是否具有合规可能。在调查结束后,就此案与公安机关达成"如该公司通过企业合规监督考察时还没有新的证据进展,将作出撤案处理"共识。① 在涉案企业合规整改期间,第三方监督评估小组发挥监督作用,跟踪合规计划落实情况。考察期结束后,张家港市检察院组织召开合规听证会,综合考虑企业合规整改落实效果,制发检察建议。最后,侦查机关针对此案作出S公司免予刑事责任,但仍应当承担行政处罚的撤案决定。各部门、机关之间在企业行为定性、涉企案件侦查、合规整改监督和验收、制定专项合规计划等方面的配合和支持,使得涉企刑事案件的办理过程稳定有序。

# 第一节　刑事合规立案侦查的域外特色和经验

## 一、美国的"长臂管辖"及灵活多样的侦查方式

美国的企业刑事合规侦(调)查立案范围较广,表现出"长臂管辖"。这使得美国的刑事合规侦(调)查延伸至域外,诸多知名国际企业,如德国西门子公司、法国阿尔斯通公司、英国宇航系统公司、我国中兴公司等,都因美国《反海外腐败法》(FCPA)受到严厉制裁。美国积极的、扩张的域外刑事合规管辖,有通过合规管辖将全球企业纳入其规制范围的嫌疑,引发了很多国家的不满。世界各国

---

① 《企业合规典型案例(第二批)》,最高人民检察院网,https://www.spp.gov.cn/spp/xwfbh/wsfbt/202112/t20211215_538815.shtml#2,2021年12月8日。

为了应对来自美国域外刑事合规管辖,纷纷采取了阻却立法的方式(the blocking statutes),对美国域外刑事合规管辖采取反制措施。各国积极通过立法方式扩张本国的刑事合规管辖范围,对冲美国对各个国家立案管辖权的侵蚀。

在企业刑事合规的侦(调)查上,美国政府主要依靠公司内部调查或独立第三方调查,较少使用政府资金来进行海外腐败案的调查。为节省资源,提高效率,美国要求相关政府机构之间加大合作,必要时应展开联合调查。在具体措施上,除了使用传统的刑事侦(调)方法,还应运用新的渠道和技术手段来打击腐败。比如,监控外国报纸、秘密调查企业税务信息等。

美国还创新检举奖励机制,FCPA获得大量案件的相关线索与证据材料都是与公司内部的"告密者"相关。为此,告密者也将得到跨国公司罚金的10%~30%作为奖励。这一检举奖励制度为腐败案件的侦破提供了极大的便利。此外,侦(调)查机关还鼓励企业主动配合,与侦(调)查机关合作。2011年,美国证券交易委员会推出了"吹哨人"计划,进一步扩充了美国对企业在海外行贿受贿的侦(调)查手段。不仅如此,美国执法部门还在探索其他侦(调)查手段,比如,美国执法部门探索将暴力性犯罪的侦(调)查手段应用到企业犯罪中侦(调)查中。2010年,在BAE旗下的空股企业一案中,美国执法部门在企业安排了高管卧底,最终成功侦破案件。

## 二、英国的"属地+属人"

2010年,英国出台了《反贿赂法》,确立属地主义和属人主义相结合的原则。《反贿赂法》被称为英国"史上最严厉反贿赂法",管辖范围非常广泛,不仅适用于同公务员相关的贿赂行为,还适用于私营部门间或私人的贿赂行为。不仅适用于行贿行为,还适用于受贿行为。显然,英国《反贿赂法》是对美国海外刑事合规扩大管辖的应对。根据英国《反贿赂法》规定,即便企业的贿赂行为发生在英国境外,但是如果违法行为人的行为与英国有关,并且该行为在英国境内也构成违法犯罪,英国便可以管辖。① 英国通过《反贿赂法》确立的密切联系原则扩大了其对贿赂犯罪的管辖范围,有力地打击了贿赂犯罪,但这种扩张的司法管辖权在一定程度上有侵犯他国管辖权的嫌疑。

《反贿赂法》对企业犯罪的侦查也进行了规定。该法律强调,总检察长、反重大欺诈案件办公室主任、税务或海关检控主任等为侦诉指挥者和领导者。皇家检察署负责国内贿赂案件的调查,反重大欺诈案件办公室负责金额较大、较为复

---

① 王君祥编译:《英国反贿赂法》,北京:中国方正出版社2014年版,第9页。

杂的国际贿赂案件的侦查,如 2014 年对葛兰素史克中国行贿事件的调查,就是由反重大欺诈案件办公室主导进行。为提高效率和打击力度,反重大欺诈案件办公室可以整合特殊权力部门的力量来进行调查取证,具体包括:要求协助侦查权、讯问和询问权、搜查权、处分权、秘密侦查权。在侦查过程中,可邀请各相关行业的专家,如银行家、计算机专家、税务师、会计、律师等来联合讨论分析。[①]并且应注重引导涉嫌犯罪企业建立合规体系。如在暂缓起诉的使用时,如果执法人员侦查到满足暂缓起诉启动条件的证据,可依照程序决定是否启用暂缓起诉程序。[②]

### 三、日本侦查阶段的检举与揭发

日本为提高企业犯罪立案侦查的效率,采取了吸纳企业犯罪中嫌疑人或被告人检举揭发的方式。包括两个部分:一是协议、同意制度;二是刑事免责制度。在协议、同意制度中,企业犯罪中的嫌疑人或被告人可以通过揭发他人犯罪事实,获取免予起诉或减轻刑罚的结果。在刑事免责制度中,企业犯罪案件在审理时,如果证人积极作证,可以免予追究刑事责任。日本的检举揭发制度有利于揭露企业犯罪,侦查机关依靠检举揭发可以更容易了解企业犯罪的实施情况,并获取企业犯罪的线索信息。犯罪企业的管理人员可以通过积极检举揭发,减轻自身的刑事责任。在日本"两罚制"的法律规定下,企业法人也需要承担刑事责任,企业通过内部调查方式,积极配合执法机关调查,获取减轻企业法律责任的可能。

日本法律还规定有关方可以举报企业的违法犯罪行为。21 世纪初,日本发生了一系列的企业违法案件,对日本国内造成了剧烈的影响。时任日本国务大臣的竹中平藏指出这些案件很多是企业内部人员举报而得以公开的。因此,日本立法对企业违法犯罪的举报制度进行了规定,出台了《公益通报者保护法》,加强了企业违法犯罪的侦(调)查力度。日本《公益通报者保护法》将举报行为表述为通报,可以通报的主体包括:企业内部;有处理或劝告权限的行政机关;新闻媒体和消费者团体等其他外部机构。执法机关在收到通报后,应当调查并采取适当措施;如果被通报的机关有误,该机关有义务告知。日本《公益通报者保护法》规定表明,该法律规范了通报程序,并在公共利益与企业的正当利益保护之间进

---

① 徐焕:《英国治理商业贿赂的措施与经验》,《经济社会体制比较》2008 年第 1 期。

② SFO, Deferred Prosecution Agreements Code of Practice, CPS (21 January 2021), https://www.cps.gov.uk/sites/default/files/documents/publications/dpa_cop.pdf.

行了适当权衡。

# 第二节　我国企业犯罪立案侦查程序存在的问题

## 一、我国企业犯罪立案管辖范围狭窄

相较于西方国家企业犯罪刑事合规的立案管辖范围,我国的立案管辖范围较小。世界各国刑事合规程序在立案管辖的主体、对象、依据、范围等方面存在较大差异,导致在针对跨国企业的合规侦(调)查时易产生管辖权的冲突与分歧。除美英两国的管辖范围扩张之外,法国在 2016 年也模仿 FCPA 通过《萨宾第二法案》,将管辖主体和适法范围也延伸到海外。再如加拿大、澳大利亚等国家都先后出台了数部法律扩张本国的企业犯罪管辖范围。这表明,世界各国在扩张域外刑事合规管辖的司法主权。在此背景下,沃尔玛、日立、德普、西门子、IBM 等跨国公司也都因涉嫌犯罪在海外受到过严厉的制裁。

世界其他国家的立法应对给中国带来了启示,中国企业犯罪立案管辖范围的规定不及西方国家,企业合规的侦(调)查主动权明显不足。涉嫌犯罪或者已被判决确认犯罪的跨国公司最终被中国司法机关定罪数量极少。[①] 而许多跨国企业犯罪都会损害中国的营商环境和公共利益,中国不能管辖与我国有关的跨国企业犯罪则不利于维护中国利益。

出现刑事合规管辖疲软的原因主要是管辖的法律依据不明以及主动放弃管辖。这主要表现为:一方面,我国企业犯罪的管辖权法律规定不足。当前我国在刑法中规定,跨国企业贿赂犯罪是“对公司、企业人员行贿罪”情形之一,对此依照刑法予以处罚,但是在犯罪构成上,并没有明确这种犯罪与普通的国内行贿犯罪存在何种差异,尤其是在管辖权“连接点”上,我国没有作出行使跨国企业犯罪管辖权的具体规定。[②] 我国刑法还规定,对于犯罪行为地和犯罪结果地在我国境内的,我国拥有管辖权。但是对于跨国企业贿赂行为,如果部分行为发生在我国境内,我国并没有对此行为的管辖权予以规定。另一方面,我国企业犯罪管辖权理念滞后且保守。我国跨国企业犯罪的管辖权问题的态度一贯是消极的,既不承认外国刑事判决的法律效力,但是又对已经被执行刑罚事实予以认可,显现

---

① 李本灿:《企业犯罪预防中合规计划制度的借鉴》,《中国法学》2015 年第 5 期。

② 陈宇:《从 Petrobras 案看美国〈反海外腐败法〉的域外管辖问题》,《河北法学》2020 年第 5 期。

出前后矛盾的问题。① 似乎对国家司法主权进行了维护，但实际在个案中并没有维护中国企业的利益，也没有积极扩张刑事合规案件的域外管辖范围。并且我国对企业犯罪一贯主张重视个人责任，轻视法人责任，导致企业主体不受惩处。② 相较于当前西方国家纷纷扩张的域外企业刑事合规管辖范围，我国的企业刑事合规管辖范围扩张进度处于滞后态势。因而，在全球化的背景下，我国立法、司法必须根据企业特性，应当通过设置联结点的方式，完善企业犯罪的域外管辖。同时，对于应当管辖的刑事合规案件，中国要破除以往滞后保守的企业犯罪管辖权理念，积极主动地行使刑事合规管辖的司法主权。

## 二、企业犯罪侦(调)查困难

企业犯罪不仅表现为我国国内的企业犯罪，也包括跨国企业犯罪。无论是我国国内的企业犯罪，还是跨国企业犯罪，我国执法部门在办理案件时往往存在侦(调)查困难的问题。在企业合规背景下，企业犯罪侦(调)查的下一个程序可能是刑事合规程序，无法顺利开展的侦(调)查工作会导致该程序启动受阻。

### 1. 跨国企业犯罪侦(调)查缺乏国际司法协助的支撑

跨国企业犯罪尤其是经济犯罪具有跨国、跨地区的特点，在对涉案外资企业进行刑事合规管辖时，必然会涉及调查取证、犯罪资产分享、文书送达、人员移交、境外缉捕和追赃、引渡等问题，需要寻求国际司法协助。但是当前我国在国际刑事司法协助上缺乏支持条件，我国对于许多犯罪嫌疑人无法引渡至中国。主要原因在于：我国当前与其他国家和地区缔结的司法协助条约有限。截至2022年10月1日我国已经与62个国家缔结了引渡条约，但是西方主要发达国家并未与我国缔结包括引渡条约在内的其他司法协助条约。西方主要发达国家包括美国、英国和加拿大等，这些国家是跨国企业犯罪的主要来源国，犯罪区域也常常包括中国。当我国发生来自这些国家的企业犯罪行为时，如果犯罪嫌疑人回到其国家，我国就无法依靠引渡条约引渡案件嫌疑人。我国执法部门无法对犯罪嫌疑人行使讯问等侦查手段，也不能对其适用取保候审等强制性措施，致使侦(调)查程序受阻。

尽管我国已经与62个国家缔结了刑事司法协助条约，但这些条约所规定的

---

① 于志刚、李怀胜：《关于刑事管辖权冲突及其解决模式的思考——全球化时代中国刑事管辖权的应然立场》，《法学论坛》2017年第6期。

② 冉刚：《司法实践视角下的跨国商业贿赂域外管辖——兼论我国域外管辖制度的完善》，《国际法研究》2020年第6期。

内容有限,在调查取证、追缴赃款赃物、引渡、联合调查、送达、交付执行等内容上涉及较少。[①]　由于我国缺乏国际刑事司法协助,跨国企业犯罪侦(调)查工作难以开展,相关企业及其责任人的法律责任不易追究。刑事合规程序的启动依仗于企业犯罪侦(调)查,而中国在跨国企业犯罪的侦(调)查工作上受阻,刑事合规信息共享和调查执行合作机制执行不足,导致刑事合规程序在跨国企业犯罪中无法开展。因此,中国对跨国企业犯罪的侦(调)查问题应当积极应对,推动跨国企业的刑事合规案件当事人及时到案配合,使我国刑事合规制度得以有条件、机会适用与启动。

2.侦查与企业内部调查的衔接机制尚未建立

大量的刑事合规案件都存在着企业为主动配合追诉机关的侦查或证明自己已经履行合规注意义务而开展内部调查的情况。如在西门子全球贿赂案中,公司花费 8.5 亿美元,采取多种措施,在全球几十个子公司、分公司进行了内部调查,并将调查结果移交给了美国司法部和证券交易委员会,最终换得刑事和解。企业内部调查是刑事合规程序中的重要组成部分,由此就产生了企业内部调查的规制与刑事诉讼衔接的问题,当前我国刑事侦查程序尚未承认企业内部调查结果,其中最为突出的问题是企业内部调查措施的边界以及证据的转化。以企业内部调查是否适用"不得强迫自证其罪原则"为例,理论上存在争议,实践中各国、各地做法不一。企业在刑事侦查中所提供的协助也容易损害企业自身权益,比如会承担一定的协助成本。[②]　随着刑事合规在我国的深入发展,立法必然要对企业内部调查与刑事诉讼的衔接作出相对具体的规定,以保障刑事诉讼的根本任务和基本原则在刑事合规中得到统一地遵守。

## 三、立案侦查阶段合规激励机制的缺失

由于公安机关负责企业犯罪的侦查工作,因此企业合规不起诉的前置程序实现重点在于公安机关。可以明确的是,检察机关的合规不起诉工作应当取得公安机关的配合,否则仅仅依靠检察机关一方的努力,合规不起诉制度在中国很难建立与实施。我国目前所探索的刑事合规制度与西方国家相比,存在检察机关介入时间滞后,合规不起诉启动偏晚的问题。检察机关一般是在企业犯罪案件移送审查起诉之后才能参与案件,对案件进行审查后决定对其是否进行合规

---

[①]　张坚:《论我国国际刑事司法协助制度的立法完善》,《北华大学学报(社会科学版)》2014 年第 3 期。

[②]　裴炜:《刑事数字合规困境:类型化及成因探析》,《东方法学》2022 年第 2 期。

不起诉。在立案侦查阶段,检察机关本应当适时介入侦查机制,对犯罪企业及时地认定是否符合合规不起诉条件,在侦查阶段、审查批捕环节预先启动合规不起诉程序,为审查起诉阶段进行合规不起诉工作做好充分准备。[①] 但当前我国刑事合规的探索仅仅停留在检察机关的工作程序中,在侦查阶段开展合规考查并未予以探索,合规激励机制在立案侦查阶段缺失,检察机关不能够适时介入侦查,也无法在侦查阶段预先启动合规不起诉程序。

中国的企业犯罪侦查一直以来都是由公安机关负责,检察机关只能在案件被移送审查起诉之后,才有机会行使职权,进行阅卷、讯问犯罪嫌疑人和退回补充侦查等工作,在刑事合规制度建立背景下则是有权启动合规不起诉程序。显然,若合规激励机制在立案侦查阶段缺失,犯罪企业就很难直接在立案侦查阶段获得不起诉待遇。这一问题衍生的影响包括:第一,会造成公安机关资源的浪费。侦查阶段缺少合规激励机制,侦查机关不能对企业进行合规条件的认定,而只能按照刑事案件的程序立案侦查,继而移送给检察机关进行审查起诉或合规不起诉。如果此时案件符合合规不起诉的条件,涉案企业最终被做出了不起诉决定,侦查机关的工作难免类似于"无用功",侦查工作积极性容易被挫败。第二,降低合规不起诉工作的效率,给企业带来较大的追诉负担。如果侦查机关不能认定企业犯罪的合规不起诉条件,并且径直进行立案侦查,会使得整体追诉时间长且工作量大,启动合规不起诉的效率低下,启动时间滞后。同时,企业由于深陷犯罪追诉当中,无法尽快进入合规整改程序以回到正常轨道,担负较大的追诉代价。第三,不利于实现行政机关、公安机关和检察机关工作的有效衔接。企业犯罪案件很多来自行政监管,行政监管时有关机关已经较为全面了解案件实情,涉案企业是否符合合规不起诉条件也比较明显。若公安机关此时依然开展立案侦查,会阻碍合规不起诉程序在行政机关和检察机关之间衔接的畅通。

## 四、强制性侦查措施使用过度

一直以来,对强制性侦查缺乏有效的审查监督是我国刑事诉讼中的薄弱环节之一,而此环节又是刑事诉讼被追诉人权利保障的关键之处。中国的企业犯罪诉讼模式是以侦查为中心,公安侦查缺乏足够的权力制约,公安机关容易随意扩大侦查权,尤其是在强制性侦查措施的使用上。强制性侦查措施具有一定的侵权特性,虽然对公民的侵权存在一定克制,但克制边界模糊,这使得被追诉人的权利容易被压制。

---

① 董坤:《论企业合规检察主导的中国路径》,《政法论坛》2022年第1期。

强制性侦查措施包含对企业或企业经营管理者的搜查、强制检查、查封、扣押、冻结、强制采样、通缉、监听等。上述措施对当事人的重要权益将造成损害，如侦查机关对有关企业采取查封、扣押财产、冻结存款的措施，会导致企业的资金周转和生产经营无法正常进行。强制性侦查措施还包括对企业经营管理者的羁押性强制措施。尽管原最高人民检察院检察长张军多次强调要贯彻"少捕慎诉慎押"的刑事司法政策，但仍有相当比例的涉案企业经营管理者还是被采取了拘留或逮捕的强制性措施。有学者对上市公司涉案高级管理人员的刑事被羁押情况调研后发现，"在 280 位自然人涉嫌犯罪的案件中，261 人被采取过刑事拘留强制措施，179 人被采取过逮捕强制措施"。[①]企业经营管理者在企业生产经营中作用不可替代，企业经营管理者被羁押会使得企业失去主心骨，丧失良善的经营管理运行能力。在市场经济的竞争中，企业资产需要充分流动以维持企业的正常经营运作。如果企业的资产被强制性侦查措施所禁锢，在激烈的市场竞争中，容易使得企业丧失重要的商业市场机会。特别是对于广大的实体经济产业或者流动资金有限的企业而言，强制性侦查措施对这类企业的不利影响很大。即便是后来采取了合规不起诉措施，由于公安机关缺乏合规意识，缺少合规制度指引，所实施的强制性侦查措施已经对企业造成损害且很难挽回。在刑事合规本土化探索背景下，因此强制性侦查措施的过度适用不仅不利于维护企业的正常经营，也不利于调动企业建立合规体系与合规计划的积极性，因此强制性侦查措施适用问题应当予以考量。[②]

## 五、行政执法与刑事司法衔接不畅

在企业合规改革背景下，中国企业犯罪追诉进入合规不起诉前先由行政机关进行调查，对于涉嫌犯罪的交由公安机关立案侦查，未来还可能会进入合规不起诉程序。美国的合规监管经常会出现司法部门和行政监管部门合作的情形。[③] 中国对企业的行政监管和犯罪追诉采取的是"双轨执法体制"[④]，具体表现为：中国企业犯罪的追诉一般先源于行政执法机关的监管结果，行政执法机关如果在执法监管过程中发现了潜在构罪的企业违法案件，会按照规定移送给公安机关立案侦查。但由于中国的行政监管行为处于前置地位，或引发行政执法

①　李玉华：《我国企业合规的刑事诉讼激励》，《比较法研究》2020 年第 1 期。
②　李奋飞：《论企业合规检察建议》，《中国刑事法杂志》2021 年第 1 期。
③　陈瑞华：《企业合规基本理论》（第 2 版），北京：法律出版社 2021 年版，第 276 页。
④　朱孝清：《企业合规中的若干疑难问题》，《法治研究》2021 年第 5 期。

工作与刑事司法工作的衔接问题。

1. 公安机关职权行使不当

在中国企业刑事合规本土化探索背景下，最高检于 2021 年 10 月 11 日发布了《关于推进行政执法与刑事司法衔接工作的规定》（以下简称《规定》）。《规定》指出，检察机关在履行法定职责时，若发现行政机关查处的涉嫌犯罪的案件应当移送公安机关立案而没有移送的，或者公安机关对于行政机关移送的涉嫌犯罪的案件应当立案没有立案的，检察机关应当依法审查。从《规定》内容来看，对于行政机关没有及时移送涉嫌犯罪案件，或者公安机关没有及时对涉嫌犯罪的行政违法案件立案侦查的，检察机关只能书面通知公安机关，而无权直接立案。涉嫌犯罪的行政违法案件立案侦查权主要属于公安机关。[1] 检察机关的书面通知效力如何，很难确定。公安机关遵循刑事诉讼法的规定，对于其认为有犯罪事实并且在自己管辖范围内的案件才会立案侦查。而行政执法机关监管的企业犯罪案件涉及内容复杂，且调查内容专业细致，公安机关有时也很难自行判断案件性质属于行政违法还是犯罪。即便是涉嫌犯罪，但是在司法实践中，公安机关也常常会以各种理由拒绝对一些企业犯罪立案侦查，或者会拒绝将企业犯罪案件移送审查起诉。[2] 多年来，国家为推进行政执法与刑事司法衔接工作一直在努力，不断出台各类文件，但效果并不显著。[3] 针对公安机关职权行使失责的情形，检察机关只能通过介入侦查或者退回补充侦查的方式，对公安机关的侦查行为进行检察监督，并为合规不起诉程序的启动做好准备，但是成功结果并不能保证。

2. 行政机关配合缺少法律指引

（1）行政机关配合合规不起诉的义务没有在法律中体现。企业合规不起诉程序主要由检察机关主导，行政执法机关需要将涉罪案件移送至侦查机关与检察机关进入合规不起诉程序，这意味着行政执法机关要与侦查机关和检察机关配合，但当前法律法规并没有规定行政机关的配合义务。在中国机构部门的安排中，检察机关与行政机关不存在隶属关系，并且属于不同的工作系统。检察机关在工作程序上没有权力要求行政机关进行配合，行政机关也没有法定义务和规则指引对刑事司法工作予以支持。

（2）行政执法与刑事司法衔接缺乏可遵循的法定规则和程序，行政机关的配

① 李奋飞：《涉案企业合规刑行衔接的初步研究》，《政法论坛》2022 年第 1 期。

② 孙国详：《企业合规改革实践的观察与思考》，《中国刑事法杂志》2021 年第 5 期。

③ 赵旭光：《"两法衔接"中的有效监督机制——从环境犯罪行政执法与刑事司法切入》，《政法论坛》2015 年第 6 期。

合方式没有明确的规范指引。有的地方出台规定,检察机关审查企业犯罪案件是否需要合规考察时应征询行政机关的意见,但是具体征询的方式并没有相关的规定进行明确。此外,检察机关主导合规不起诉程序,行政机关没有配合的程序规范指引,如果出现了不当配合的情形,检察机关也并没有适合的应对方式。

# 第三节　我国企业犯罪立案侦查程序的完善

## 一、扩大我国企业犯罪立案的管辖范围

### 1. 明确海外管辖权

跨国公司是推动经济全球化的重要力量,也是具有全球性特点的重要犯罪主体。针对严峻的跨国公司犯罪,世界上许多国家都在积极地探索外国公司犯罪的治理对策。在中国经济"走出去""引进来"的双轮驱动之下,外国公司在华商业贿赂犯罪案件十年来一直处于上升趋势,几乎催生了中国近六成的腐败案件,如"德普回扣门""沃尔玛案""家乐福案"等。此外,还有大量的海外企业涉华犯罪,危害国家利益。我国对刑事犯罪采取以属地为主、属人和保护为重要补充的管辖原则。但针对企业犯罪,我国可通过对"犯罪地""利益保护"等要素的法律解释,扩张我国的国际刑事合规管辖范围,凸显司法主权。

### 2. 积极行使涉外企业犯罪管辖权

我国司法机关在对外国企业犯罪的追诉中,长期给予其"超国民待遇"的特殊保护,在管辖上形成了选择性司法管辖的不争事实。在中国国际化发展的背景之下,中国刑事合规体系必须在管辖上做到内外一视同仁,克服管辖中的"软骨病"。对于依法有管辖权的企业犯罪案件,无论内资、外资,无论母国是否管辖,都应坚持行使管辖权,做到内外"一视同仁"。依据我国法律有管辖权的案件,即便其他国家依据本国法进行了管辖,也不能成为我国放弃司法管辖权的理由。尤其是我国明确了海外管辖权之后,不应让权利机制束之高阁,而应在国内外的刑事合规案件中积极行使,在各类案件中维护国家利益,增强中国司法的国际影响力。我国对外国企业的犯罪还应当坚持刑事管辖原则的立场。我国司法机关对外国企业在我国的犯罪要保留绝对的管辖权,尤其是不能废弃基于属地管辖原则的犯罪管辖权,及时改变当前"自我放弃司法主权"的现状。

### 3. 以《联合国反腐败公约》为基础建立域外管辖机制

为发挥我国作为世界负责任大国的作用,我国不应当盲目模仿美国任意扩

张企业犯罪的域外管辖范围,而应适当扩张。随着中国"走出去"步伐的加快以及西方国家与日扩张的域外刑事合规管辖,中国对此应对的方式也是要将企业犯罪的域外管辖范围扩大,但应适度,需要以《联合国反腐败公约》为基础,避免产生外交冲突。《联合国反腐败公约》规定缔约国可以根据本国法律行使任何刑事管辖权。但是,该公约第4条也规定,缔约国应当坚持尊重他国国家主权、领土平等原则,同时不干涉他国内政。因此,中国企业犯罪域外管辖范围的扩张应当坚持《联合国反腐败公约》所规定的基本原则,遵守国际法和公约倡导的基本精神与纲领,适当扩张域外管辖范围。

**4. 形成有限度的域外管辖权行使规则**

我国企业犯罪的域外管辖权行使应当形成有限度的规则。第一,我国需优先适用属地管辖,特别是针对犯罪行为地或者犯罪结果地发生在我国境内的跨国企业犯罪。属地管辖是我国域外管辖权行使的首要原则。跨国公司实施违法犯罪行为时,犯罪行为地或者犯罪结果地有时候并不局限于一个国家,如果其中一个环节发生在我国境内,我国对其管辖有利于维护我国利益的,必须管辖。第二,如若外国母公司指示其在我国境内的子公司实施违法犯罪,我国对此要行使管辖权,控告母公司的违法犯罪事实。我国管辖子公司实施的违法犯罪符合属地管辖原则。但母公司一般是子公司实施违法犯罪行为的幕后控制者,也是主要利益的承受方。因此,追究境外的母公司法律责任符合国际法的基本精神。第三,对于跨国企业犯罪发生在我国境外,但是会对我国国家利益产生较大影响的,我国可以附条件的适用属人管辖和保护管辖原则予以管辖。所附条件应为跨国企业犯罪危害我国国家利益和公民利益。据此理由,我国行政执法也可以对在我国境外实施的企业违法行为进行监管。如果跨国企业违法行为扰乱我国境内的市场经济秩序,损害我国国家利益,我国可以发挥有关行政法律法规的作用追究其法律责任。

## 二、优化企业犯罪侦(调)查程序

**1. 侦(调)查措施的灵活多样性**

我国在侦(调)查措施方面,必须灵活多样,并赋予侦(调)查机关授权和吸收企业进行协作的权力,或者在必要的时候委托独立的第三方调查。我国可以借鉴美英两国的侦(调)查措施,主要包括:采取侦听、卧底、线人、搜查、悬赏奖励等全方位、多层次的侦(调)查方式;鼓励企业合作,主动披露信息和组织内部调查;通过引导涉嫌犯罪企业实施合规整改实现辩诉交易。企业内部举报人应当受到法律保护,澳大利亚对举报人的权益保护进行了法律规定,防止其在举报之后遭到企业的报复性处置。① 澳大利亚《公司法》规定,企业能够鼓励公司员工及承包商对企业的涉嫌犯罪行为进行举报,对举报人采取降薪或停职等方式报复的,需要承担刑事责任。②

### 2. 加强国际刑事司法协助

未来,我们必须在扩大刑事司法协助的范围、建立刑事合规信息共享和调查执行合作机制等方面有所担当。美国对海外企业挥舞刑事合规大棒严厉打击的重要依托,便是其在侦查、审判、执行等方面与各国及国际组织积极建立的各类合作机制。随着我国经济"走出去""引进来"步伐加快,要实现刑事合规程序的使命和担当,我国要以更加积极、主动的姿态推进国际司法协助。在国际刑事合规司法协助方面,我国已经加入《联合国反腐败公约》《联合国打击跨国有组织犯罪公约》等重要的国际司法协助公约。对此应注重加强国际刑事合规司法合作,在委托调查取证、追缴赃款赃物、引渡、联合调查、送达、交付执行等方面,与国际组织或其他国家开展更加紧密的联系,将公约的相关规定落到实处,提升我国应对跨国企业犯罪刑事治理和刑事合规实施的实效性。

### 3. 侦查程序与企业内部调查的衔接

企业内部调查应得到刑事侦查的重视,企业内部调查是正式的国家调查的良好补充。③ 在企业犯罪的追诉过程中,为配合侦诉机关并提出相关的合规证据,企业通常会进行内部的自我调查,或者委托独立第三方进行调查。由于调查的结论、成果、证据材料将影响到刑事追诉,在调查之初就应该做好合规调查与侦查的衔接,以避免不必要的浪费与行为无效。首先,调查应围绕侦查方向和重点,尽可能在侦查机关的主导下进行,或者调查方案获得侦查机关批准、授权。其次,调查机关不得使用强制性手段,如果必须使用,则应提请侦查机关以合法侦查的方式介入。再次,企业为侦查提供协助行为的,需要对超出合理边界的协助行为提供必要的补偿。最后,调查形成的证据材料必须经过法定程序方可转化为刑事诉讼中的证据,并遵守非法证据排除等基本法则。

## 三、建立立案侦查阶段的合规激励机制

我国需建立立案侦查阶段的合规激励机制,赋予合规不立案、撤销案件的法

---

① 王贵松:《论公益性内部举报的制度设计》,《法商研究》2014 年第 4 期。

② Explanatory Memoranda, Corporate Law Economic Reform Program ( Audit Reform and Corporate Disclosure) Bill 2003( Cth) [ 5. 381 ].

③ 李本灿:《法治化营商环境建设的合规机制——以刑事合规为中心》,《法学研究》2021 年第 1 期。

律效力。为解决合规不起诉程序启动时间滞后的问题,应当在公安机关的立案侦查阶段就建立合规激励机制,确保合规不起诉程序尽早启动。

1.将企业的合规计划、合规体系作为不立案或撤案条件

公安机关在办理案件时,可以对案件证据材料和案件事实进行考察,判断企业犯罪案件的合规计划的实施与合规体系的建立情况,将企业的合规计划、合规体系等作为对企业是否进行刑事立案以及立案之后是否撤销案件的重要情节,避免将企业拖入刑事追诉程序。对于可以不进入犯罪审查起诉程序且符合开展合规整改条件的涉案企业,不予立案或撤案更加合适。同时,为督促企业通过重建合规体系而自救,可以将开展合规整改作为企业换取不立案、撤销案件的条件。涉案企业在一定期限内完成合规计划、体系的重建,经过评估合格,可获得不立案或撤销案件的待遇,否则将会被刑事立案或移送检察机关审查起诉。在这一阶段,公安机关存在工作资源和工作能力不足的问题,则可以接纳检察机关的引导和帮助,提升处理企业刑事合规案件的工作专业性。因此检察机关也应改进检察介入侦查的机制,提前介入侦查,预先在侦查阶段、审查批捕环节审查企业合规情节,帮助公安机关处理企业符合不立案或撤销条件的案件。

2.公安机关应及时将案件移送合规不起诉程序

公安机关在立案侦查企业犯罪时,对于可以进入合规不起诉程序的,应当及时将案件移送给检察机关启动合规不起诉程序。[①] 为实现该目的,公安机关应在立案侦查工作中建立合规审查机制,依靠检察机关的帮助与支持,准确认定符合合规不起诉条件的企业犯罪,在立案侦查阶段将合规不起诉案件及时移送检察机关处理,加强与检察机关的程序衔接和制约监督。由于企业犯罪的控告一般来自行政监管机关,公安机关还应加强与行政部门的沟通协商,获取符合合规不起诉条件的案件信息,建立立案侦查阶段的企业合规配套机制和程序规范。公安机关及时移送案件进入合规不起诉程序,能够减少企业因犯罪追诉带来的负担,同时也能提高刑事合规工作效率,畅通行政机关、公安机关和检察机关工作的有效衔接。

## 四、强制性侦查措施的谦抑

按照国家当前保护民营经济的政策导向,对于企业,尤其是合规体系较好的企业,应谨慎使用强制性侦查措施,从而保护和激励企业持续、健康地发展。对

---

① 陈瑞华:《企业合规不起诉制度研究》,《中国刑事法杂志》2021年第1期。

于合规体系不完善的犯罪企业,我国司法机关应当以控制使用强制性侦查措施作为激励手段,引导企业实施合规计划。

1. 认罪认罚从宽制度的引入

认罪认罚从宽制度中的从宽是多元、动态的,其中包括程序激励作用。认罪认罚的程序激励作用可以体现为强制性措施的控制适用,具体表现为:变更、解除强制措施、不予逮捕等等。① 但这主要体现在自然人犯罪的认罪认罚上,企业犯罪认罪认罚之后控制适用强制性措施的讨论较少。在此背景下,实务界率先认识到了企业犯罪认罪认罚的重要性,开始着手建立企业认罪认罚从宽工作机制。为保护民营经济,一些地方在符合条件的情况下,尽量慎用查封、扣押、冻结等强制性措施,最大限度降低办案对企业正常生产经营的负面影响。② 并且最高检在 2020 年 7 月印发了《关于充分发挥检察职能服务保障"六稳"和"六保"的意见》,该《意见》指出要注重将犯罪嫌疑人认罪认罚积极复工复产、开展生产自救、努力保就业岗位作为审查标准,判断有无社会危险性,慎用逮捕措施。

在企业犯罪案件中,强制性侦查措施适用会给企业的生产经营带来负面影响,因此需要控制适用强制性侦查措施,但这不能是简单的口号和"拍脑袋"的决策。对此,学界呼吁建立对强制性侦查措施的司法审查制度,而现今认罪认罚与刑事合规似乎为这一制度实施提供了试点改革的土壤。如果说在全部案件中对强制性侦查措施进行司法审查尚存顾虑的话,那么对认罪认罚且加注了合规要素的企业犯罪,试点进行司法审查,实现对企业犯罪案件强制性侦查措施的谦抑与克制,于侦查程序的完善以及企业经济的保护等诸多价值追求,都是成熟、合理、多赢的选择。将认罪认罚从宽制度引入合规,对企业犯罪案件适用强制性侦查措施进行司法审查。如果企业犯罪符合认罪认罚与合规不起诉条件,经过司法审查,考察合规计划实施的有效性以及强制性侦查措施对企业带来的影响之后,可以对涉案企业从轻适用或不适用查封、扣押、冻结等强制性措施。

2. 审前羁押的控制

最高人民检察院张军检察长在全国检察长会议上明确强调,必须运用合规不起诉及独立监控人制度保护民营企业和企业家合法权益,推动民营企业筑牢守法合规经营底线。依法能不捕的不捕、能不判实刑的就提出适用缓刑建议。

---

① 顾永忠、肖沛权:《"完善认罪认罚从宽制度"的亲历观察与思考、建议——基于福清市等地刑事速裁程序中认罪认罚从宽制度的调研》,《法治研究》2017 年第 1 期。

② 陈鸳成、贝金欣:《运用认罪认罚从宽制度依法办理涉企刑事案件》,《检察日报》2018 年 12 月 2 日第 3 版。

检察机关近年来也在开展"挂案清查"专项监督工作,专项清理一些民营企业或企业家立案后未被采取强制措施或解除强制措施的长期搁置案件。检察机关对企业管理者应慎重使用拘捕,确需拘捕应提前与涉案企业沟通,便于企业做好应对措施。在具体操作中,立法可通过将合规纳入拘捕审批条件,实现刑事合规在控制和降低羁押率方面的制度性功能。即在同等条件下,如果企业有良好的合规体系、合规计划,抑或认罪认罚,承诺采取有效措施重建合规体系的,应尽量的不予拘捕,或者变更为非羁押性强制措施,无疑会对被追诉企业建立或完善合规体系产生较大的激励作用。

3. 以企业承诺实施合规计划为前提

控制使用强制性侦查措施并不是直接无条件控制,而应当考察案件具体情况有条件作出。我国应当以企业承诺实施合规计划为前提条件,减少强制性侦查措施的适用,这会给犯罪企业和企业经营管理者一定的正向激励作用,有利于引导企业积极配合司法机关进行合规整改。[①] 企业犯罪如果相对轻微,强制性侦查措施适用的不利结果或会大于惩治效果。因此,以企业承诺实施合规计划作为前提,发挥强制性侦查措施的激励作用,可以更好地平衡犯罪打击与企业保护之间的关系。检察机关要求企业承诺实施合规计划时,也要根据不同的企业犯罪情况、危害程度以及犯罪后表现等因素,以及刑事合规的意愿、执行程度与合规计划实施的有效性等情况予以考量,最终作出不同的强制性侦查措施变更的决定。为此,有关部门应当尽快出台相关规定,建立实施细则,规范犯罪企业承诺实施合规计划换取强制性侦查措施优待的工作程序。

## 五、完善行政执法与刑事司法衔接程序

1. 实现公安机关接受检察机关的引导

在美国等西方国家,一般由检察官主导企业犯罪侦查,警察起辅助作用,这样有利于检察机关和行政机关进行工作衔接。[②] 中国的企业犯罪由公安机关负责侦查,检察机关只能够介入侦查工作,并且通常是在案件被审查起诉之后才能进入。为此,可以实现检察机关引导企业犯罪侦查。检察机关引导公安机关进行企业犯罪侦查,可以使得企业犯罪侦查获得检察机关的专业性帮助,尤其是在

---

① 李玉华:《我国企业合规的刑事诉讼激励》,《比较法研究》2020 年第 1 期。

② U. S. Deferred Prosecution Agreement with Boeing Company, Attachment C, Corporate Compliance Program.

认定案件是否具备合规不起诉条件时。① 所谓检察引导，指的是检察机关通过立案监督、提前介入和审查批捕等方式，对企业违法案件是否构罪以及是否符合合规不起诉条件等问题提供意见或建议。检察机关引导企业犯罪侦查，可以弥补公安机关办理行政机关所移送案件经验和能力不足的问题，也能帮助公安机关树立合规意识，加快融入合规不起诉改革探索工作。此外，检察机关在企业犯罪的立案侦查阶段给公安机关提供引导和帮助，能够尽早地与涉案企业就合规不起诉程序展开磋商，激励涉案企业积极配合侦（调）查，有效提升公安机关处理行政机关移送案件的效率和质量。② 由于公安机关被赋有侦查权，检察机关的引导可以促进公安机关行使侦查权调取案件的诸多证据信息，有助于畅通行政执法与刑事司法的工作衔接，也有助于帮助检察机关对案件是否符合合规不起诉条件进行客观判断。

2. 检察机关监督行政执法与刑事司法衔接

如果行政机关在合规不起诉案件的移送上存在不作为或者消极作为的情形，检察机关应当有权对此进行监督。一方面，检察机关可以通过检察建议的方式对行政机关的上级部门提出改正意见；另一方面，检察机关可以将有关情况移送监察机关处理。③ 检察机关作为法律监督机关，不仅需要监督侦查工作和其他刑事诉讼程序的开展，还需要对与犯罪审查起诉有关的工作程序履行监督职责。行政机关与检察机关不存在隶属关系，检察机关为监督行政机关案件移送情况，可以通过寻求其上级部门的帮助。针对职权违规违法行使的问题，检察机关应当将案件交由监察委等有关部门处理，提高法律监督强度。

3. 行政合规分流

检察机关处理合规不起诉案件将成为司法实践趋势，但并不是所有案件都需要开展刑事合规整改，而是可以在行政监管阶段进行行政合规，实现企业合规的分流。行政监管机关拥有监管企业合法经营的职权，有多种方式促使企业合法合规经营，并且行政监管机关处理企业违法案件专业性强，开展行政监管合规具备基本条件。④ 企业行政合规由行政主管部门负责，符合行政机关的监管职权行使范围，也能保证企业合规整改的专业度。由于行政执法与刑事司法之间

---

① 陈瑞华：《企业合规不起诉改革的八大争议问题》，《中国法律评论》2021年第4期。

② 李奋飞：《论企业合规考察的适用条件》，《法学论坛》2021年第6期。

③ 时延安：《单位刑事案件的附条件不起诉与企业治理理论探讨》，《中国刑事法杂志》2020年第3期。

④ 叶伟忠：《检察环节构建涉罪企业合规考察制度的探讨》，《人民检察》2021年第5期。

的衔接存在的不畅很难在短时间消除,但企业合规改革进程不断加快。因此实现企业行政合规的分流,可以使得部分企业合规案件在行政监管阶段开展合规整改,不必移送司法机关进入合规不起诉程序,在一定程度上能够减缓刑事合规的压力,削弱行政执法与刑事司法衔接不畅引发的不利影响,增强企业合规的专业化处理程度。

# 第六章　企业合规的刑事司法程序改造

## ——起诉阶段

### 张家港市 L 公司、张某甲等人污染环境案 *

江苏省张家港市 L 化机有限公司（以下简称"L 公司"）系从事不锈钢产品研发和生产的省级高科技民营企业，张某甲、张某乙、陆某某分别系该公司的总经理、副总经理、行政主管。2018 年下半年，L 公司在未取得生态环境部门评价的情况下建设酸洗池，并于 2019 年 2 月私设暗管，将含有镍、铬等重金属的酸洗废水排放至生活污水管，造成严重环境污染。张家港市生态环境局现场检测，发现 L 公司排放井内积存水样的镍、铬浓度超过《污水综合排放标准》的 29.4 倍和 19.5 倍。2020 年 6 月，张某甲、张某乙、陆某某主动向张家港市公安局投案，如实供述犯罪事实，自愿认罪认罚。

2020 年 8 月，张家港市公安局以 L 公司及张某甲等人涉嫌污染环境罪向张家港市检察院移送审查起诉。张家港市人民检察院是开展企业合规改革的第一期试点单位，在收到该案后，对 L 公司的犯罪事实、认罪认罚情况、涉案企业的危害性、是否具有建设合规体系的意愿等因素进行了全面的审查和评估。负责办理该案的检察官走访调查后认为，L 公司及张某甲自愿认罪认罚，犯罪情节轻微，且 L 公司系省级高科技民营企业，年均纳税 400 余万元、企业员工 90 余名、拥有专利 20 余件，部分产品突破国外垄断，如果公司及主要经营管理人员被定罪判刑，对国内相关技术领域将造成较大的负面影响。有鉴于此，2020 年 10

---

* 本案例援引自最高人民检察院于 2021 年 6 月 3 日发布的关于企业合规的第一批指导性案例——张家港市 L 公司、张某甲等人污染环境案。

月,张家港市人民检察院向 L 公司送达《企业刑事合规告知书》,该公司在第一时间提交了书面合规承诺,检察机关在认真审查调查报告以及审查企业书面承诺的基础上,决定适用合规不起诉制度,对 L 公司进行合规考察监督并参考考察情况依法决定是否提起公诉。

本案中,张家港市人民检察院依据 L 公司的合规考察情况依法决定是否提起公诉,选择了"附条件不起诉"模式对 L 公司及张某甲等人进行合规不起诉考察。在检察机关对 L 公司做出合规考察决定以后,L 公司聘请律师对合规建设进行初评,全面排查企业合规风险,制定详细合规计划。检察机关委托税务、生态环境、应急管理等部门对合规计划进行专业评估。L 公司每月向检察机关书面汇报合规计划实施情况。2020 年 12 月,张家港市人民检察院组建以生态环境部门专业人员为组长的评估小组,对 L 公司合规整改情况进行评估,经评估合格,通过合规考察。同月,检察机关邀请人民监督员、相关行政主管部门、工商联等各界代表,召开公开听证会,参会人员一致建议对 L 公司作不起诉处理。检察机关经审查认为,合规整改合格,且符合刑事诉讼法相关规定,当场公开宣告不起诉决定,并依法向生态环境部门提出对该公司给予行政处罚的检察意见。2021 年 3 月,苏州市生态环境局根据《水污染防治法》有关规定,对 L 公司作出行政处罚决定。

通过开展合规整改,L 公司实现了快速转型发展,逐步建立起完备的生产经营、财务管理、合规内控的管理体系,改变了野蛮粗放的发展运营模式,企业家和员工的责任感明显提高,企业抵御和防控经济风险的能力得到进一步增强。2021 年 L 公司一季度销售收入同比增长 275%,缴纳税收同比增长 333%,成为所在地区增幅最大的企业。

## 评述

合规不起诉自引入我国以后,各试点单位不断探索。本案作为企业合规改革试点典型案例,彰显了我国探索企业刑事合规制度的特色与经验之处,主要体现在以下几点:

### 一、适用了"双不起诉",涉案企业和其负责人都被"不起诉"

域外法治国家在探索企业合规不起诉时,制度方面呈现出"放过企业,严惩自然人"的理念。英国、法国、加拿大等国在引入美国的暂缓起诉制度时做了一些修改,即检察机关只能与涉罪企业签订暂缓起诉,暂缓起诉协议制度不适用于自然人。① 但是在"L公司污染环境案"中,L公司和其直接责任人员张某甲等人都被不起诉,出现了"双不起诉"的现象。甚至在有些案例中出现了因企业高管涉嫌个人犯罪而对未被列入追诉对象的企业也实施合规监管的现象②,最高检发布的《关于建立涉案企业合规第三方监督评估机制的指导意见(试行)》似乎也对这种做法给予了肯定。③ 之所以会出现这种现象,原因在于我国开展首轮企业合规改革试点的检察院都是基层检察院,试点检察院办理的案件多集中于犯罪情节较轻微的企业犯罪案件,适用对象多是小微企业,对于这些企业来说,"企业家"把握着企业命脉,决定企业未来的经营发展。若企业家被提起公诉,被定罪判刑,则企业陷入无人管理的状态,有可能面临破产倒闭的危机。为了实现"六稳六保"的目标,更好地保护民营企业,有学者提出可以将合规不起诉扩大适用于构成犯罪的民营企业家,而不是仅仅适用于涉罪企业。④ 但也有学者提出,如果采用"双不起诉",即不起诉涉罪企业,也不起诉涉嫌犯罪的自然人,没有人为构成犯罪承担刑事责任,导致触犯了刑法却不需要承担责任的局面出现,违背罪责刑相适应的刑法基本原理。直接责任人员面临较低的刑事风险,反而为企业犯罪提供"保护伞"。⑤

企业合规是为了防范企业的风险而建立的公司管理体系,企业合规的适用对象理所当然地应当适用于企业。但是在我国的刑事处罚体系中,对于企业犯罪实行的是"双罚制",在认定企业构成犯罪的前提下,要对企业处以罚金,同时要惩罚直接责任人员。因此在将涉案企业纳入合规监管的同时,可以根据直接责任人员认罪认罚的态度对其做出宽大处理。至于企业直接责任人员或员工实施的与企业生产经营有关的犯罪而企业本身不构成犯罪的情况,则不能对企业适用合规考察,也不能根据企业合规考察结果决定是否起诉涉嫌犯罪的自然人。本案中,由于L公司及其主要负责人的行为都构成污染环境罪,需要承担刑事责任,因此张家港市人民检察院对L公司进行合规考察的同时对张某甲等人认

① 陈瑞华:《企业合规基本理论》,北京:法律出版社2020年版,第231-237页。

② 最高检发布的第一批企业合规改革试点典型案例三"王某某、林某某、刘某乙对非国家工作人员行贿案",该案的被告人是王某某、林某某、刘某乙,并不包括Y公司,但检察机关却要求Y公司接受合规监管。

③ 《关与建立涉案企业合规第三方监督评估机制的指导意见(试行)》第三条:"第三方机制适用于公司、企业等市场主体在生产经营活动中涉及的经济犯罪、职务犯罪等案件,既包括公司、企业等实施的单位犯罪案件,也包括公司、企业实际控制人、经营管理人员、关键技术人员等实施的与生产经营活动密切相关的犯罪案件。"

④ 陈瑞华:《刑事诉讼的合规激励模式》,《中国法学》2020年第6期。

⑤ 黎宏:《企业合规不起诉:误解及纠正》,《中国法律评论》2021年第3期。

罪认罚的态度进行考察,进而再做出不起诉的决定。

## 二、适用合规不起诉的条件:犯罪情节轻微

域外确立的暂缓起诉协议制度对于可适用的案件范围并未做出特别规定。在美国,检察机关需要对个案的犯罪情节进行考量,综合各方面因素来看是否需要达成暂缓起诉协议,因此对于一些严重的企业犯罪也有可能适用合规不起诉。而在英国、加拿大等国家,一般会针对某些特定犯罪,比如腐败犯罪和经济犯罪而与企业达成暂缓起诉协议。也就是说,在西方国家,检察机关可能与涉嫌重大罪行的企业签订暂缓起诉协议。① 而在本案中,L公司和张某甲等人构成污染环境罪,但并没有对社会造成重大影响,被认定为"犯罪情节轻微"。将犯罪情节轻微作为适用企业合规不起诉的前提是我国当前企业合规试点实践中的一个特色。在企业合规试点改革实践中,多数试点单位对直接责任人员可能处3年以下有期徒刑的轻罪适用合规不起诉。也有一些试点单位提出建议,在满足特定条件的情况下,可以对直接责任人员可能被判处3年以上10年以下有期徒刑的企业犯罪案件也适用合规不起诉。由于在我国对企业进行合规考察后做出的不起诉决定属于"相对不起诉",根据法律规定,"犯罪情节轻微"是做出相对不起诉决定的前提条件之一,那些可能被判处3年以上有期徒刑的案件不属于"犯罪情节轻微",因此导致在我国试点实践中合规不起诉的适用对象仅限于轻微企业犯罪。有学者认为,企业合规不起诉的适用案件范围不应当根据犯罪情节来认定,而应当审视企业被提起公诉所产生的负面效应。如果将适用案件范围做如此限定,则企业合规不起诉的适用效果将大打折扣。②

任何改革试点都应当在现有的制度框架内进行,我国当前制度中规定的不起诉类型的种类决定了当前企业合规试点的对象只能限定在"犯罪情节轻微"的案件中。企业合规不起诉是否可以适用于严重的企业犯罪也成为一个难题。如果要增强企业合规的普适性,需要突破现有的相对不起诉适用范围,或者将附条件不起诉的范围拓宽至企业犯罪。无论采取哪种方式,都需要立法上的修改从而改变当前企业合规不起诉适用案件范围狭窄的现状。

## 三、程序上的从严把握:不起诉决定前的听证程序

对企业作出合规不起诉决定前举行听证程序,也是我国在企业刑事合规制

---

① 陈瑞华:《企业合规视野下的暂缓起诉协议制度》,《比较法研究》2020年第1期。
② 陈学权:《企业犯罪司法轻缓化背景下我国刑事司法之应对》,《政法论丛》2021年第2期。

度探索中的一个特色,旨在体现公平公正,同时也可以起到监督作用。在本案中,张家港市人民检察院在作出不起诉决定前,除了组建评估小组对 L 公司的合规整改情况进行考核外,还邀请了监督员、行政机关以及工商联等代表,召开公开听证会听取意见。有些检察机关在合规考察中甚至会实行了更严格的"双听证"模式,即在对企业合规初期召开一次听证会对企业的合规计划进行听证,从而提出进一步的合规建议。在合规考察期结束前进行第二次听证,综合听证意见以及合规考察的效果决定是否对企业提起公诉。这种召开公开听证会的做法,既减轻了检察人员的心理压力,又满足了公众对公平正义的期待,是我国企业合规本土化的探索和创新。

目前,企业合规不起诉还在试点阶段,"L 公司、张某甲等人污染环境案"体现了我国在合规不起诉阶段的一些特色与创新。但是实施过程中也存在着许多问题和挑战,需要检察机关在探索过程中不断总结经验,也需要未来的立法提供制度支持。

# 第一节　刑事合规起诉的域外特色与经验

起诉阶段是刑事合规的最关键环节,许多重要工作都在这一阶段完成,甚至诉讼程序也会在这一阶段终结。各国在起诉阶段对刑事合规都有一些以暂缓起诉为代表进行实质性处理的措施。

## 一、美国的审前转处程序

美国检察官在起诉企业犯罪的过程中,为更好地推进刑事合规,将 1914 年芝加哥少年法庭探索的审前转处程序引入企业犯罪的起诉,并注入新的元素,完成刑事合规与审前转处的结合,最终形成美国刑事合规中的审前转处程序。[1]美国检察官创造性地将审前转处适用刑事合规,经过了实体法的铺垫准备和程序法的正式确认:1991 年,美国联邦量刑委员会颁布《组织量刑指南》,将其编入1987 年的《联邦量刑指南》第八章,并在该章规定,如果企业建立了有效的合规系统,则可以减轻其刑罚,减轻幅度最高可达 95%,反之最高可处 4 倍罚金。[2]

---

[1]　审前转处又称审前协议,1914 年芝加哥的少年法庭对犯有轻微犯罪的少年避免适用普通的刑事程序,改由缓刑机构予以一定期限的矫正,考察和监督,避免了定罪判刑的"标签"效应,节约了司法资源。

[2]　U. S. Sentencing Guideline Manual,§ 8C26. (2015).

这是美国刑事合规审前转处的实体法依据和基础。程序的改良和确认在判例法系的美国主要是通过司法实践完成的。1990 年,美国司法部颁布《联邦检察官手册》,对于检察官适审前转处协议作出了详细规定,并于 20 世纪 90 年代以后逐步将"审前转处协议"适用到企业犯罪案件,形成系列经典判例,如 Salomon Brother 案、Prudential Securities 案等。美国因为有着多年成熟的"辩诉交易"基础,所以企业犯罪审前转处程序发展较为自然、顺畅。

发展至今,美国刑事合规中的审前转处,主要有两种形式,为"暂缓起诉协议"(deferred prosecution agreement,简称 DPA)和"不起诉协议"(non-prosecution agreement,简称 NPA)。[①] 两者主要的区别表现为协议是否会记录有关的犯罪记录、是否需要得到法官的批准、是否需要制作起诉书。前者不需要,后者均需要。[②] 上述差别是细微的,两者的功能、实施方式基本相同,在实践中逐步趋于一致。

鉴于此,不少学者认为,从整体上看,NPA 协议和 DPA 协议极其相似,DPA 包括了 NPA 的绝大部分特征,因而无需再予区分。[③] 因而,刑事合规中审前转处的核心即为 NPA,暂缓起诉。

## 二、法国强制合规下的暂缓起诉

2016 年,法国通过《萨宾第二法案》,在全世界率先建立了强制合规制度。与中国比较相似的是,法国企业也遭受美国巨额罚款。法国因此心生不满,实施了最严格的强制合规。但同时也给企业留一条缝隙,即引进与英美类似的暂缓起诉制度。强制合规背景下的暂缓起诉同样也非常严格,如对协议在法院支持的听证审查、第三方独立专家的监督等,凸显职权主义色彩。涉案企业在违反《萨宾第二法案》以及进入审判程序之前,检察机关可以与其开展合作并订立和解协议,企业因此可以获得免予起诉的可能。涉嫌商业贿赂犯罪的涉案企业可以在与检察机关达成合作之后,缴纳以往三年营业额的 30% 作为与检察机关的和解金,并且同意在有关部门的监管之下于三年内建立起完善的合规计划,筑牢

---

① 叶良芳:《美国法人审前转处协议制度的发展》,《中国刑事法杂志》2014 年第 3 期。

② 陈瑞华:《企业合规视野下的暂缓起诉协议制度》,《比较法研究》2020 年第 1 期。

③ Christopher Wray & Robert Khur. "Corporate Criminal Prosecution in a postern on world: The Thompson Memo in Theory and Practice", American Criminal Law Review, Vol. 43(2006), p. 1105.

刑事法律风险防线,规范企业的生产经营行为。① 法国暂缓起诉协议制度根据《萨宾第二法案》所确立,也被称为"基于公共利益的司法协议"(CJTP)制度,标志着美国式的起诉和解制度被正式引入欧洲大陆法国家。

### 三、英国检察机关合规审查的主要标准

英国检察机关对合规案件的程序处理很大程度上依据对合规计划的有效性审查结果。2020 年,英国严重欺诈办公室(SFO)公布了修订后的《合规计划评价操作手册》(*Operational Handbook regarding Evaluating a Compliance Programme*,以下简称《手册》),为检察机关评估涉案企业合规整改有效性确立了最新参考标准。《手册》将涉案企业合规整改的有效性评估扩展到三个阶段,分别为涉案企业案发前、案发后以及检察机关采取措施时,在三个不同阶段中分别评估涉案企业所建立合规计划的不同状态。

首先,英国检察机关可以评估涉案企业在案发前所建立的合规计划,以此作为起诉或提出从轻量刑建议的依据。根据英国《公司起诉指南》和《皇家检察官守则》,检察机关应当将没有建立有效合规计划的涉案企业提起公诉,也可以对建立了一定合规计划的涉案企业建议从轻量刑。其次,如果涉案企业案发后主动建立或完善合规计划,在其进入企业合规程序之后,检察机关可以对涉案企业当前的合规计划进行评估,作为是否起诉、如何作出量刑建议的依据。在此阶段,涉案企业如果在公诉之后主动建立或完善合规计划,也可以接受检察机关的评估,并在诉讼程序中予以考虑。最后,如果涉案企业在企业合规程序阶段还未能进行有效的合规整改,检察机关还可以在 DPA 协议中要求其建立或完善合规计划,并在进入审判程序之前评估该企业的合规计划于未来建立或实施的可能情况,从而决定是否对该企业撤回起诉。综上,《手册》对涉案企业建立或完善合规计划的评估时间段作出了明确规定,英国司法机关对涉案企业合规整改进行评估既可以在涉案企业发生违法犯罪之前,也可以在涉案企业发生违法犯罪行为之后,还可以在 DPA 协议生效之后。②

### 四、刑事合规暂缓起诉程序的全球发展趋势

刑事合规暂缓起诉或附条件不起诉已经成为许多开展刑事合规改革国家的

---

① Jennifer Arlen，The Potential Promise and Perils of Introducing Deferred Prosecution Agreements Outside the U. S. , July 29, 2019, NYU School of Law, Public Law Research Paper No. 19 -30, https://ssrn. com/abstract=342 8657 (accessed Apr. 8, 2019).

② 陈瑞华:《英国刑事合规的有效性标准》,《人民检察》2022 年第 9 期。

共同选择。但这些国家的刑事合规暂缓起诉程序也处于不断的自我调适与修正过程中。从世界范围内刑事合规暂缓起诉程序的运行实践来看,暂缓起诉制度虽然获得大量的正面鼓励,但同时也产生了很多问题,因而饱受质疑和指责。甚至有完全否定的声音,认为暂缓起诉不具有足够的惩罚性,难以威慑犯罪实现刑事制裁的目的。① 归纳起来,制度运行遇到的主要问题有:

1. 各国的刑事合规暂缓起诉规定的适用对象、条件、程序等不一致

这种不一致容易滋生执法过程中国家与国家之间的矛盾、分歧。比如曾经遭受美国重罚的法国企业、中国企业认为美国的暂缓不起诉开出"天价罚单",是针对性执法,甚至是"敲诈勒索"。

2. 检察官权力过大,处罚不均

美国检察官集暂缓起诉决定、执行、监督多项权力于一身,整个暂缓起诉缺乏有效的司法监督。造成的后果是检察官权力被滥用,多宗被暂缓起诉的案件处罚严重不均,甚至出现"Too big to jail"的隐性规则。"Too big to jail"典型案例如 2012 年的 HSBC 缓起诉案,尽管该缓起诉创造了罚款记录,但是首席检察官 Eric Holder 关于"一些企业规模过大,如果对其提起刑事诉讼,难度较大,也将会对国民经济甚至世界经济产生不利影响"的一番话将社会各界的愤怒推向高潮。②

3. 企业财产刑过高,但是对个人处罚低

在暂缓起诉的企业犯罪中,通常协议处罚的重点在企业身上,对企业高管或负责人非常包容。据统计,在 2/3 的暂缓起诉案件中,企业都受到了惩罚,涉案人员大多数没有受到处理。2001 年、2007 年、2010 年个人被追究刑事责任的案件占所有企业暂缓起诉案件的比例分别为 50%、28.5%、24%,呈现逐年下降之趋势。③ 在对企业的处罚中,"天价罚单"屡创新高。

4. 刑事实体法的准备不足

从整体来看,刑事合规暂缓起诉作为程序性制度,来自刑事实体法的支撑不够。尤其是在企业犯罪刑事责任问题上,犯罪构成、归责原则、处罚法则在很多

---

① 李本灿:《刑事合规理念的国内法表达——以"中兴通讯事件"为切入点》,《法律科学》2018 年第6 期。

② Mark Gongloff, Eric Holder admits some banks are just too Big to prosecute, The Huffington Post,Mar06,2013.

③ Brandonl Garrett, Too Big to Jail: How Prosecutors compromise with Corporations, Harvard University Press,2014, p13, p82.

国家,尤其是在大陆法系的国家,缺乏充分的实体法应对。

针对上述问题,各国不断进行制度校正,如美国逐步规范检察官的权力,加强了对暂缓起诉的司法监督。所有这些国际刑事合规不起诉制度运行过程中的经验和教训对于处于刑事合规不起诉制度初创阶段的中国而言,都是宝贵财富。但中国在借鉴时,必须结合本国的实际情况,循序渐进的推进,先在特定范围内试点,试点成功后,再扩大推广。

## 第二节　我国企业犯罪起诉阶段存在的问题

### 一、对涉案企业适用附条件不起诉与相对不起诉存在障碍

当前我国在企业合规改革试点实践对涉案企业适用合规不起诉主要采用了其中的两种形式:一是相对不起诉。对于犯罪情节较轻且认罪认罚的涉案企业,由检察机关要求其进行合规整改,并作出相对不起诉的决定。二是附条件不起诉。对于犯罪情节较重的涉案企业,由检察机关对其设立一定的合规不起诉考验期,期满后对涉案企业合规整改情况进行评估,将评估结果作为是否作出附条件不起诉决定的参考依据。但是,两种不起诉模式在我国企业犯罪的起诉阶段适用均出现困难。

1. 涉案企业适用附条件不起诉于法无据

现行刑事诉讼法所规定的附条件不起诉制度适用于未成年人犯罪,并不适用于企业犯罪和成年的自然人犯罪。我国的附条件不起诉根本无法满足企业刑事合规的司法实践需要。自 2020 年 3 月试点开始至 2022 年 5 月底,全国检察机关开始办理企业合规案件以来,仅对 333 家企业作出了不起诉决定,绝大多数案件也都是企业负责人可能被判处 3 年以下有期徒刑的轻罪案件。由于企业合规附条件不起诉尚无法律依据,检察机关无法适用附条件不起诉去激励企业进行合规整改,刑事合规实施的效能也无法充分显现。

2. 涉案企业适用相对不起诉条件严格、模糊

我国当前相对不起诉主要适用于"犯罪情节轻微,依照刑法规定不需要判处刑罚或者免除刑罚"的情形。但实务部门对其中的"犯罪情节轻微""不需要判处刑罚""免除刑罚"的判断标准以及"犯罪情节轻微"与"依照刑法规定不需要判处刑罚或者免除刑罚的"之间的关系认识不足,导致尺度把握存在较大差异。而最高检在《人民检察院办理不起诉案件质量标准(试行)》中也对相对不起诉的适用

条件进行了列举式的细化,这实际上是对检察机关的不起诉裁量权进行了变相限缩,相对不起诉的适用因而低迷、保守。我国司法实践中检察机关对企业犯罪适用相对不起诉也非常保守、谨慎,大量的合规相对不起诉都是发生于法律许可的范围,并且多适用于简单、轻微的企业犯罪。相对不起诉对企业刑事合规的激励效能也有限。

### 二、合规不起诉审查起诉期限与合规考察期限不协调

一方面,对企业合规不起诉决定的作出需要经过较长时间的考验和评估。我国企业犯罪在起诉阶段若进入企业合规不起诉程序,检察机关会对涉案企业设置一定的考察期限,期内暂时不予起诉,企业开展合规整改工作,考察期限届满后视合规整改的具体情况确定是否再起诉。① 在当前企业合规改革试点实践中,各地所设置的企业合规整改期限普遍较短。深圳市宝安区人民检察院将企业合规不起诉的合规考察期限规定为 1 至 6 个月,辽宁省规定为 3 至 5 个月,深圳市南山区人民检察院规定为 6 至 12 个月。实际上,涉案企业开展合规整改并非一件易事,其中涉及人力资源、财力和物力等等方面,制定完善的合规计划是一项系统十分复杂的工作,短时间内完成的可能性很小。在对涉案企业的刑事追诉过程中,各地检察机关对企业合规措施的适用也考虑到企业合规考察期限问题,尽可能在法定范围内延长审查起诉期限,以实现对涉案企业合规整改的时间供给充足,落实合规整改的有效监管。② 尽管部分地区将涉案企业的合规整改期限延长数月,甚至达 1 年或 2 年,但相较于英美等国家 3 年或 4 年的暂缓起诉合规考察期限而言,仍相对过短。对涉案企业而言,其为实现在犯罪追诉过程中的出罪,在企业合规的规则指引下,必须与检察机关达成合规整改协议,在考察期限内按照协议内容承认犯罪事实并进行合规整改,以获得考察期限届满后的合规不起诉或撤回起诉。因此,过短的合规考察期限无法满足复杂的合规整改工作的需要。

另一方面,我国刑事诉讼法对检察机关的审查起诉期限有严格的要求。依据我国《刑事诉讼法》第一百七十二条之规定,人民检察院对于监察机关、公安机关移送起诉的案件,应当在 1 个月以内作出决定,重大、复杂的案件,可以延长 15 日;犯罪嫌疑人认罪认罚,符合速裁程序适用条件的,应当在 10 日以内作出决定,对可能判处的有期徒刑超过 1 年的,可以延长至 15 日。因此,尽管涉案企

---

① 陈瑞华:《刑事诉讼的合规激励模式》,《中国法学》2020 年第 6 期。
② 曾磊、刘雪婵:《企业刑事合规不起诉的立法检视与路径考量》,《政法学刊》2022 年第 2 期。

业的合规考察需要较长期限,但在犯罪追诉过程中,案件也应当及时得到司法机关的处理,不得随意拖延办案期限,这与需要较长时间的涉案企业合规整改工作相冲突。[①] 在企业合规案件办理中,如果检察机关要求涉案企业在较长时间内进行合规整改,但由于审查起诉期限的限制,也不便给予涉案企业太长的整改期限,以免拖延了诉讼。

显然,起诉阶段的审查起诉期限与合规整改的考验期设置不协调,已经严重影响到了企业合规暂缓起诉等重要程序的实施,立法应及时予以调整。

### 三、涉案企业合规整改的第三方监督评估机制不完善

涉案企业在起诉阶段开展的合规整改能否切实、有效、深入,是否建立真实性与可行性的合规计划,是检察机关作出起诉与否或者请求从宽处罚决定的重要参考要素。因此,第三方监督评估机制对合规整改专业、独立、准确的评估验收,意义重大。2021 年 6 月 3 日,最高人民检察院联合多部门发布《关于建立涉案企业合规第三方监督评估机制的指导意见(试行)》,对第三方监督评估机制的组成职责、监管机制的启动运行等内容进行了具体规定。2022 年 4 月 19 日,最高检、司法部等九部委联合发布的《涉案企业合规建设、评估和审查办法(试行)》也对第三方组织的评估验收标准、方法等作出了规定。但从整体来看,我国的第三方组织的运作还属于探索阶段,许多重大问题尚未明确。包括:

#### 1. 涉案企业的合规整改如何认定有效

在涉案企业合规整改的第三方监督评估工作开展中,评估企业合规计划是否合格是其中的重要环节,也是检察机关作出起诉、不起诉等决定的重要性依据。第三方开展监督评估的程序为:涉案企业应检察机关要求开展合规整改,并在合规不起诉考察期限期满后接受第三方监督评估,由监督评估机构向检察机关出具涉案企业合规整改的评估报告以及意见,检察机关据此作出决定。在英美国家的企业合规制度中,由司法机关审视涉案企业是否完成暂缓不起诉协议所确定的条件,据此判断对涉案企业合规整改评估结果有效性的认定与否。美国暂缓不起诉制度所规定的条件一般包括:承认被指控的犯罪事实;声明接受监管并不再实施违法犯罪行为;不得对暂缓不起诉提出异议等等。对于自然人犯罪,在其遵循完毕暂缓不起诉协议中的规定条件之后,可以获得撤回起诉的待遇,不需要第三方评估监督参与其中。但对于涉案企业,因其在暂缓起诉协议制度中需要开展合规整改,建设或完善合规计划,所开展工作更为复杂。对此,美

---

① 杨宇冠:《企业合规与刑事诉讼法修改》,《中国刑事法杂志》2021 年第 6 期。

国司法部于 2020 年 6 月 1 日发布《公司合规计划评估指导文件》(Evaluation of Corporate Compliance Programs Guidance Document),其中提出:为评估涉案企业所开展的合规整改,有关部门应当考虑企业合规计划设计是否完善;合规整改实施是否真实、认真;涉案企业建立或完善的合规计划是否有效。[①] 如何认定涉案企业合规整改是否符合验收标准,应当根据具体案情进行认定。由于存在税务和环保问题等较强的专业性问题,有效性认定也较为复杂。美国司法部反垄断局(U. S. Department of Justice Antitrust Division)因此制定了《企业合规计划反垄断调查评估指南》( Evaluation of Corporate Compliance Programs in Criminal Antitrust Investigations),对涉嫌垄断的企业合规案件评估提供指导。[②] 可见,域外对于合规整改的有效性认定问题进行了一系列的探索,并进行了制度拟定和实践适用,而我国当前企业合规仍处于初步发展阶段,合规整改的有效性认定工作开展尚显不足,有效性标准还未全面确立。

2. 第三方监督评估存在违法风险

第三方监督评估主体依照规定对涉案企业的合规整改过程进行监督评估,行使一定监督职权,但如果对其不加束缚,权利本身的存在可能会滋生腐败,引发违法犯罪风险。涉案企业所开展的合规整改是否有效,检察机关对此认定时主要依据第三方的监督评估结果。因此,涉案企业仰赖于第三方工作的开展,二者之间存在监督与被监督的关系,不正当的利益输送很难避免。为避免上述风险,《关于建立涉案企业合规第三方监督评估机制的指导意见(试行)》第 8 条规定,第三方机制管委会对选任组成的第三方组织及其成员开展日常监督和巡回检查;对第三方组织的成员违反本指导意见的规定,或者实施其他违反社会公德、职业伦理的行为,严重损害第三方组织形象或公信力的,及时向有关主管机关、协会等提出惩戒建议,涉嫌违法犯罪的,及时向公安司法机关报案或者举报,并将其列入第三方机制专业人员名录库黑名单。《涉案企业合规建设、评估和审查办法(试行)》第 18 条规定,第三方机制管委会收到关于第三方组织或其组成人员存在行为不当或者涉嫌违法犯罪的反映、异议,或者人民检察院收到上述内容的申诉、控告的,双方应当及时互相通报情况并会商提出处理建议。

---

① Evaluation of Corporate Compliance Programs Guidance Document,https://search. justice. gov/search? query=Corporate+Compliance+Programs&op=Search& affiliate=justice.

② U. S. Department of Justice Antitrust Division Evaluation of Corporate Compliance Programs in Criminal Antitrust Investigations, https://search. justice. gov/search? query = Antitrust + Division + Evaluation+of+Corporate+Compliance+Programs+in+Criminal+Antitrust+Investigations&op = Search&affiliate=justice(Introduction).

上述规定表明了国家对第三方组织进行监管的态度,但如果缺乏对第三方组织从选拔机制、考核机制到职业道德的培养、合规理念与文化的建设等全方位的、具体的、可操作的监管机制,第三方组织的廉洁也存在风险。

3.监督评估主体的人员构成单一

在涉案企业合规整改的第三方监督评估工作开展中,建立起一套完善的第三方监督评估人选任机制尤为重要。第三方监督评估人选任机制的科学严密有利于选任出专业、公正、负责的监督评估人。监督评估主体的构成应当体现出客观性和专业性,因此需要形成对第三方机构的监督机制,防止第三方监督评估机构内部人员的徇私舞弊,以维护合规整改监督评估公正性和真实性。

从我国当前改革试点实践来看,许多地区检察院所聘请的第三方监督评估人员主要是律师群体。如根据深圳市宝安区司法局2020年8月发布的《关于企业刑事合规独立监控人选任及管理规定(试行)》,深圳市宝安区司法局选任产生的第一批企业刑事合规独立监控人主要是律师。如果第三方监督评估人员构成过于单一,则很难保证监督评估人员的专业性和客观性。

## 第三节 我国企业犯罪起诉阶段的程序完善

### 一、加强合规不起诉制度改革

刑事合规的程序分流,可通过程序改良和模式嵌入,实现多样化的选择。尤其是相对不起诉与附条件不起诉,都属于检察机关裁量不起诉范畴,可以非常便利、有效地适用于刑事合规的程序激励。甚至可以说,美国企业刑事合规中的两种基本类型"暂缓起诉协议"以及"不起诉协议"业已存在于我国的刑事诉讼法。[①] 因此,我国对企业合规制度进行改革探索,应当充分利用现有刑事诉讼法不起诉模式的制度基础和既有资源,畅通我国刑事不起诉到刑事合规之间的路径,在现有刑事诉讼制度基础上构建我国的企业合规不起诉制度,以减少修法幅度和改革阻力。在具体实现路径上,对于企业责任人可能被判处3年以上7年以下有期徒刑[②]的企业犯罪案件,检察机关应适用附条件不起诉,对于企业责任人可能被判处3年以下有期徒刑的企业犯罪案件,检察机关可根据其合规情况

---

① 叶良芳:《美国法人审前转处协议制度的发展》,《中国刑事法杂志》2014年第3期。
② 叶良芳:《美国法人审前转处协议制度的发展》,《中国刑事法杂志》2014年第3期。

决定是否适用相对不起诉。① 对于可判 3 年以下有期徒刑的案件,可对企业或企业负责人适用合规相对不起诉。需要指出的是,当前我国刑法对单位犯罪采用"双罚制",即企业涉嫌犯罪的,对企业判处罚金,对其直接负责的主管人员和其他直接责任人员判处相应刑罚。如果对企业适用合规不起诉,对企业负责人和直接责任人员是否也应不起诉? 对上述问题的处理,检察机关必须分情况进行处理:如果企业以事前合规作为抗辩或出罪事由获得不起诉的,企业负责人和直接责任人员符合个人犯罪的犯罪构成的,可对其进行个人犯罪的追诉,实现企业与个人刑事责任的切割。如企业以事后合规建设承诺获得不起诉的,检察机关可根据情况对企业负责人和直接责任人员决定是否追诉。换言之,可以不起诉,也可以起诉。毕竟,刑事合规的目的在于最大程度地保护企业和企业家。② 而且,我国企业的性质、规模、业务范围复杂多样,大量企业"老板即企业",企业家与企业有着密切的利害关系,责任难以区分,在起诉与否上,必须给检察机关留有一定的裁量空间。此种情况下,需要刑法对单位犯罪的犯罪构成、归责、处罚原则做出相应的调整,为对企业和自然人的合规不起诉提供实体法的依据。

1.涉案企业适用附条件不起诉制度的路径实现

(1)将刑事合规作为决定附条件不起诉的裁量情节

对于轻罪以上的企业犯罪,实体法的合规激励尚显不足。因此,可以实现程序法上的补充性激励机制作用,即将企业合规与附条件不起诉建立联系,如果企业有良好的合规计划,或者向检察机关承诺建立、完善合规计划,就可以对其进行附条件不起诉。③ 企业自己以为是严格依照了守法计划来作业,但因为不了解相关信息而导致犯罪,有"相当的理由"误以为其行为没有违法性,可以免除或降低其刑事责任。④ 涉嫌犯罪的企业如果能够证明自己已经设立了有效的刑事合规体系,企业已经尽了全力去预防相关的犯罪发生,则可推定企业对犯罪的发生无过错或过错程度降低。而有无过错或过错程度显然是检察官裁量是否起诉的一个重要考量。面对此种情况,通常会要求企业承担举证责任,同时检察官也会积极主动的评估企业已有的合规体系是否有效。将刑事合规作为决定附条件不起诉的裁量情节,前提是刑法必须在企业犯罪的规定中明确刑事合规对犯罪构成、刑事责任承担的影响效力。

---

① 陈瑞华:《企业合规不起诉的八大争议问题》,《中国法律评论》2021 年第 4 期。
② 姜涛:《企业刑事合规不起诉的实体法根据》,《东方法学》2022 年第 3 期。
③ 李本灿:《法治化营商环境建设的合规机制——以刑事合规为中心》,《法学研究》2021 年第 1 期。
④ 〔日〕甲斐克则:《守法计划和企业的刑事责任》,但见亮译,载陈泽宪主编:《刑事法前沿》(第三卷),北京:中国人民公安大学出版社 2006 年版,第 357 页。

（2）刑事程序法对企业合规附条件不起诉的调整

对于刑事合规中适用最为广泛的附条件不起诉，我国从 20 世纪末的探索试点、2012 年《刑事诉讼法》的正式确立，至今已经过 30 年的平稳发展。附条件不起诉，又称缓诉、暂缓起诉、暂缓不起诉、起诉保留等等，[①]主要内容为现行《刑事诉讼法》第二百八十二条规定的"对于未成年人涉嫌刑法分则第四章、第五章、第六章规定的犯罪，可能判处一年有期徒刑以下刑罚，符合起诉条件，但有悔罪表现的，人民检察院可以作出附条件不起诉的决定"。基于当前我国的附条件不起诉只针对未成年犯罪，如果适用刑事合规，尚需对立法进行技术处理。因此，我国企业合规附条件不起诉制度应当由现行刑事诉讼法中所规定的未成年人附条件不起诉制度进行改造。从域外企业暂缓起诉制度发展历程可以看出，我国当前企业附条件不起诉已具备未成年人附条件不起诉的制度基础，如美国的暂缓起诉协议制度建立之初就是通过改造少年司法领域的暂缓起诉制度。在具体设想上，我国立法应当将《刑事诉讼法》第二百八十二条规定的附条件不起诉范围扩大到企业犯罪，具体对象既包含企业，又包含企业的负责人、管理者等自然人。罪名突破刑法分则第四、五、六章罪名的限制，对除了涉及国家安全、国家利益的罪名外，均可适用附条件不起诉。[②]所附条件为设置一定的考验期和应遵守的义务，待考验期满再根据犯罪嫌疑人在考验期内的表现，决定是否最终起诉或不起诉。其运行模式与美国刑事合规中的 DPA 基本相同。将此条规定的范围扩大到企业犯罪，即可形成合规附条件不起诉的程序激励，实现合规在起诉阶段的程序分流。并结合国家当前重点关于中央企业、经营企业的合规立法，可将中央企业、大型企业首先作为附条件不起诉的试点对象，原因在于附条件不起诉的所附条件包含处以高额罚款的检察建议、有效的合规整改评估、严格的整改期限等，中央企业和大型企业承受能力较大。同时，未成年人附条件不起诉仅适用于"可能判处一年有期徒刑以下刑罚"的犯罪，范围过窄。为对企业犯罪案件适用附条件不起诉，可放宽至单位负责人以及主管人员可能判处 3 年以上 7 年以下刑罚的案件，适用于轻罪以上的企业犯罪。而为确保制度设计的稳妥，待改革成熟后，再逐步扩大合规附条件不起诉案件的适用范围。[③]其次，可借鉴美国联邦司法部 1999 年发布的"企业诉讼指南"的形式，将检察机关起诉企业犯罪案件

---

[①]　中国的立法及学术研究通常称为附条件不起诉，国外却多表述为暂缓起诉。本书研究中根据语境，不做区分。

[②]　北京市海淀区人民检察院课题组：《附条件不起诉实证研究报告》，《国家检察官学院学报》2017 年第 3 期。

[③]　杨帆：《刑事合规附条件不起诉的立法应对》，《中国刑事法杂志》2020 年第 3 期。

适用附条件不起诉的具体程序进行专项规定,供检察机关司法操作。将未成年人附条件不起诉制度适用对象扩大至企业和企业责任人,具有一定可行性,有利于减少立法难度,维护法律的相对稳定性。

2.涉案企业适用相对不起诉制度的完善

(1)强化企业合规相对不起诉与检察建议组合的运用效果

检察建议是人民检察院履行法律监督职责的重要方式。在企业刑事合规司法程序中,检察机关通过合规审查,发现企业符合相对不起诉条件的,可要求企业按照检察建议进行整改,并将整改情况作为是否决定相对不起诉的重要依据。这一做法实现了我国在建立合规不起诉制度之前,对企业轻罪的相对不起诉。当前,各地检察机关在刑事合规试点改革期间,较多地采用了相对不起诉与检察建议组合运用的模式。但是因为缺乏明确的法律规定,各地做法不一。需要明确的是,相对不起诉与检察建议组合运用,只能针对 3 年以下有期徒刑、自愿认罪认罚、符合相对不起诉条件、有挽救可能的涉案企业或企业负责人。在具体操作中,应提升检察建议的刚性,督促涉案企业建立有效的合规管理体系。将相对不起诉与检察建议组合运用的模式融入对涉案企业的溯源治理、综合治理、创新治理,实现检察机关的能动履职。

(2)刑事程序法对企业合规相对不起诉的调整

针对企业单位中的自然人可能被判处刑罚在三年以上有期徒刑的企业犯罪案件,可以通过调整附条件不起诉制度的适用对象范围,对这类涉案企业实现不起诉,但对于轻罪以下的企业犯罪,则需要通过相对不起诉进行有效区分和承接。详言之,企业合规相对不起诉的范围可以与缓刑相衔接,对于企业犯罪中自然人可能判处拘役或者 3 年以下有期徒刑的案件,检察院可根据具体情况作出是否酌定不起诉的决定。因此,需要在我国现行《刑事诉讼法》第一百七十七条关于相对不起诉的规定中增加一款:"对于可能被判处 3 年有期徒刑以下刑罚的单位犯罪及其负责人,根据单位建立与实施合规计划的情况,人民检察院可以作出合规相对不起诉的决定"。我国相对不起诉制度因此得到扩充,既可以在原规定的轻微自然人犯罪中适用,也可以适用于犯罪情节较轻且建立并实施合规计划的涉案企业及其责任人。为防止企业合规相对不起诉裁量权未来被滥用,还应当设置更加严苛的审批条件,例如引入法院的司法审查、加强对相对不起诉的社会监督等。

## 二、合理延长企业合规不起诉的考察期限并独立于办案期限

当前未成年人附条件不起诉的考验期是 6 个月以上 1 年以下,考虑到企业

的情况差异较大,且重建合规体系需要一段较长的时间,所以企业合规附条件不起诉的考验期应相对宽泛,可定为 6 个月以上,3 年以下,并且应当独立于审查起诉期限。也就是说,审查起诉期限在检察机关收到移送起诉的企业犯罪案件之日起开始计算,若检察机关认为符合企业合规附条件不起诉的条件,可以做出附条件不起诉的决定,此时审查起诉期限中止,开始计算考察期限,待考察期限届满后,审查起诉期限继续计算。

域外关于企业合规不起诉考察期限的规定也各不相同,有的国家规定为 1 年至 3 年,有的国家规定为 6 个月。合规整改效果与司法效率也都应得到兼顾,因此考验期限不宜过长或过短,过短难以对企业合规整改形成充足的时间供给,过长则有违及时审理规则,不利于实现司法效率。检察机关应当根据企业合规整改的具体要求、企业规模和涉案罪名等因素来确定涉案企业设置企业合规不起诉考察期限。在现有制度框架下,企业合规不起诉的考察期限普遍较短,各类企业在短短几个月或一年时间里建立起完善的合规计划难度较大。因此可将期限确定为最高 3 年,最低 6 个月。而不同的考察期限于企业而言可开展不同的合规整改。如果企业合规不起诉考察期限较长,企业可以就此建立起全面的合规计划,预防绝大部分的刑事法律风险。如果期限较短,企业可以就此建立起针对性的合规计划。但如果检察机关要求涉案企业在较短的合规不起诉考察期限内建立起全面的合规计划时,涉案企业则可能为了迎合合规整改监督者的要求和审查标准进行形式上的合规整改,而不能针对企业实际法律风险进行整改,导致企业需求无法满足,仅获得程序上的轻缓处理。[①] 同时,针对企业的不同规模,合规不起诉考验期的设置也应不同,中小微企业的合规不起诉考察期限可以为 6 个月以上,1 年以下,大型企业为一年至两年,超大型企业可以达到最高期限 3 年,重罪案件的考验期则长于轻罪案件。

总之,涉案企业合规不起诉的考察期限可以定为 6 个月以上 3 年以下,并应当根据不同的涉案企业合规整改情况和企业规模、涉案罪名等因素进行区别,期限设置尽可能实现灵活应对与科学设计,有利于企业根据检察机关意见开展有效的合规整改。

### 三、完善企业合规整改的第三方监督评估机制

检察官在裁量是否起诉涉案企业时,除了会评估企业的过去和现在的合规状况,还会担忧企业被追诉定罪而产生的水波效应,从远景的角度为企业留下一

---

① 周洪波、谢睿:《企业刑事合规整改方式研究》,《江汉论坛》2022 年第 5 期。

线生机。换取这一线生机的是企业必须按照要求制定新的、切实可行的、行之有效的合规计划。因此,所有被附条件不起诉或暂缓起诉的涉案企业都必须在协议中承诺建立令检察官满意的合规计划。以美国检察官适用暂缓起诉第一案——Salomon Brothers 案为例,在该案中,被告公司因涉嫌证券诈骗面临刑事指控,但其全面配合检方调查,支付罚金和损害赔偿,改革人事制度,并制定一系列内控措施,重塑公司文化,最后获得奥托·奥伯迈尔(Otto Obermaier)检察官认可,被决定暂不进行刑事控诉。① 这一刑事合规计划尚处于考验期,具体而言,合规计划经过审核评估且得到实施,达到预期效果的,企业将会最终免予被诉。如果未形成有效计划或计划未得到实施,企业将会被正式起诉。因此,企业的刑事合规计划有效性应得到有关组织的评估,域外通用第三方评估的路径,我国在企业合规改革实践中也在推行第三方评估机制,但这一机制的实施还需从以下几个方面进一步完善。

1. 规范第三方监督评估人的选任机制

(1)进行第三方监督评估人资质审查

独立、尽职的第三方监督评估人是刑事合规程序中的重要主体,也是刑事合规程序顺利推进的保障。在刑事诉讼中,第三方监督评估人地位、权利、义务及其选任,都应有完备的法律规定。因此,第三方监督评估工作开展应当注重监督评估人专业资质的审查与程序正当的把控,形成资格审查的规范性文件,确保第三方监督评估人资质合格,同时需要完善选任的程序,实现程序规范,保证选任结果公正。在第三方监督评估人的选任程序上,应当秉持客观、公正、公开的原则,并成立第三方监督评估人选任与管理委员会,负责第三方监督评估人的选任及管理工作。由第三方监督评估人选任与管理委员会出台选任细则,并组织选任的报名与审核工作。我国可以采取申请审核方式,由意向报名者提交申请材料,管理委员会组织专业人员双向匿名审核,以便于公正地选出合适的第三方监督评估人。

(2)扩大第三方监督评估人来源

为确保第三方监督评估人资质合格,应当要求第三方监督评估人具备足够的政策、法律、财务、管理等专业知识。监管人可为律师、审计师、会计师等专业个人,也可为工商联、企业协会等组织体。② 而现今各地开展企业合规的改革探

---

① Lauren Giudice, "Regulating Corporation: Analyzing Uncertainty in Current Foreign Corrupt Practices Act Enforcement," Boston University Law Review, vol. 9(2011), p. 362.

② 周绪平:《企业合规第三方监管制度的构建》,《人民检察》2021 年第 9 期。

索多是律师群体作为第三方监督评估人,因此需要扩大第三方来源,积极吸纳其他职业群体参与其中。由于涉案企业开展合规涉及多方面专业知识,律师群体法律专业水平强,但针对环保整改、财务等方面相对专业不足,各领域专业人士的介入有利于加强合规整改评估的专业性,实现效率与公平的兼顾。

2. 第三方评估严格依据有效合规原则

有效的刑事合规体系、合规计划(包括已有的和将来承诺的)是整个制度的基础,是换取实体和程序从宽的筹码。第三方组织在审查涉案企业的合规计划、合规承诺以及制定第三方评估验收指标时,都必须以有效合规作为指导思想。为坚持有效合规原则,我国也应根据行业、企业规模、所涉罪名等要素,确立合规有效性的具体标准,为第三方监督评估的工作开展提供明确的可遵循依据。第三方组织对涉案企业必须进行全过程的动态监督,确保掌握企业合规整改的全面、真实,实现涉案企业长期有效合规和实质有效合规。

3. 保障第三方专家的客观、中立、专业的履职

第三方专家在刑事合规中具有独立的身份,根据自己对企业的观察和专业知识,提出最后的考评意见。任何个人、组织、单位不能通过利诱、威胁等方式,影响专家的评估。在第三方专家履职之前,第三方机制管委会应对专家进行全面的培训,明确专家的权利、义务。此外,第三方机制管委会应加强对第三方组织和专家的监督考评,实现全过程登记留痕和动态监督,如制定第三方专家的行为守则、组织对第三方专家的考评等。人民检察院发现第三方专家存在涉嫌违法和犯罪行为的,也应及时制止,必要时采取调查手段,发挥外部监督作用,防止第三方廉洁风险出现。

# 第七章　企业合规的刑事司法程序改造

## ——审判阶段

### A、B 公司虚开增值税发票案 *

　　上海市宝山区检察院于 2020 年办理了一起企业虚开增值税发票案,被告单位分别是上海市某医疗 A 公司(以下简称 A 公司)、上海市某科技 B 公司(以下简称 B 公司),被告人关某某是 A、B 两家公司实际控制人。2016 年至 2018 年 6 月间,关某某在经营 A、B 公司主要业务期间,在没有进行真实货物交易的情形下,通过朋友许某的介绍,采取支付开票费的方式,让他人为上述两家公司虚开增值税专用发票共达 219 份,价税共计 2887 余万元,其中,税款 419 万已完成申报抵扣。

　　2019 年 10 月,被告人关某某到案后如实供述其实施的犯罪行为,并且及时向税务机关补缴了两家公司涉案税款。此后,上海市宝山区公安机关对 A、B 公司、关某某开展了一系列侦查、检查、讯问等活动,同时对涉罪企业、具体涉案人员等情况进行了详细了解,并于 2020 年 6 月以 A、B 公司、关某某涉嫌虚开增值税专用发票罪移送上海市宝山区检察机关审查起诉。上海市宝山区检察机关在受理该案后,积极走访涉案企业,及时了解企业有关经营情况,同时也向当地政府和税务部门了解企业纳税以及当地容纳就业等详细情况。经调查发现,A 公司属于我国科技领域的医疗公司、B 公司属于上海市高新技术领域的科技公司,两家公司独立研发实力均十分雄厚,对当地的经济发展与就业保障也起到了很

---

　　* 本案例援引自最高人民检察院于 2021 年 6 月 3 日发布的关于企业合规的第一批指导性案例——海南文昌市 S 公司、翁某某掩饰、隐瞒犯罪所得案。上海市 A 公司、B 公司、关某某虚开增值税专用发票案。

大的推动作用。此外,检察机关考虑到两家公司的实际控制人关某某、高管以及员工学历、综合素质方面普遍较高,对合规体系建设的接受度、积极性、执行力均较强,因而在较大程度上能够确保合规体系建设的可行性与有效性。同时,检察机关还考虑到涉案企业的涉罪类型属于企业常见高发的涉税类犯罪,此类犯罪有迫切的办案需要。而且该类案件的犯罪单位通过合规整改后能够做到规范经营,重焕生机的可能性较高,这也能够最大化发挥涉罪企业合规的制度价值。基于上述考虑,上海市宝山区检察机关遂督促涉罪企业作出合规承诺并开展合规体系建设。

在 A、B 公司合规整改过程中,为确保涉罪企业合规整改的实效性能够得到保障,检察机关先后多次赴税务机关了解涉罪企业税款缴纳情况,并对税务机关提供的有关 A、B 公司纳税材料以及涉案税额补缴情况进行核实。此外,检察机关在办案过程中得到了关某某所提供的有关案件侦破的重要线索,通过进一步对关某某在审查起诉阶段提出的立功线索进行补充侦查,在确保该线索真实有效,并能够为公安机关节省一定的司法资源后,认定了关某某具有立功的情节。2020 年 11 月,检察机关考虑到涉罪企业及其直接负责的主管人员到案后如实供述罪行,愿意接受处罚,在督促企业作出合规承诺并开展合规建设的同时,通过适用认罪认罚从宽制度,坚持和落实能不判实刑的提出判缓刑的量刑建议等司法政策,争取努力让企业"活下来""留得住""经营得好",取得更好的司法办案效果。随后,检察机关对 A、B 公司、关某某以涉嫌虚开增值税专用发票罪提起公诉,同时推动刑事合规与适用认罪认罚从宽制度相结合。12 月,上海市宝山区人民法院采纳了检察机关对被告人关某某以及涉案企业提出的全部量刑建议,最终以虚开增值税专用发票最分别判处 A 公司罚金 15 万元,B 公司罚金 6 万元,被告人关某某有期徒刑 3 年,缓期 5 年执行。

法院在生效判决作出后,为推动涉罪企业深化、落实合规体系建设,避免合规整改走过场、流于形式,避免出现"纸面合规""虚假合规"以及涉罪企业试图通过合规"装点门面"等情形,检察机关联合税务机关上门回访涉罪企业合规体系建设情况。在回访过程中,检察机关发现涉罪企业在预防违法犯罪方面制度不健全、不落实,管理不完善,违法犯罪隐患需要及时消除。于是,检察机关向涉罪企业制发检察建议并公开予以宣告,建议其进一步加强合法依规经营意识、严控合规体系建设流程、努力提升税收筹划能力和成本控制能力。检察建议做出后,检察机关收到了涉案企业对检察建议的回复,并再次联合税务部门考察涉案企业的合规体系建设。经考察,发现涉案企业已经逐步建立合规审计制度、合规内部调查制度、合规内部举报制度等有效合规体系,并且自行聘请律师、会计师等合规专业人士进行税收筹划,在一定程度上大幅节约了企业生产经营成本,提高了市场整体占有率。

## 评述

检察机关作为刑事合规改革的主导机关,在此案的合规建设中做了大量的工作。但是依法推进刑事合规改革,法院在审判阶段的把关与监督,是保障刑事合规公平、公开、公正的有效屏障。本案对刑事合规审判程序的改革具有以下几个启示:

### 一、强化以法官为主导的司法审查

刑事合规是协商性司法的产物,是"社会共治"理念的体现,而不应是检察机关与涉罪企业各自上演的一场"独角戏"。从比较法的视野而言,在如何有效制约检察机关自由裁量权这一问题上,域外国家一般采用以下两种模式,一是美国检察官所采用的内部控制模式,二是在前者基础上矫正后所形成的司法审查模式。① 毫无疑问,两种模式对各自所在国刑事合规制度的发展都起到了一定的推动作用。两者的主要区别在于,前者对检察机关自由裁量权的制约较小,法官对检察机关与涉罪企业达成的有关协议一般只做形式审查,后者则在一定程度上形成了以法官为主导的司法审查。对此,有学者提出,鉴于美国合规执法机关侦查权与起诉权滥用的深刻教训,凡涉及企业重大利益处分的相关事项,都应当成为法官司法审查的内容。②

当前,刑事合规改革试点在我国正处于探索阶段,存在合规整改有效性缺失、合规整改验收标准尚不明确等诸多困境。本案中,法院采纳检察机关量刑建议并作出判决后,检察机关为进一步确保涉罪企业合规整改的有效性,联合税务机关上门回访涉案企业。在回访过程中,发现涉罪企业合规整改尚未到位,尤其是在预防违法犯罪行为方面存在合规体系建设不健全、不落实、管理不完善等诸多问题,检察机关因此向涉罪企业制发了检察建议并公开予以宣告。可见,实践中涉案企业合规整改有效性难以保证,部分涉案企业存在试图通过实施"虚假合规"换取司法机关机关量刑从轻之嫌。基于此,对于进入审判阶段的企业犯罪案件,法官应当对涉案企业的合规整改有效性等诸多方面进行实质审查,审查后再考虑是否对涉案企业及责任人从宽处罚。因为一旦有关涉罪企业案件进入到审

---

① 唐彬彬:《检察机关合规不起诉裁量权限制的三种模式》,《法制与社会发展》2022 年第 1 期。
② 杨帆:《企业刑事合规的程序应对》,《法学杂志》2022 年第 1 期。

判阶段,就意味着检察机关无法单独对涉罪企业责任作出不起诉处理,只能转而走向合规从宽量刑的道路。原因在于,该类涉罪企业及其自然人的法定量刑幅度普遍较高,合规整改的难度较大,对国家社会所造成的损害程度也相对较深,不宜适用不起诉的相关规定。但实际上,企业犯罪追诉的审判阶段强化法官实质审查既能减少、避免检察机关联合行政机关后续冗长的复查、回访环节,又能够在一定程度上确保涉案企业合规整改切实奏效。①

## 二、坚持司法独立原则

相对于检察机关对涉罪企业在侦查、起诉阶段所发挥的作用,法院在审判阶段开展刑事合规的空间十分有限,一般主要围绕涉罪企业及其责任人是否从宽处罚或者决定适用缓刑两个方面进行展开。② 本案中,法官在采纳检察机关全部量刑建议并作出生效判决后,检察机关后续仍然发现涉案企业合规整改尚不完备,这不仅暴露出检察机关对涉罪企业合规整改有效性评估、验收存在缺陷,也体现出法官在庭审阶段没有发挥实质性作用。此时法官在一定程度上更多只是检察机关量刑建议的执行者,而不是庭审阶段的主导者。有鉴于此,为避免A、B公司等类似“虚假整改”的情形再次出现,法官对涉案企业及其责任人从宽处罚或者决定适用缓刑时,应当坚持自身审判的司法独立原则,自主独立认定涉案企业是否符合缓刑适用条件,而不是一味采纳检察机关的量刑建议。

具体而言,对于检察机关有关涉案企业的量刑建议,法院可以分以下三种情况进行处理:一是全部予以采纳,即法官根据合规裁判规则对涉罪企业的有关情况进行实质审查,发现涉罪企业合规整改情况属实,直接按照检察机关的量刑建议对涉罪企业及自然人作出相应判决;二是部分予以采纳,即法官仅对自己认可的部分予以采纳,不予认可的部分依法作出判决;三是全部不予采纳,即涉罪企业合规整改与实际情况不符,此时法官可以直接依法作出相应判决。此外,针对生效的企业刑事合规裁判,法院倘若发现认定事实或法律适用错误,可依法启动再审程序。本案中,如果检察机关事后开展合规调查,发现上述情形是由于公司实际控制人关某某缺乏合规意愿性,试图通过“虚假合规”以换取司法机关的“宽大处理”。此时,法院可以以认定事实错误为由而依法启动审判监督程序,进而撤销对涉案企业及其责任人的生效判决,甚至可以加重责任人的刑罚处罚。

---

① 马明亮:《作为犯罪治理方式的企业合规》,《政法论坛》2020年第3期。
② 李传轩:《绿色治理视角下企业环境刑事合规制度的构建》,《法学》2022年第3期。

### 三、实现刑事合规在审判阶段启动

一般情况下，企业刑事合规可以在侦查、起诉阶段启动。因此，大量的合规建设工作在审前已经完成，法官的参与非常有限，法官的合规作为空间也较小。实际上，在审判阶段，法官在听取检察机关意见并征得涉罪企业及其责任人同意后，也可以对涉罪企业启动刑事合规。本案中，涉罪企业虚开增值税专用发票共达 219 份，税款数额共计 2887 余万元，属于典型的单位犯罪案件。检察机关考虑到 A、B 公司的属于当地高新民营企业，并且关某某作为 A、B 公司实际控制人，一旦对企业家判处实刑，可能会严重影响到企业生产经营以及社会就业等问题。基于此，检察机关在向法院提交量刑建议时，尽可能在法律规定范围内对关某某从轻处罚，进而为法院适用缓刑的相关规定提供前提条件。但是，如果检察机关在侦查、起诉阶段出现疏漏，并没有对涉案企业及其自然人适用刑事合规，而是直接提起公诉，此时法官倘若不能主动适用此项激励措施，很有可能影响到涉罪企业的合法权益，进而导致"同案不同判""同罪不同罚"等情形。因此，对此疏漏，应当赋予法官在审判阶段启动刑事合规程序的职权。

刑事合规与认罪认罚从宽制度同属于协商性司法的产物，两者在制度层面上具有一定的同源性。具体而言，认罪认罚从宽制度是以犯罪嫌疑人、被告人主观上承认罪行，客观上接受处罚为适用前提，并且该制度贯穿于侦查、起诉、审判诉讼阶段。与此类似的是，刑事合规在适用时也以涉案企业及其自然人认罪认罚且停止犯罪行为为前提。同时，刑事合规在启动前，司法机关还会对涉案企业在当地纳税、创造就业岗位以及所造成的社会损害等情况进行综合评估，最终决定是否对涉罪企业启动刑事合规。应当注意到的是，刑事合规程序的启动条件相较于认罪认罚从宽制度更为严格，更加注重多方主体的共同参与，更符合公私合作以及刑事合规合力"共治"的核心理念。因此，侦查、起诉甚至审判阶段都可以成为刑事合规的启动阶段。

# 第一节　刑事合规审判的域外特色和经验

西方国家刑事合规的主要工作均在起诉阶段完成，但案件起诉到了法院之后，审判阶段的刑事合规也有一些特色做法。

## 一、美国司法裁判的合规从宽量刑

美国法律将企业的合规计划建立与实施规定为量刑情节。在审判阶段，如果企业构成了犯罪，可以评估自身的合规计划建立和实施情况，并提供评估报告，在法庭出示获得认可后可以起到自身刑事责任承担的减免作用。美国联邦量刑委员会在 1992 年颁布了《联邦量刑指南》，其中第 8 章规定，被告企业如果在实施犯罪之前就制定并实施了合规计划，在犯罪之后积极与执法机关合作而且主动承担责任的，可以降低罚金数额。① 由此可见，在美国，如果企业实施了犯罪行为，但是因其具有完备的合规计划，可以说明其在生产经营过程中履行了合理的注意义务，法院因此可以予以肯定。企业在被调查期间还可以完善合规计划，尽力消除损害后果，赔偿被害人，接受有关部门的合规验收；同时又可以积极举证自身履行的合规注意义务，在审判阶段行使量刑抗辩权利。

## 二、加拿大对企业宣告缓刑与对暂缓起诉协议的审查

加拿大刑事合规在审判阶段的应用表现为两种形式，一种是在审判中对具备完善合规计划的企业可以宣告缓刑，另一种是法官有权对暂缓起诉协议进行审查。2011 年，加拿大的法院在一次判决中对企业被宣告缓刑的条件作出了正面要求，内容为企业所建立并实施的合规计划应当具备一些必要关键要素，包括：有效的反腐败机制、风险评估制度、高管任命直接向监管机构报告、定期培训、规避举报的报复行为、履行尽职调查义务等等。② 2018 年，加拿大修订刑法，建立了暂缓起诉协议制度，涉嫌欺诈、商业贿赂或洗钱等严重经济犯罪的企业可以和检察机关达成暂缓起诉协议。检察官与涉案企业达成暂缓起诉协议之后，应当将协议提交给法官审查。协议得到法官的批准之后还需要公开，确保公众对协议内容享有的知情权。加拿大法院对暂缓起诉协议采取严格的审查制度，法官与检察官之间不产生利益纠葛，在程序上相互监督，并且法官的履职还需要接受公众的监督，以尽最大可能维护刑事合规中的公共利益。

## 三、英国暂缓起诉的司法双重审查

英国与加拿大类似，也建立了企业合规暂缓起诉协议制度，并且暂缓起诉协

---

① 　Diana E. Murphy, The Federal Sentencing Guidelines for Organizations: a Decade of Promoting Compliance and Ethics, 87 Lowa Law Review 697, 697 (2004).

② 　Stefano Manacorda, Francesco Centonze and Gabrio Forti eds., Preventing Corporate Corruption, Springer, 2014, p. 416.

议订立之后同样需要接受法院的审查、批准和监督。英国暂缓起诉制度的显著特征表现为司法双重审查，法庭审理尤为重要。法官负责审核暂缓起诉协议的启动谈判、谈判结果、协议内容公开以及协议条款内容等等具体事项，法官有权作出审核通过与否的决定。英国《2015 年刑事程序规则——DPA》(*Criminal Procedure Rules* (2015)——*Deferred Prosecution Agreements*) 对法官审查暂缓起诉协议进行了具体规定，包括审批、违约确认、变更条款、指控延期等权限内容。

英国企业与检察官订立暂缓起诉协议之前，检察官需要向法官证明暂缓起诉协议的内容公正。英国法律制度对暂缓起诉协议制度规定了四个程序，其中的最后一个程序是法院的审查和批准。法院对暂缓起诉协议首先展开秘密的预先庭审，举行不公开的听证会，对协议内容进行审查。法官在预先庭审中可以修改暂缓起诉协议的条款内容，也可以拒绝接受该协议。随后法院再举行最终庭审，检察官向法官申请宣布暂缓起诉协议内容的公正性，在协议被批准后以公开听证会的方式公布协议内容。① 自 2014 年英国《犯罪与法院法》生效至 2018 年12 月四年多的时间里，英国检察机关一共与四家企业订立了暂缓起诉协议。其中有渣打银行曾因违反 2010 年反贿赂法第 7 条被检察机关向法院提起了诉讼。② 渣打银行随后与英国发欺诈办公室达成暂缓起诉协议，并履行完协议确立的所有义务，经法院审查批准后，起诉被撤销。

## 四、澳大利亚庭审中的企业合规抗辩事由

澳大利亚在 1974 年颁布了《贸易实践法》(*Trade Practices Act*)，该法律规定：企业为避免违法犯罪做出的预防措施以及正当程序可以作为辩护事由。显然，澳大利亚《贸易实践法》中所表述的预防措施和正当程序是合规计划的另一种表达。根据该法规定，企业为预防违法犯罪所建立并实施的合规计划在审判时可以作为正当化或责任的抗辩事由。同时，对于一些无法豁免刑事责任的企业犯罪案件，其中企业为合规计划所做出的工作可以成为法官裁量刑罚时的主要参考因素。在《贸易实践法》于 20 世纪 70 年代在澳大利亚正式施行之后，澳大利亚联邦法院开始在以企业为主体的民事和刑事裁判中考虑企业合规计划的

---

① The Mechanics of Deferred Prosecution Agreements in the UK，https：//www.gov.uk/speeches (accessed Apr.8，2019).

② SFO Agrees First UK DPA with Standard Bank，https：//SFO/News - Release/ SFOAgreesfirstUKDPAwithStandardBank (accessed Apr. 8，2019).

建立与实施情况,合规计划成为澳大利亚法院对违法犯罪企业进行刑罚裁量的考虑因素。其后,澳大利亚的竞争与消费者委员会开始引导法院庭审在裁判时要求涉案企业进行合规整改,并预防类似的违法犯罪行为发生。例如,在Universal Telecasters Ltd. v. Guthrie一案中,法官在庭审时就重点关注Universal Telecasters Ltd.所实施的合规体系是否具有有效性。

### 五、新加坡暂缓起诉后的司法审查

新加坡建立的暂缓起诉协议制度与一些西方国家不同,新加坡的法官不会提前介入到暂缓起诉协议的谈判当中,而是在暂缓起诉协议签订之后介入审查。经过法官的审查,如果暂缓起诉协议的订立内容符合司法与公共利益的要求,具体条款遵循了公平、合理以及比例原则,则说明暂缓起诉协议有效,法官应当同意通过。在暂缓起诉协议实施期间,如果检察官要与企业达成合意变更协议内容,应得到法官的同意。① 在协议约定的期限届满之后,检察官依照暂缓起诉协议规定所做出的不起诉决定应当书面告知法官,法官在同意之余,为防止企业以同一犯罪再次被起诉,还需要宣告企业无罪。

新加坡宪法规定检察官享有法定的起诉裁量权,不应受到法官的干涉。但是新加坡所建立的司法审查模式的暂缓起诉却对检察官的起诉裁量权限制较大。检察官对暂缓起诉协议只能自主决定是否启动,启动之后的签订生效、协议内容变更、期满后的起诉与否等等问题,都需要经过法官的同意。对于企业而言,企业对暂缓起诉协议所规定义务的履行不仅要受到检察官的监督,还要受到法官的监督。

# 第二节　我国企业犯罪审判程序存在的问题

### 一、我国撤回起诉的滥用影响企业刑事合规的实施

1. 撤回起诉的无规制滥用

在我国的司法实践中,撤回起诉经常被检察机关利用以规避法院的无罪判决。法院也会建议检察机关撤回起诉,避免无罪判决的作出或造成案件久拖不决。检察机关作出撤回起诉决定时,还需要作出不起诉决定,才能使得诉讼程序

---

① 唐益亮:《新加坡企业合规不起诉的结构与特色》,《人民法院报》2021年7月23日,第8版。

终结。起诉被撤回之后，根据一事不再理原则，该案不得再次向同一法院起诉。但是《人民检察院刑事诉讼规则》却规定，对于撤回起诉的案件如果有新的证据检察机关就可以再次起诉。当新证据被发现之后，撤回起诉的案件就可以再次进入诉讼程序，这种做法有违反一事不再理原则之嫌疑。

同时，我国法院对撤回起诉的审查流于形式，审判权对检察权的行使制约不足。在我国以往企业犯罪追诉的司法实践中，一般在检察院作出撤回起诉的申请时，法院都会准许撤诉，对检察机关撤诉的原因不会过多关注。许多申请撤回起诉的法律文书对撤诉原因并无说明，法院的具体审查意见也同样语焉不详。企业犯罪案件的撤回起诉几乎是只要提起就可以获得准许，说明我国法院对撤回起诉的审查没有履行到审慎义务。①

2. 撤回起诉制度影响企业刑事合规的实施

根据《人民检察院刑事诉讼规则》第四百二十四条之规定，人民检察院具有下列七种情形之一的，经检察长批准，可以撤回起诉：(1)不存在犯罪事实的；(2)犯罪事实并非被告人所为的；(3)情节显著轻微、危害不大，不认为是犯罪的；(4)证据不足或证据发生变化，不符合起诉条件的；(5)被告人因未达到刑事责任年龄，不负刑事责任的；(6)法律、司法解释发生变化导致不应当追究被告人刑事责任的；(7)其他不应当追究被告人刑事责任的。上述情形并不包含对企业合规案件的撤诉。在境外的暂缓起诉协议制度实施中，一些国家规定暂缓起诉协议需要法院审查，法院可以先作出不对此案进行审理的决定，在企业履行了协议所规定的义务之后，由法院批准撤回起诉。我国当前的企业犯罪追诉程序尚未建立暂缓起诉协议制度，现存的撤回起诉制度也不包含对企业合规的适用，在一定程度上现行撤回起诉制度无法为企业合规改革提供保障。

同时，我国撤回起诉后，检察机关再次起诉并没有太严格的条件限制。这意味着，在对企业犯罪的追诉活动中，有些案件即便因为证据不足撤回起诉，但依然无法结案，被告单位一直处于追诉的风险当中，因为将来发现新证据，检察机关可以随时启动追诉程序。企业如果无法及时从刑事追诉的风险中撤离，不利于维持企业的正常生产经营，也难以实现刑事合规的目的。

## 二、法官对司法程序的审查权缺失

长久以来我国都并未建立法官的司法审查制度，法官在企业犯罪追诉上处

---

① 魏炜：《公诉案件撤回起诉权的限制与规范——以审判权对公诉权的制约为视角》，《安徽大学学报(哲学社会科学版)》2019年第2期。

于被动、滞后的地位,无法对企业犯罪的追诉、不起诉或撤诉程序进行审查。企业涉嫌犯罪之后如果没有得到公安机关或检察机关的重视,并且未能获得立案进入刑事诉讼中,法院也无法发挥司法审查职权要求有关机关予以立案。而当前我国犯罪的立案监督机制有所欠缺,企业合规措施的启动也相应难以得到应有保障。我国现有的刑事立案监督的方式主要有控告人申请复议、公诉转自诉和人民检察院的立案监督,这三种模式应用在企业合规制度都存在缺乏中立第三者的问题。① 在企业合规制度建立之后,如果涉案企业符合企业刑事合规程序启动的标准,但是检察机关并未对之适用的,缺少司法审查权的法院也很难要求检察机关对涉案企业适用企业合规措施,涉案企业利益无法得到维护。对此,涉案企业可以提起异议,一是在检察机关对企业不适用合规程序时提出,二是在检察机关对企业合规可适用合规程序时提出。无论是在何时提起,涉案企业都应当被赋予申请立案司法审查的权利,由法官对此受理并进行审查。但法官司法审查权的缺位使得涉案企业自身权利的救济求助无门,在今后企业合规制度的施行中会导致检察权的企业合规启动裁量权得不到应有的监督和制约。

检察官的合规不起诉裁量权的行使应当符合法定程序和基本规范。从以往的企业犯罪追诉司法实践和当前的企业合规不起诉改革来看,检察官的裁量权监督制约较少,在部分涉案企业的合规整改有效性的审查方面也存在疏漏。法院的制约权行使相对不足,法律也并未确立法官的司法审查权,无法对合规计划的有效性开展严格审查。因此,如果对企业犯罪追诉权的行使缺少足够的监督制约,在企业合规的改革探索中不利于维护检察机关职能的正确行使,也很难满足保护民营企业和治理企业犯罪的现实需求。在"审判为中心"的司法原则指引下,以法院为主体,进行企业合规措施启动和合规计划有效性的司法审查,有助于维护企业合规司法程序的正当性,确保涉案企业的合规整改切实奏效,有利于保障企业刑事合规权利的实现。

### 三、未形成成熟、稳定的合规裁判规则

所谓裁判规则,指的是法官裁判具体个案时可直接遵循的准则,在不违背法律含义和公平正义的前提下创制解决个案或具有一定普遍适用意义的裁判依据。② 当前我国司法机关审理企业犯罪时并不一定审查企业合规计划的建立情况,合规计划指引也尚未成为审理企业犯罪的裁判规则。在我国企业犯罪的审

---

①　樊崇义:《刑事诉讼法学》(第 3 版),北京:法律出版社 2013 年版,第 101 页。

②　张嘉军:《论裁判规则的基本含义及其功能》,《河南财经政法大学学报》2020 年第 1 期。

判阶段,合规并没有成为排除或者减轻企业刑事责任的导向性裁判规则。尽管这种裁判规则已经在部分案例中有所体现,但还未常规性地影响企业责任。[①]比如,在甘肃方圆工程监理有限责任公司单位行贿案中,被告单位提出的辩护意见有履行社会责任等体现公司合规情况,但法院未予以任何回应。[②] 由此可见,我国的企业犯罪司法程序与合规理念还处于各自独立的状态。主要原因在于传统刑事法律将企业作为被追诉对象,法庭审理深受此种角色定位影响。尽管在近几年,尤其是企业合规改革试点工作推进后,我国部分司法机关在裁判企业犯罪案件时会将合规理念予以考虑,在审判程序中对合规计划的建立与实施情况进行审查,甚至以合规作为出罪入罪或减轻罪责的依据,但是从整体上来看,我国明显还未形成成熟、稳定的裁判规则。例如,在一些裁判案例中,有部分司法机关在判决时会考虑"合规理念",但是也并未在司法文书中使用"合规"的明确表述。[③] 合规作为成熟、稳定的裁判规则一方面取决于合规与单位责任理论之间的关系,另一方面受审判机关的司法裁判适用方式所影响。

目前我国许多企业也已经建立了有效的合规体系,这些企业大多希望能在犯罪的庭审活动中起到抗辩作用,但是我国司法机关对此却并不能积极接纳。随着我国认罪认罚制度改革的进行,检察机关在办理认罪认罚案件时需要提出量刑建议。法院对于检察机关的量刑建议一般都应当采纳。对于建立了完善合规体系的认罪认罚涉案企业,检察机关可以向法院提出相对轻缓的量刑建议。但现有刑事法律制度对此无法予以支持,合规体系的建立或实施情况作为量刑条件并未得到法律的认可和法官的采纳。[④] 并且,我国刑事诉讼法规定审判期限为两个月,人民法院判决结果要在两个月内予以宣告,最多不超过三个月。而该期限不足以让法官对涉案企业的合规体系建立或实施情况进行全面深入考察,同时也很难要求企业在这期间内建立或完善合规体系,从而在庭审中减轻罪责。法律制度对体现企业合规理念的裁判规制无法回应,企业犯罪的审判程序应当适时改造,接纳企业合规成为庭审的裁判理念、要求和价值。

① 李本灿:《法治化营商环境建设的合规机制——以刑事合规为中心》,《法学研究》2021年第1期。
② 甘肃省成县人民法院〔2018〕甘1221刑初40号刑事判决书。
③ 李本灿:《我国企业合规研究的阶段性梳理与反思》,《华东政法大学学报》2021年第4期。
④ 李奋飞:《论认罪认罚量刑建议与量刑裁决的良性互动》,《暨南学报(哲学社会科学版)》2020年第12期。

## 四、企业犯罪的量刑程序不能反映企业合规内涵

### 1.企业合规未成为企业犯罪量刑情节

我国当前企业犯罪在审判阶段中以企业合规作为量刑情节来考虑的情况并不多见,在企业涉及犯罪时,法院并不一定会关注企业的合规计划建立与实施情况,主要关注犯罪事实本身。原因主要在于,企业的生产经营和合规计划的建立或实施情况并不是犯罪的构成要件,无法作为量刑裁量的影响性因素,同时我国关于企业合规的实践停留在企业层面上,与量刑尚未对接,对量刑影响较小。① 最高院在 2017 年发布了《关于常见犯罪的量刑指导意见》,其中规定,法院在确定宣告刑时,应考虑预防目的的实现。该《意见》将立功、自首、退赃退赔等情节作为实现刑罚预防目的的途径,但能够实现企业犯罪预防的企业合规情况却不属于其中。近年来,涉企业合规情况的企业犯罪案件正在不断增加,司法机关的关注重点尚未落在企业的合规计划建立或实施上,不利于企业犯罪的预防和量刑的精确把控。如果未能在量刑中考虑企业合规情况,容易影响企业犯罪的预防目的,进而对企业犯罪的治理产生不利影响。当前我国企业合规正在进行改革探索,意味着合规计划的量刑激励将会法定化,企业合规应当成为审判机关在量刑时的法定依据。

### 2.企业责任在量刑时被忽视

犯罪的量刑机制运行依赖于量刑要素的联结与互动,量刑要素存在于量刑程序当中,主要包括量刑程序的原则、量刑程序的参与主体、量刑事实与情节、量刑标准和量刑的基本步骤。量刑程序中各要素之间实现联动关系,构成相对独立的量刑程序功能。对企业量刑与对自然人量刑的区别在于对主体事前预防措施的关注。在事前,如果企业建立并实施了相对完善的合规计划,可以判断其守法的意识与守法的程度,推导企业责任履行情况,体现涉案企业可谴责性大小,进而确定量刑幅度。② 但我国现行的刑事法律制度主要围绕自然人犯罪展开,无论是刑法还是刑事诉讼法,都体现出较强烈的自然人中心特点。在此制度安排下,企业犯罪案件中的企业自身责任关注存在不足,由此导致企业犯罪的量刑问题被长期忽视。这一问题应当在合规改革探索中得到解决,否则会阻碍企业合规制度的建立,也不利于罪刑法定等基本原则的贯彻。企业的自身责任主要表现为企业合规计划的建立或实施情况,企业建立并实施了相对完善的企业合

---

① 李瑞华、张明杰:《情境预防观下企业犯罪之防范对策研究》,《犯罪研究》2021 年第 4 期。
② 蔡仙:《论企业合规的刑法激励制度》,《法律科学(西北政法大学学报)》2021 年第 5 期。

规体系表明其履行了一定的犯罪预防责任。但我国当前刑事法律制度对企业责任忽视，使得法院对涉案企业量刑时也很难将其合规情况予以考虑。

3.对企业犯罪量刑的方法过于简单

我国司法裁判当前主要采用"估堆"量刑法，该方法指的是审判人员首先审阅案卷了解案情，再结合其中的法定情节和酌定情节判断犯罪人的刑事责任，最终作出一个笼统的判决结果。由于我国的法定情节和酌定情节并不包括企业合规，人民法院对企业犯罪的量刑方法难免简单、随意。"估堆"量刑法主要依赖于法官的自身经验，尽管法官的经验在司法实践中意义重大，但对于不同的法官如何在相同或相似的企业犯罪作出大致相当的量刑决定，量刑结果的统一很难完全依赖于法官自身经验，这需要量刑标准的统一化和标准化。在企业犯罪的量刑程序中则可以将企业合规情况纳入其中，并根据企业合规完善程度细化量刑标准，进一步规范法官对企业犯罪的量刑行为，避免简单的依经验决断。

# 第三节　我国企业犯罪审判程序的完善

涉案企业建立有效的合规计划是刑事合规程序中的关键环节之一，是企业实现自我救赎、自我保护、自我戒律的重要措施。相对于检察机关审查起诉阶段而言，法院审判阶段可开展企业刑事合规的空间相对较小，一般主要围绕审查撤回起诉、审查企业合规的启动与企业合规整改的实施、合规的裁判规则建立、量刑激励等方面展开程序改造。

## 一、规范撤回起诉的适用

针对当前企业犯罪治理问题，我国可以探索检察机关与犯罪企业达成合规整改协议，企业履行协议义务，法院审查予以同意后，检察机关撤回起诉的做法。但同时，需加强法院对撤回起诉的司法审查。

1.加强对撤回起诉的司法审查

为规范对撤回起诉的适用，应当加强撤回起诉的司法审查。司法审查的内容主要包括撤回起诉的可能性和正当性。审查主体为人民法院，由法院审查案件被撤回起诉的行为是否正当且符合程序性要求。

（1）审查撤回起诉的可能性

在庭审阶段，当涉案企业建立了有效合规计划，人民检察院对此申请撤诉，法院应予以批准，但是法院应当审查撤回起诉的事由是否符合规范性要求，即法院应当对撤回的可能性进行审查。在撤回起诉的实施中,涉案企业与检察机关达成暂缓起诉协议签订的合意,检察机关可以要求法官中止审理,并给予企业一定的合规整改期限。期限届满后,检察机关对合规整改情况进行考察,如果情况良好,可以撤回起诉。撤回起诉的申请应当交由法院审查,由法院审查企业建立的合规计划、合规治理效果以及未来发展,以作为是否决定撤回起诉的依据。审判为中心的诉讼原则应当得到始终的恪守,因此,由法院审查撤回起诉符合对原则的贯彻。

(2)审查撤回起诉的正当性

法院对撤回起诉正当性审查的实现需要规范撤回起诉审查的程序。首先,为防止法院的被动性和中立地位遭受损害,我国所确立的法院司法审查模式可以采取依申请启动的方式,申请主体包括检察机关、直接责任人员、法定代理人和被害人。其次,在司法审查的申请条件上,只有企业不构成犯罪或者符合相对不起诉、证据不足不起诉等条件时,才存在进行正当性审查的前提。因此,相关单位和人员必须提供不起诉或可撤回起诉的线索和证据等材料,作为撤回起诉的依据,并交由法院进行审核。同时,除检察机关外,其他相关人员也有权向法院提起撤回起诉的申请,但必须在检察机关同意启动合规考察程序之后提出,并且不早于撤回起诉决定做出之时。申请的次数,应得到限制,以两次为最。在审查内容上,法院必须贯彻全面审查原则,对相关材料进行全面审查与核实。在审查结果上,如果涉案企业不符合撤回起诉的条件,或者确实构成犯罪,法院应当对申请予以驳回,反之则可以同意撤回起诉。

2.完善对检察机关刑事合规职能行使的司法监督

我国刑事诉讼法规定,检察机关与审判机关处于相互配合、相互制约的关系,二者的职权行使应受到彼此的监督。在企业合规制度安排下,涉案企业如果符合一定条件可以由检察机关适用合规的撤回起诉措施,但应当得到其他司法机关的制约监督,因为这并非检察机关一家单位就足以处理的任务。联合国《关于检察官作用的准则》规定:"检察官的职责应与司法职能严格分开"。根据这项原则可知,检察机关不应当被赋予定罪权,犯罪嫌疑人有罪与否只能交由法院裁定。因此,在企业合规案件的办理中,法院应当发挥其法定职权,严格审查检察机关撤回起诉的可能性和正当性,监督并制约检察机关的职权行使。

## 二、引入企业刑事合规全过程的司法审查

我国的合规司法审查对象除撤回起诉之外,还应包括:合规程序的启动、合规计划的有效性、刑事合规程序的持续与效果等。

1.审查企业刑事合规程序的启动与合规整改的有效性

(1)企业刑事合规程序启动的主动审查

所谓企业合规程序的主动启动审查,是指检察机关在审查起诉阶段没有提出或没有适用企业刑事合规措施,在进入审判阶段之后,法院通过职权主动审查涉案企业有关案情,认为其符合适用企业合规措施的条件,主动要求涉案企业进行合规整改,审查合格后对其从轻从宽量刑或宣告缓刑。法院对企业刑事合规主动启动的审查分为事前与事后两个方面的审查。

事前审查是法院对企业涉案前的企业合规计划建立与实施情况进行审查。对此,法院可通过司法审查制度,考察企业合规计划是否可以起到预防犯罪的作用,审视企业对员工是否有相应培训以及企业是否对有关合作方进行充分的尽职调查等方面,从而作出是否适用以及适用何种激励措施的决定。激励措施包括从轻从宽量刑和适用缓刑两种,适用条件可以参照检察机关在审查起诉阶段的从轻从宽起诉或不起诉条件,主要有:企业已经构建企业合规计划并实质性实施,但需要进一步完善合规计划。事后审查是法院考察涉案企业进入审判阶段或刑罚执行阶段的合规计划建立与实施情况,以此作为从宽从轻量刑或宣告缓刑结束的参考根据。对于事前未建立和实施企业合规计划的涉案企业,如果检察机关未对其适用合规不起诉等合规措施,法院在庭审中也可以考察涉案企业的犯罪行为及后果、企业经营行为、检察建议、社会影响以及企业整改意愿等方面,并要求企业实施合规整改作为附加条件,进而决定是否适用以及如何适用激励措施。在涉案企业的合规计划内容的制定和实施上,法院应尊重企业的自身意愿,考量企业的利弊核算和潜在成本,帮助企业形成符合自身需求的合规计划。

(2)企业合规程序启动的被动审查

所谓企业合规程序的依申请启动,指的是检察机关在对涉案企业审查起诉时认为该案可以适用企业合规措施,但所提出的检察建议是从轻从宽量刑的激励措施,法院在审判时对该检察建议予以认可,并做出了相应判决。法院对企业合规措施的被动启动审查应分为三种情形:一是可以完全认可,即法院对于检察机关所提出的检察建议予以接受,以此作为判决结果,要求企业按照裁判要求实施合规计划;二是对具体的刑罚程度不予以认可,即法院认可检察机关的从轻从宽的量刑建议,但会作出更为轻缓的判决,并要求企业实施合规计划,进行合规整改;三是法院对涉案企业合规计划实施的内容与检察机关有不同意见,即法院认可检察机关提出的从轻从宽量刑建议以及具体适用的刑罚程度,但是对涉案企业合规整改的具体内容提出了不同的要求,此时应当以法院的意见为准,以此作为企业合规计划实施的指引和有效性依据。

（3）审查事前企业合规计划的有效性

在企业犯罪的审判阶段，涉案企业向法院提交企业自身合规计划建立或实施情况的报告，以获得合规整改、从轻量刑或宣告缓刑的机会，作为裁判者，法官应当严格审查企业所提交的报告，考察事前企业合规实施的有效性，是否可以起到犯罪预防的作用，以此作为裁判的依据。世界各国在裁判时对合规计划采纳要求各不相同。比如意大利罗马法院在 2003 年作出的裁判中指出："如果合规计划并非针对本次企业所犯之罪，或者没有保证控制组织的独立性，出现此类情形，不能认定为合规计划可以有效预防犯罪"。加拿大法院在 2011 年的一案中宣告某涉案企业缓刑，同时要求其制定的合规计划必须包含内部会计控制措施、反腐败合规体系、风险评估体系和尽职调查等内容。英布瑞吉罗公司员工曾涉嫌操纵证券罪，意大利米兰地方法院和米兰上诉法院分别在 2009 年 11 月和 2012 年 3 月作出了一审判决和二审判决，两次判决都认定该公司实施犯罪行为之前就存在有效的合规计划，因此可以宣告无罪。但 2013 年 12 月意大利最高刑事法院推翻了二审判决，明确指出，涉案企业对行业工会制定的行为准则遵循情况不得作为合规有效性认定的依据。因此，我国法院在裁判时也可以对企业的事前合规进行审查，判断企业是否履行合规义务，推定是否具备有效性，审查工作应当宽严适中，给予企业证明自身过错程度的机会。

2.企业可向法院申请对合规程序的再监督

涉案企业在进入合规不起诉阶段之后，会在检察机关的要求之下建立合规计划，在合规整改验收合格后，即可宣告合规不起诉程序结束。在此阶段，企业合规计划的建立会接受检察机关或者独立监管人等主体的监督。但如果监督过程发生争议，进而导致合规不起诉程序终结，企业就会被移送审判机关进入庭审程序。对此应当结合我国的不起诉制度救济程序，企业可以有权向法院申请再监督，在审判阶段重新进行合规整改。[①] 法律应当支持企业在合规不起诉失败后所申请的再监督，因为在国家机器面前，企业在刑事诉讼程序中处于弱势地位，企业在合规不起诉程序中应有一定的救济性权利。我国合规不起诉阶段应建立完善的监督机制，可以保障企业合规计划的构建得以顺利进行。但不免会有监督者不当履行义务的情况出现，对此，涉案企业需要有申诉的权利。但检察机关在不起诉阶段处于主导地位，此时申诉权利存在不便行使的可能性，所以我国程序法可以在审判阶段给予企业再次申辩的权利，使企业可以要求审判机关

---

① 马明亮：《论企业合规监管制度——以独立监管人为视角》，《中国刑事法杂志》2021 年第 1 期。

履行再监督的职责,重新开展合规整改工作或审查。

### 3.规定法官的告知义务

在我国认罪认罚从宽制度中,司法工作人员负有告知犯罪嫌疑人各项重要权利的义务。企业合规在审判阶段的适用也应当注意法官的告知义务要求,即法官负有告知涉案企业及员工与合规整改有关权利的义务。我国刑事司法程序设置法官对涉案企业的提示告知义务,有助于确保企业刑事合规本土化发展进程的推进与目标实现。法官的告知义务应在庭前会议或庭审阶段中得到履行,如果合议庭在这两个时段发现案件属于企业犯罪,存在适用企业合规措施的可能性,且符合程序正当性时,有义务向企业提出合规整改的建议,告知其配合进行合规整改获得从宽量刑、缓刑等优待的可能性。有的涉案企业事先即建立了较完备的合规计划,法官就此应当履行释明义务,依照明确的合规审查标准,告知企业合规计划履行情况的证明程度、证据内容和证明效果等内容,以帮助这类企业实现合规抗辩的可能性,维护正当权益。同时,法官在庭审中应坚守中立地位,依托审判权,为控辩双方证明责任的承担和证明活动的开展提供必要的指引与帮助,对于企业证明合规计划实施情况充分且合理的,法官在庭审时对控诉方也可以予以提示,保证企业合规有效性与否的抗辩与控诉顺利、有序进行。

## 三、构建合规导向的裁判规则

### 1.对涉案企业合规举证的接受

为实现合规证据效力的明确,在程序法中必须将合规计划、合规调查报告等系列合规证据,作为定罪量刑的重要证据使用。此外,对于在合规调查中获得的证据材料,应依法转化。

审判机关在企业合规制度建立背景下应当接纳企业的合规举证。因为我国很多企业会事先建立刑事犯罪的回应机制,当企业在违法犯罪后被移送司法机关处理时,可能会对自身刑事犯罪举证抗辩,主张自身已经建立了完善的合规计划,履行了合规的经营管理义务与职责。[①] 在庭审环节,企业举证抗辩以求争取最优的刑事处罚,法官应当以积极认可,合理判定。在企业合规计划建立之后,合规部门做好预案,应对可能出现的各种法律风险,处理刑事诉讼各个阶段可能存在的问题。如果企业没有进入合规不起诉程序,而是进入了审判阶段,企业合规部门会发挥自身优势,帮助企业提供审判时的法律指引,进行内部调查,

---

① 徐博强:《合规视野下民营企业刑事风险防控探析》,《东北师范大学学报(哲学社会科学版)》2022年第2期。

收集有关证据,降低刑事责任,减免部分判罚。这是中国当前倡议企业建立合规体系的可能结果,因此,审判机关在维护司法正义的同时,也要遵循国家刑事法律政策的基本要求,理解企业合规内涵,不得任意无视企业的合规举证,对于符合程序规定的,应积极采纳,认真审查,将有效的涉案企业合规计划作为判决依据。

但根据我国当前刑事诉讼法的规定,企业内部调查形成的证据还很难直接进入刑事诉讼的范围。随着企业合规在我国的深入发展,我国法律可以设定转化程序,实现刑事诉讼对企业内部调查获得证据的接纳。对此,可以通过立法严格规定企业内部调查和刑事诉讼的衔接程序,根据不同证据种类的获取难度、被污染的风险大小等因素,设定不同的转化条件。还可以发挥诉前和解的作用,使企业内部调查证据进入诉讼程序中,这一方式在域外西门子一案中得到了应用。

2.恪守无罪推定原则

法官在审理企业犯罪案件时应遵循无罪推定的原则,这要求控方承担被告有罪的证明责任,对以非法方法搜集的证据应予以严格排除,如企业或第三方诱惑企业员工所做之陈述,不可用作对员工不利之证据。无罪推定原则的贯彻旨在保障被告方的合法权益,在需要适用企业合规措施的案件中,该原则依然不得让位于犯罪的预防与治理目标,司法机关不得在证据尚不充分且无法提供充足证明力的前提下,进行有罪推定,不得以合规整改为条件威胁、引诱或者欺骗涉案企业认罪认罚,不得产生证据的非法获取目的,产生"毒树之果"的恶性循环效应。涉案企业接受合规整改的条件会获得从轻从宽量刑甚至缓刑的优待,但这并不意味着可以以此为条件简化案件办理程序,否则有损合规措施适用的正当性。因此,无论涉案企业被判处的刑罚程度如何轻缓,司法机关都依然要恪守无罪推定的原则,严格把握证据限度,采纳的证据必须符合刑事证明标准要求,实现程序正义和实体正义的双目标。

3.认可合规的刑罚减免事由

我国法律应当推动合规成为刑罚的减免事由,在法律中明确审判中可以考虑合规体系的建立情况。在福州立顺公交公司单位行贿一案中,涉案企业的辩护人就提交了一份证明文件,证明该公司的税收情况、就业供给以及社会贡献。对此,法院认为,证明文件与本案犯罪事实无关,只能作为一份被告单位的情况说明性材料,可以在量刑时进行考虑。[①] 尽管在该案件的判决文书中并未窥见

---

① 福建省闽侯县人民法院〔2017〕闽 0121 刑初 563 号刑事判决书。

"合规"的表述,但在一定程度上也能反映出合规对量刑和刑事责任认定的影响。企业合规的目标和价值是多元的,并不仅指企业单位的经营管理机制,还包括企业和合作对象以及社会利益的关系,合规体系本身含有社会责任的概念。[1] 因此,推动合规成为刑罚减免事由,意味着合规计划的建立与实施情况可以在裁判时进行提交,法官对企业提交的合规计划建立与实施情况报告进行考察,如果符合条件,应尽力认可其作为刑罚减免的事由。法律制度也要积极回应,适当修订法律法规,同时发布相应司法解释和裁判规则指引,给法官裁量权的行使提供明确规则导向。

## 四、建立合规计划的量刑激励机制

美国的《组织量刑指南》和英国的《关于欺诈罪、贿赂罪和洗钱罪的指导意见》等规范性法律文件都对企业犯罪的量刑确定条件进行了规定,具体而言,是根据企业犯罪类型、法益侵害程度、企业规模、业务类型和事后表现来确定刑事责任和刑罚程度。美国《组织量刑指南》中也将合规计划引入其中,规定企业因犯罪被审查起诉时,企业在犯罪前建立的有效合规计划可以为企业减轻刑罚。为推动涉案企业建立或完善合规体系,审判机关应当有所担当,可以通过激励措施的适用,促使企业配合司法机关实施合规整改。一方面,以从轻从宽的量刑条件推动企业建立或完善合规体系;另一方面,法律制度应当明确涉案企业事先建立的合规体系可以作为刑罚的减免条件,有利于为企业提供合规体系的建立指引,筑牢刑事法律风险防控藩篱。

我国可参考美国的立法实践确立量刑激励机制。美国企业犯罪的量刑激励机制是根据《组织量刑指南》确定犯罪的量刑程度。比如,在美国《反海外腐败法》的司法实践中,《组织量刑指南》规定违反会计条款和反贿赂条款分别可以适用不同的量刑标准。《组织量刑指南》对企业犯罪的罪行等级和罚金数额进行了对应的规定,不同的企业罪责等级对应不同的刑罚程度。涉案企业的罪责等级与企业的犯罪情节有主要关联,但企业的规模、配合意愿和合规计划建立与实施情况对罪责等级的确定也有一定影响。法官在量刑裁量时要对企业合规计划等方面作考量,决定罪责等级,通常合规计划符合有效性标准可以降低涉案企业的刑罚程度,减少罚金数额。法官在量刑等级确定时应遵循法定程序,提升量刑指

---

[1]  Marc Engelhart, Sanktionierung vonUnternehmen und Compliance: Eine rechtsvergleichende Analyse des Straf-und Ordnungswidrigkeitenrechts in Deutschlandund den USA, Duncker & Humblot, 2010, S. 50.

南的可操作性。美国《组织量刑指南》中有许多量刑操作步骤的表述,量刑确定过程精确化,法官在行使裁量权时有明确的遵循规范,使得类案能受到类似处理;同时这也能给企业建立合规计划提供可视化指引。此外,量刑裁量还可以考虑纳入缓刑的适用,法院可将企业重建有效合规计划的承诺作为判处缓刑的条件和考察内容。① 我国在企业合规制度本土化发展背景下,也可以建立体现合规计划的量刑激励机制,对于不同的企业合规计划建立与实施程度,给予不同的量刑,量刑等级确定精确,给予法官裁判明确、规范的规则导向。

---

① 马明亮:《作为犯罪治理方式的企业合规》,《政法论坛》2020年第3期。

# 第八章 企业合规的刑事司法程序改造

## ——执行阶段

## 美国诉大西洋里奇菲尔德公司案[*]

1971 年 3 月 23 日,大西洋里奇菲尔德公司(Atlantic Richfield Company)为节约生产运营成本,提高生产效率,在伊利诺伊州 Stickney 码头上径直将其设施中未妥当处理的石油倾倒至芝加哥环境卫生和航行运河(Chicago Sanitary and Ship Canal)。大西洋里奇菲尔德公司的该行为导致芝加哥卫生和船舶运河的生态环境遭到破坏,损害了社会公共利益,严重违反了美国当地有关法律法规。大西洋里奇菲尔德公司在案发后被有关部门查处,因该公司行为涉嫌刑事犯罪,有关部门将该案移送司法机关处理,该案进入到刑事诉讼程序。

经伊利诺伊州北区地区法院审理,大西洋里奇菲尔德公司被裁定为违反《美国法典》(United States Code)第 33 编第 407 节和第 411 节中所规定的"禁止向通航水域排放垃圾"条款。因此大西洋里奇菲尔德公司被法院判处支付一定数额的罚款,罚款数额较大,径直缴纳会影响该公司的后续生产经营。但伊利诺伊州北区地区法院对涉案企业并未宣告缓刑,原因在于其认为法律所规定的缓刑适用对象并不包括企业单位。随后大西洋里奇菲尔德公司所聘请的辩护律师向美国第七巡回法院提出上诉申请,第七巡回法院随即对该案开展审查。在审查中,第七巡回法院根据《量刑改革法案》(Corporate Probation Before the Sentencing Reform Act)的规定,认为企业单位可以作为缓刑适用的对象,遂将

---

* The case from United States of America, Plaintiff-Appellee, v. Atlantic Richfield Company, Defendant-Appellant. No. 71-1572. United States Court of Appeals, Seventh Circuit. Argued April 26, 1972. Decided July 12,1972.

案件发回重审,要求地方法院暂停罚款的执行,在法律规定的限度内对涉案企业判刑。最终,地区法院对该公司作出了缓刑六个月的决定,同时要求该公司必须在缓刑期内完成清污和后续的环境维护等工作,经验收合格后,罚款可以免除。

在决定缓刑的同时,地区法院要求大西洋里奇菲尔德公司在45天内制定并完成处理泄漏到土壤和/或河流中石油的计划。法院还表示,如果大西洋里奇菲尔德公司未能满足这一条件,则任命一名"在法院监督下拥有受托人权力的特别缓刑官员",由该官员监督公司对法院决定的遵守情况。虽然第七巡回法院同意地方法院将联邦缓刑法案扩展到企业被告,但第七巡回法院也认为,施加的特定条件不能超出《量刑改革法案》的授权范围。在大西洋里奇菲尔德案的裁决作出之后,美国地区法院开始频繁地对企业单位主体适用缓刑。美国此后的企业缓刑案件也纷纷认可了《量刑改革法案》赋予法官的量刑自由裁量权,但强调限制条件应当要在指控和公众保护之间有合理的关系。和其他缓刑犯一样,企业也可以选择拒绝接受缓刑并接受法定刑罚。上诉法院为防止适用缓刑作为规避法定罚款上限的手段,也试图遏制了地区法院对犯罪企业裁判的裁量权。

该案是美国《量刑改革法案》首次适用的一案。在1984年,美国就通过了《量刑改革法案》,但直到1987年才在本案中适用。该法案允许法院在"满足正义目的和最大公共利益时",对违法犯罪企业暂停判决执行并适用缓刑。同时,该法案规定,企业缓刑期不能超过五年,并且可以设定"法院认为最好的"条件,特别是可以包括支付罚款或者向"受害方"赔偿。该案的最佳条件是环境保护,企业缓刑和要求企业清污的决定符合《量刑改革法案》规定的条件。虽然《量刑改革法案》既没有明确接受也没有明确排除企业被告,但美国各州法院并不愿意对企业适用缓刑,直到该案发生后,这种趋势才被美国第七巡回法院打破。

## 评述

在域外的企业刑事合规实践中,企业构成犯罪时,如果符合合规不起诉的条件,可以通过合规整改获得不起诉的待遇。但并不是所有企业都能符合合规不起诉的条件,这类企业犯罪案件最终会进入审判阶段,接受法院判决,被判处一定的刑罚。一些国家在刑罚执行阶段针对企业的合规或者其他特殊情况建立了相应的激励和保护制度,如美国的企业缓刑制度。美国诉大西洋里奇菲尔德公司一案是企业缓刑在美国企业犯罪案例的一次典型适用范例。该案也推动了美国企业缓刑制度广泛的实践适用,对我国企业刑事合规制度建立中的执行程序改造提供了一个新的借鉴思路。

## 一、企业缓刑具有对犯罪的特殊预防作用

在涉案企业被宣告缓刑后,司法机关为保障企业的正常运行,会要求企业进行合规整改,期满后经评估验收,可宣告缓刑结束,原判刑罚不再执行。企业在缓刑期内进行合规整改,不仅可以获得打造完备合规体系的机会,还可以免受一定的刑罚。我国的企业犯罪治理模式相对传统与滞后,一般是在企业犯罪出现之后进行追诉,并决定刑罚的执行,但这既不能对企业犯罪起到预防作用,也不能有效恢复企业犯罪所造成的法益侵害,无法充分挽回社会公众的损失,更不能对企业行为进行持续性的监管与合规改造。有鉴于此,美国颁布的《量刑改革法案》对企业缓刑进行了规定,将企业缓刑规定为独立的刑罚,而不是作为刑罚的终止或者替代措施。美国的企业缓刑与传统的企业犯罪制裁不同,该制度是将企业的行为改造作为核心。在美国诉大西洋里奇菲尔德公司这一案件中,对该公司适用缓刑的条件是其必须清理所造成的污染。虽然在该案中,企业缓刑的适用条件不是合规整改,而是要求该公司处理污染,但实际也与缓刑期内进行合规整改有异曲同工之妙。

本案中,美国第七巡回法院对企业缓刑适用对象的判断有较大积极意义,一方面,使得涉案企业免受巨额罚金的重大影响,另一方面,也可以让具备清污能力的大西洋里奇菲尔德公司完成这项工作,减少司法机关的工作负担,提升环境维护成效。同时,该案的缓刑适用在一定程度上改造了此后该公司生产经营行为,可以避免企业在违法犯罪行为上重蹈覆辙,实现了特殊预防作用。在涉案企业的缓刑期内,无论其是进行合规整改,还是清污工作,都是有效消除企业犯罪危害后果的行为,并且都是需要经过验收才能获得原判刑罚不再承担的待遇。因此,企业缓刑可以发挥企业、法院和第三方团体等主体作用,通过推动企业合规计划的打造,改造企业行为,预防企业违法犯罪行为的发生。该案企业缓刑主要是依靠辩诉交易的方式,充分激励企业消除其行为的危害后果,强化企业的内部治理力度,同时能有效降低刑事司法成本和环境污染清除的成本,减少社会公共利益的损失。

## 二、对企业缓刑适用应适当限制

美国诉大西洋里奇菲尔德公司一案还对法院的自由裁量权进行了限制,有效避免了企业缓刑成为犯罪企业逃避刑罚执行的漏洞。一般而言,法院对犯罪企业适用缓刑具备较大的自由裁量权。但企业缓刑的自由裁量权有可能会被滥用。在本案中,第七巡回法院对此作出了明确的限制,对时间、考查内容和条件

都进行了框定。在此后的类案处理中,美国法院同样也对企业缓刑的自由裁量权进行了限制,避免任意适用。第七巡回法院对地区法院提出了要求,要求地区法院在公共利益和指控效果之间充分衡量,切实考察案件是否适合适用企业缓刑。

### 三、我国缓刑制度适用对象应扩大

在我国的刑事执行实践中,对大量企业判处的罚金刑或财产刑存在难以执行或执行后严重影响企业的生产运营的问题。如果能够给企业一线生机,判处企业缓刑,不仅保护了企业、企业员工、投资人等诸多主体利益,于国家和社会而言,也是意义重大。但是根据当前我国《刑法》第七十二条规定,对于被判处拘役、3 年以下有期徒刑的犯罪分子,同时符合下列条件的,可以宣告缓刑,对其中不满 18 周岁的人、怀孕的妇女和已满 75 周岁的人,应当宣告缓刑:(一)犯罪情节较轻;(二)有悔罪表现;(三)没有再犯罪的危险;(四)宣告缓刑对所居住社区没有重大不良影响。对企业犯罪的刑罚执行,我国缺乏缓刑执行的依据。刑事合规的程序改革应是全方位的、系统的,构建执行阶段灵活、多样的执行措施体系,亦是刑事合规程序改革的重要内容。在美国诉大西洋里奇菲尔德公司一案中,地区法院起初并不认同缓刑的适用对象可以扩充至企业单位,直到第七巡回法院的审查才将这一美国司法实践的固有习惯破除。美国司法机关开始将企业单位纳入缓刑的适用对象。因此,我国的缓刑制度适用的对象范围也应得到扩充,不宜继续坚持原有司法观念,保守立法与司法,阻碍刑事法律发展与进步。

# 第一节　企业合规刑罚执行的域外特色与经验

## 一、美国《联邦组织量刑指南》中的企业缓刑

美国颁布了《联邦组织量刑指南》,将刑事合规体现于刑罚执行中,规定合规是对企业是否决定适用缓刑的重要影响因素。《联邦组织量刑指南》规定了企业缓刑的适用条件、企业缓刑的期限、企业缓刑的强制性要求与任意性要求、违反企业缓刑要求的后果等问题,全面确立了企业缓刑制度。在判处缓刑的条件、附加条件以及对缓刑条件违反情形等问题上,《联邦组织量刑指南》的规定是:如果在宣判时,企业员工人数在 50 人以上的,或者被司法机关要求建立但还没有建

立合规计划的,法院应当对该企业判处缓刑。① 美国此前的企业犯罪惩处方式主要是财产型的罚金方式。在《联邦组织量刑指南》颁布之后,企业缓刑逐渐替代了罚金刑。企业缓刑为企业犯罪治理提供了全新的形式,并且是以威慑为基础,给予了企业合规整改的空间和机会。《联邦组织量刑指南》规定对涉案企业适用缓刑的条件是:企业与执法单位之间达成和解协议,制定可执行的合规计划,并对企业的合规整改实施情况进行考察。公权力介入企业的合规整改,企业缓刑制度为此创造了可能,在刑罚执行阶段有效推动被追诉企业的合规整改。作为基础性的刑罚制度,企业缓刑能够确保涉案企业受到持续性的司法控制,可以推动企业进行内部改革与合规整改。② 根据《联邦组织量刑指南》的规定,美国联邦法院可以在适用企业缓刑时监视企业,并有权强制企业在内部进行合规整改,防范犯罪的再次发生。③《联邦组织量刑指南》还规定,企业必须加强应对刑事犯罪风险的监督体系。关于企业缓刑的期限方面,《联邦组织量刑指南》要求期限最长可以达到 5 年,在企业犯罪符合重罪时,期限应当是 1 年以上。④ 在企业缓刑期间,对企业合规整改的监督不仅有缓刑监督员,还有法院和执法人员的对企业决策的监督。如果在缓刑考验期内,犯罪企业出现了违反缓刑规定的情形,司法机关可以延长缓刑期限、撤销缓刑并重新量刑,或者指定专人进行监督等方式,以此对企业进行惩罚。⑤ 美国的《联邦组织量刑指南》规定了企业缓刑决定适用的条件,有效推动涉案企业进行合规的内部治理,实现自身改造,使得企业能够重新进入可持续的生产经营道路,继续助力社会经济的发展。

## 二、意大利的企业罚金减免方案

意大利关于法人犯罪问题的规定主要在第 231 号法令(*Legislative Decree No. 231/2001-Law 231*)中。该法令第 12 条第 2 款规定:"在犯罪行为实施后,一审开庭审理前,企业能够对损害后果进行赔偿的,并积极消除犯罪后果且进行了合规整改的,可以将企业的刑事罚金减轻三分之一至一半"。⑥ 在刑罚执行时,意大利企业在犯罪后可以通过合规整改获得刑罚减免。意大利竞争管理局

① U. S. SENTENCING COMMON, FEDERAL SENTENCING GUIDELINES MANUAL. §8D1.1-1.2.(1992).

② 万方:《企业合规刑事化的发展及启示》,《中国刑事法杂志》2019 年第 2 期。

③ supra note 2, §8D1. 1—1. 5.

④ supra note 2, §8D1. 2.

⑤ supra note 2, §8F1. 1.

⑥ *Legislative Decree No. 231(2001)*, Article 12.

(Italian Competition Authority)在 2018 年发布了《反垄断合规计划指南》,这是意大利关于企业合规的又一规定,该指南与第 231 号法令相似。该指南规定,如果在反垄断调查前企业就设立了有效的合规计划,反垄断监管后的处罚最高可以减轻 15％的行政罚款;在反垄断调查前如果企业就建立了企业合规计划,但合规计划效果较弱,而企业在调查中完善了合规计划,可以换取行政罚款最多 10％的减免。如果在反垄断调查前,企业合规计划效果明显不足,则罚款不能减免,但如果在调查开始后建立了有效的合规计划,则可以获得最多 5％的行政罚款减免。① 由此可见,意大利的合规执行主要体现在罚金或罚款的减免上。意大利规定,在涉案企业被追诉或调查的不同阶段,其不同的合规整改状态可以获得不同数额罚金或罚款的减免,有助于提升意大利企业的合规整改意愿。

### 三、英国刑罚执行阶段的企业合规整改

英国出台了《量刑委员会关于欺诈罪、贿赂罪和洗钱罪的指导意见》(*Fraud*,*Bribery and Money Laundering Offences Definitive Guideline*),对欺诈罪、贿赂罪和洗钱罪罚金数额的调整因素进行了规定。②《量刑委员会关于欺诈罪、贿赂罪和洗钱罪的指导意见》指出了可以对罚金数额调整的因素,即为"罚金影响法人实施有效的合规计划的能力"。换言之,若法官认为,企业法人所承担的罚金影响了合规计划的实施,法官有权对罚金数额予以调整。该法律文件体现了英国对企业罚金与合规之间关系的规定。英国的企业法人在接受法院判决时,法官有权对罚金数额作出判断并进行调整,从而能够保障涉案企业顺利实施合规计划。在合规计划的设立指导上,英国公平贸易办公室(OFT)在 2011年修订颁布了《企业如何遵守竞争法指引》(*How your business can achieve compliance with competition law guidance*),该文件为企业执行竞争合规制定了一系列方法,内容包括风险识别、风险评估、风险消减以及定期核查。③ 违反竞争法的企业在被调查监管后,应当积极进行符合竞争法规定的合规整改,英国国家相关部门应提供该阶段合规计划的设立指引,有效帮助企业及其员工完成

---

① supra note 2,Part IV,Part V.

② Sentencing Council:*Fraud*,*Bribery and Money Laundering Offences Definitive Guideline*,https://www. sentencingcouncil. org. uk/wp-content/uploads/ Fraud-bribery-and-money-laundering-offences-Definitive-guideline2. pdf.

③ OFT:*How your business can achieve compliance with competition law guidance*(OFT1341),https://assets. publishing. service. gov. uk/government/uploads/system/uploads/attachment_data/file/284402/oft1341. pdf,June. 1,2019.

合规整改。企业在受到法律制裁之后,需要在政府指导下实施合规计划,英国的《企业如何遵守竞争法指引》则对该项工作给予了明确的指引和帮助。

### 四、日本企业负责人的保证义务

日本企业合规的典型制度有合规负责人的保证义务。在企业的合规整改上,日本致力于从企业法律义务和管理层法律义务着手,而其中的管理层法律义务与合规整改密切相关。关于管理层法律义务在日本合规制度构建中的发展上,日本有两起案例在其中发挥了作用。两起案例虽均非刑事案例,但对日本刑事合规制度的建立仍具有较大影响。第一起是大和银行股东代表诉讼案件,法院认定该银行的股东和监事应当承担约 830 亿日元的损害赔偿责任。[①] 法院在本次判决中要求该银行构建完善的治理体系,以便履行善意监管注意义务与忠实义务。大和银行不仅要承担巨额的损害赔偿责任,其董事还需负有风险管理体系的义务,这是该银行合规整改的重要组成部分。第二起案件是神户制钢厂股东代表诉讼案,在该案中,公司管理层同样需要在判决执行中承担内部治理体系的构建义务。[②] 日本还有其他类似案例,比如得斯清股东代表诉讼案[③]、养乐多股东代表诉讼案[④]、雪印食品股东代表诉讼案[⑤]等等。从上述案例可以发现,执法机关会在日本合规商事案件判决的执行中,要求公司内部进行合规整改,一般是通过公司管理层承担法律义务的形式进行。一直以来,日本政府对日本企业的监管都十分宽松,导致日本企业在 21 世纪初出现了众多丑闻,丑闻给日本企业带来的打击越来越大,轻则造成企业高管下台,重则导致企业破产。日本企业管理者为了防范可能的丑闻,试图保护企业,开始积极推行企业社会责任(CSR)。[⑥] CSR 也成了日本司法裁判的执行内容之一。大和银行股东代表诉讼案与神户制钢厂股东代表诉讼案两次商事判决案例对日本法律制度影响较大,尤其是在日本商法的完善及公司合规体系、计划的建立方面,同时也完善了企业负责人具体职责规定。[⑦]

---

① [日]大阪地判平成 12・9・20 判例タイムズ第 1047 号。
② [日]神户地裁平成 14・4・5 和解案,商事法務第 1626 号。
③ [日]大阪高判平成 18・6・9 判例タイムズ第 1214 号。
④ [日]東京地判平成 16・12・16 判例タイムズ第 1174 号。
⑤ [日]東京地判平成 17・2・10 判例時報第 1887 号,第 135 页。
⑥ 钟宏武:《日本企业社会责任研究》,《中国工业经济》2008 年第 9 期。
⑦ [日]川崎友巳:《合规计划的现状》,曾文科译,载李本灿等编译:《合规与刑法——全球视野的考察》,北京:中国政法大学出版社 2018 年版。

### 五、加拿大《C—45 号法》中的企业缓刑

加拿大法律对企业缓刑也予以认可,主要体现在加拿大于 2004 年颁布的《C—45 号法》中。该法规定,法院可以对被定罪的企业颁布缓刑令,可以要求涉案企业履行赔偿被害人、预防犯罪等义务,并接受监督。[①] 与其他国家不同,加拿大的企业缓刑体现为单独的制度规定,与企业合规并未建立联系。加拿大《C—45 号法》尽管未明确企业缓刑和企业合规之间的关系,但是由于企业合规是关于企业犯罪的治理模式,因此司法机关可以行使自由裁量权,在对犯罪企业颁布缓刑令时,同时要求其进行合规整改,通过合规整改的方式恢复被其侵害的法益。事实上,加拿大司法机关要求企业进行合规整改,也满足了"预防犯罪"的缓刑令适用条件。

# 第二节　我国企业犯罪刑事执行程序存在的问题

如果我国建立了企业合规制度,部分企业犯罪可以进入合规不起诉或暂缓起诉程序,免受审查起诉,并可以通过配合司法机关进行合规整改,获得回归市场的机会。但有些涉案企业无法进入合规不起诉或暂缓起诉程序中,对这些企业的起诉与定罪量刑会对企业产生严重的影响。例如,在 2014 年 9 月 19 日,湖南省长沙市中级人民法院对葛兰素史克中国公司和马某某等人行贿案进行审理,法院认定被告单位及相关被告人的行为均已构成行贿罪,判处被告单位葛兰素史克中国公司罚金人民币 30 亿元。[②] 该案判决结果合理合法,但严重的刑罚执行使得涉案公司的生产经营遭遇了难以承受的危机,给员工及相关企业带来了生活与经营上的困难。以此案为引子进行深入分析,不难发现,我国企业合规刑事执行程序主要存在以下问题:

## 一、司法机关与涉案企业在犯罪治理中的合作不足

涉案企业是犯罪治理的对象,一直以来,我国刑罚执行都是将其作为治理的对立面来看待,未与之开展犯罪治理的合作。企业犯罪的刑罚执行属于企业犯

---

[①]　Stefano Manacorda, Francesco Centonze and Gabrio Forti, Preventing Corporate Corruption, Springer, 2014, p. 441-445.

[②]　《葛兰素史克中国公司被罚人民币 30 亿元 多名高管获刑》,http://www.Chinanews.com/fz/ 2014 /9-19 /6611409. shtml.

罪治理的关键环节之一,该环节不仅要起到惩治企业犯罪的作用,也同样要起到实现犯罪预防的作用。相对于传统的街头暴力型犯罪的治理,企业犯罪治理不应采取事后反应型司法应对模式,而应当推进与治理对象的合作,发挥企业的作用共同实现治理目标。由于企业犯罪的刑罚执行服务于企业犯罪治理,而企业犯罪治理目标的实现要求与治理对象开展合作。因此,企业犯罪的刑罚执行应当实现与治理对象的合作。但当前企业犯罪的刑罚执行未能产生该效用,是当前我国刑事法律应当思考的问题。

我国企业犯罪治理缺乏与治理对象的合作主要表现为:未将犯罪企业进行合规整改作为刑罚减免的条件。企业和司法机关也都面临着成本和收益衡量的问题,如果企业合规计划在涉案企业中建立,能有效实现双方在成本和收益之间的平衡。从司法机关角度来看,合规整改能够实现企业犯罪治理的理想效果,提高司法效率,节约司法资源。从企业角度来看,企业可通过合规整改获得刑罚减免甚至不起诉的机会,实现企业自身的规范经营,维持较长久的发展。因此,无论是企业还是司法机关,双方实际都愿意在刑罚执行上开展犯罪治理的合作。但我国企业犯罪治理缺乏与治理对象合作问题也出自此,即刑事法律尚未将合规整改规定为刑罚执行手段。刑事处罚的执行依然属于单一的执行程序,没有对与刑罚执行对象开展合作进行规定。刑罚执行一般在企业缴纳罚金之后即告完毕。在合规计划的建立或完善方面,司法机关的帮助和指引缺乏,不利于涉案企业的合规整改。

## 二、企业缓刑制度缺失

我国当前企业缓刑制度缺失,不利于我国涉案企业在刑罚执行阶段进行改造,实现合规化的经营方式。第一,被追诉的涉案企业在刑罚执行过后,依然期待有机会重新投入市场经济当中,实现正常的生产经营。但我国刑事法律在刑罚的执行上没有确立企业缓刑制度,企业因此缺少了一定的改过自新机会。我国在自然人犯罪治理上有缓刑制度,该制度是通过缓刑制度对犯罪自然人进行改造,防止其犯罪,实现预防目的。涉案企业同样希望能够有类似机会对自身进行改造,实现再犯罪的预防,不仅能起到犯罪治理的作用,也能维护市场经济的可持续发展。第二,许多企业犯罪和自然人犯罪罪名相同,但是自然人有机会获得缓刑,企业却没有该机会,造成了实体上的不公。企业和自然人都属于犯罪主体,在犯罪追诉中都属于被追诉的对象,企业应当具有相似于自然人的实体权利和诉讼地位。第三,司法机关对涉案企业径直执行较大数额的罚金对部分企业不利。涉案企业很多是中小微企业,这些企业的风险对抗能力较弱,尤其是在较大数额罚金的承受能力方面,径直执行较大数额的罚金容易给企业带来不能承受之重。高额罚金对中小微民营企业影响较大,甚至相当于直接剥夺了其重新进入市场的机会,显然不符合我国的刑事司法政策,也不匹配我国企业产权保护政策的基本精神。① 第四,由于企业承担着较大的社会责任,对涉案企业追诉所造成的后果明显大于对自然人追诉,容易造成社会公共利益受损。

在庭审中,法院无法对企业宣告缓刑。在刑罚执行阶段中,司法机关也不能要求犯罪企业进行合规整改。在刑罚执行完毕之后,涉案企业或自行吸取经验教训进行合规整改,或不了了之,继续原有的生产经营模式,刑罚未能实现应有的预防目的。对于被判处刑罚的企业而言,最恶劣的影响来自社会舆论。如果涉案企业不进行合规整改,往往会失去声誉,很难再次获得消费者的垂青,会导致企业生产经营受阻,进而影响市场经济和社会公共利益。因此,在涉案企业的刑罚执行阶段,司法机关有必要引导企业开展合规整改。但我国企业缓刑制度的缺失无疑是一个重大遗憾。

### 三、过于强调刑罚的惩罚目的

刑罚目的包括一般预防和特殊预防。我国传统重刑主义的理念根深蒂固,且一直延续至今。现代社会在不断发展,社会主体思想观念也在发生进步,但如果刑罚目的仍然是惩罚目的,显然不符合现代社会环境的需要。刑罚理念应随着社会的发展,与时俱进。意大利著名刑法学家贝卡利亚曾指出:"随着人的心灵在社会状态中柔化和感觉能力的增长,如果想保持客观与感受之间的稳定关系,就应该降低刑罚的强度。"② 韩非有曰:"法与时转则治,治与世宜则有功。"(《韩非子·心度》)毫无疑问,刑罚的轻重不是一成不变的,而是随着社会生活的发展而变化的,应当适时调整。③

我国重刑主义的理念也蔓延到了执行程序。在整个执行阶段,执行主体强调严格执行裁判,对企业的发展不会给予太多的关注。实际上,企业合规整改不仅在侦查阶段、起诉阶段、审判阶段可以进行,执行阶段进行的合规整改,法律效果、社会效果、经济效果将会更加明显、突出。对于无法进入合规不起诉阶段的涉案企业,在刑罚执行中应引入合规整改,即在刑罚判处后,法院对犯罪企业进行体现惩罚目的之外的教育改造,要求企业在刑罚执行中开展合规整改,实现预

---

① 陈卫东:《从实体到程序:刑事合规与企业"非罪化"治理》,《中国刑事法杂志》2021 年第 2 期。

② 贝卡利亚:《论犯罪与刑罚》,黄风译,北京:中国大百科全书出版社 1993 年版,第 44 页。

③ 陈兴良:《刑事政策视野中的刑罚结构调整》,《法学研究》1998 年第 6 期。

防犯罪的目的。

### 四、企业犯罪刑罚执行缺少有效监督

在我国企业合规制度建立之后,合规整改可能会作为影响刑罚执行的一个重要因素。审判机关在对企业犯罪宣告有罪时,也可能会要求其在规定期限内进行合规整改,以此适用刑罚缓刑,并在缓刑考验期后减少或免除刑罚罚金的数额。目前我国对涉案企业刑罚执行阶段的合规整改无法进行有效监督,因此,合规改革必须同步探索确立企业犯罪刑罚执行阶段合规整改时的监督机制。

1. 企业犯罪刑罚执行监督法律规定过于原则化

在企业犯罪刑罚执行的监督程序方面,我国刑事法律规定过于原则化,难以操作。《刑事诉讼法》第二百七十六条规定:"人民检察院对执行机关执行刑罚的活动是否合法实行监督。如果发现有违法的情况,应当通知执行机关纠正。"但是对于刑罚执行具体应当怎样监督并没有规定,企业犯罪的刑罚执行,尤其是合规整改,更是需要予以有效的监督。由于立法规定的抽象,实践中刑罚执行监督方式在各地司法机关的适用上存在不统一、不规范和不严密的问题。各地根据本地区实际情况摸索出一套刑罚执行的监督办法,但是由于地区情况不同,各地具体的刑罚执行监督办法也各不相同,一些地方的做法甚至存在与法律规定冲突的问题。刑罚执行监督缺乏可操作性的实施细则,企业犯罪刑罚执行的监督工作因此也难以展开。在未来企业合规制度建立之后,涉案企业在刑罚执行阶段的合规整改缺乏监督机制,容易影响合规整改效果。

2. 刑罚执行监督对象不包括涉案企业的合规整改

当前,我国检察机关对刑罚交付执行拥有监督权,但是监督权行使对象仅包括生命刑、监禁刑和非监禁刑的交付执行,并不包括法院所判处的罚金、没收财产刑的交付执行。[①] 刑事执行的检察监督范围有限,检察机关仅对部分刑罚的交付执行有权监督。因此,在我国企业合规制度实施之后,若法院在判决结果中明确涉案企业应当开展合规整改,并且要求涉案企业应当在刑罚执行阶段进行,对此也需要将这项"刑罚"交付执行。而作为法律监督主体的检察机关也应将其纳入刑事执行的监督范围之内,反之,如果检察机关对涉案企业在刑罚执行阶段的合规整改无法发挥法律监督作用,有损判决结果的执行成效。

3. 刑罚执行监督手段的强制力得不到保障

我国刑事诉讼法规定,检察机关在刑罚执行监督中主要是通过发出检察建

---

① 张兆松:《刑罚交付执行面临的监督困境及破解》,《人民检察》2017 年第 16 期。

议和纠正违法通知书的方式行使检察监督权。但检察建议和纠正违法通知书两种方式并不具有强制执行的效力。在刑罚执行的司法实践中,许多检察机关发出的纠正意见是否能够被采纳,完全由执行机关自行决定。在今后企业合规制度安排下,涉案企业于刑罚执行阶段开展合规整改,合规整改成为涉案企业接受刑罚执行的方式之一。当检察机关发现合规整改存在不足之处,并建议相关执行机关对涉案企业的合规整改加强审查时,执行机关可以因检察建议无法律强制约束力而敷衍甚至拒绝。这不仅会使得不当的合规整改无法得到及时纠正,也会使得检察权的监督作用被虚化。

## 五、企业犯罪的刑罚惩处方式单一

刑罚惩处模式单一,体现为涉案企业主要接受惩处型的财产刑,但容易陷入刑罚的"威慑陷阱"。惩处模式在一定程度上可以给犯罪造成威慑力,实现预防犯罪的效果。实践表明,传统的企业犯罪刑罚模式产生的威慑力不足。澳大利亚学者布雷斯韦特(Braithwaite)研究发现,传统的刑事惩处模式对企业的威慑十分有限,不能产生预期效果。[①] 企业往往并没有因为刑事处罚而小心谨慎地经营,而是会根据刑法的犯罪认定条件和刑罚程度,判断企业自身的违法边界,在核算犯罪成本后实施违法犯罪行为。

美国的学者考菲(Coffee)提出了"威慑陷阱"理论(deterrence trap),他认为,对犯罪企业较轻的刑罚难以产生实质的威慑力,而较重的刑罚容易超出企业的承受能力,并且惩罚的后果也会转嫁给消费者等其他有关方。[②] 刑罚无论是轻或重,都不能起到预防企业犯罪的成效。由于立法者认可刑罚威慑力,所以容易执着的采取刑罚惩处的方式治理企业犯罪,而不能考虑非刑罚的方式。单一的刑罚模式在企业犯罪治理中作用不明显,所带来的威慑陷阱并不利于企业犯罪的治理。企业犯罪治理的目标是减少企业犯罪的数量,而非对企业进行报应目的的惩处。实际效果表明,刑罚威慑效果很难实现企业犯罪治理目标,我国企业犯罪愈演愈烈即为证明。究其原因,主要在于犯罪的企业会核算犯罪成本,估算犯罪被追诉后自身所获得回报的比率,而犯罪回报总是会大于刑罚程度。即便涉案企业会被处以较重的刑罚,但被追诉的可能性也并非绝对。因此,企业犯

---

[①]  J. Braithwaite, "Corporate Crime in the Pharmaceutical Industry", London: Routledge & Kegan Paul, 1984; J. Braithwaite, "To Punish or Persuade: Enforcement of Coal Mine Safety", Albany: State University of New York Press, 1985.

[②]  J. C. Coffee, "No Soul to Damn, No Body to Kick: An Unscandalized Inquiry into the Problem of Corporate Punishment", Michigan Law Review, Vol. 79, No. 3 (1981).

罪数量在我国有增无减。美国联邦第八巡回上诉法院的法官希尼认为,许多企业犯罪其实是策略性违规,通过这种方式获得更大的商业利益。[1] 当企业实施犯罪行为之后没有被追诉,则会获得十分丰厚的商业利益回报,驱使越来越多的企业选择实施违法犯罪行为。但当企业实施犯罪行为被追诉后,企业也已经获得了较大的商业利益回报,缴纳的罚金不可与之比拟。并且在企业缴纳罚金之后依然可以继续生产经营,无非是利益相对减少。如此策略性违规的选择,给企业提供了获取利益回报的经营路径,是为企业犯罪难以治理的原因之一。在企业被追诉之后,缴纳罚金,不进行整改,企业又可能会继续原有的经营方式。因此,刑罚的威慑作用已经基本失效,单一的刑罚惩处模式不利于企业犯罪治理。

## 第三节　我国企业犯罪刑事执行程序的完善

轻缓、灵活的刑罚执行可以让企业获得改过自新的机会,实现可持续发展。我国当前实行宽严相济的刑事司法政策,刑事合规在企业犯罪刑罚执行阶段的作用应当与该政策相符。企业刑事合规"宽""严"相济,有利于激励企业配合司法机关进行合规整改。在自然人犯罪案件中,当案件到了执行阶段时,司法机关会通过适用社区矫正来贯彻宽严相济刑事司法政策。可见,为实现宽严相济刑事司法政策之目的,在企业犯罪的刑罚执行中,司法机关也可以采取类似于社区矫正的非刑罚方法,即可以让犯罪企业通过配合司法机关进行合规整改,以此获得刑罚执行的轻缓。企业配合司法机关进行合规治理需要付出成本,所以无法期待企业能够完全自愿的实施合规计划,还需要发挥外部措施促进企业进行合规整改,而这主要可以通过刑罚执行阶段的宽严相济实现。企业犯罪刑罚执行阶段的宽严相济表现为:刑罚执行应当给予企业一定的合规整改空间,如为企业宣告刑罚缓刑,使其能够在缓刑期间进行合规整改,并获得最后刑罚的宽缓,体现出"宽";在刑罚执行阶段要求企业合规整改,但对于整改过程应当严格监督,不给企业留有刑罚执行懈怠的心理空间,体现出"严"。完善我国企业合规刑事执行程序的具体路径包括:

---

① Diana E. Murphy, "The Federal Sentencing Guidelines for Organizations: A Decade of Promoting Compliance and Ethics", Iowa Law Review, Vol. 87, No. 2 (2002).

## 一、加强与企业在犯罪治理上的合作

今后的企业犯罪刑罚执行应当体现合规整改,这要求国家加强与企业这一治理对象的合作。合作应当采取协商治理的方式,所谓协商治理,指的是国家赋予被监管企业一定的治理权。[①] 在企业犯罪追诉中,合作可以体现在刑罚执行上,即在刑罚执行阶段要求企业进行合规整改。企业在被定罪量刑之后,通过合规整改,实现有效的自我治理,而不是由国家一方单独进行的强制外部治理。涉案企业应完善自身的合规计划,刑事合规也应当在执行阶段推动这一目标的实现。国家和企业之间进行协商治理,改变以往的一方追诉另一方的对立局面。企业作为创造经济财富的重要社会主体,国家作为维护社会安定繁荣的一方,二者肩负不同的社会责任,不应完全割裂。在犯罪治理方面,协商治理可以破除以往企业和国家的对立关系,提升企业合规整改的积极性,减少国家的犯罪追诉成本,减少企业犯罪的发生。[②] 国家和企业通过协商治理的方式,加强合作,不仅在合规不起诉程序可以体现,在刑罚执行阶段进行合规整改也可以实现。被定罪量刑之后的企业与国家开展合作,积极推动企业内部的合规整改,降低刑事法律风险,减少犯罪危害后果,获得国家与社会的谅解,获得刑罚缓刑或减轻的可能。因此,在企业合规的刑事司法程序改造中,国家应在刑罚执行中适当推动企业的自治,与企业协商合作,以刑罚减免或暂缓执行为条件,使企业积极配合,进行合规整改,继续助力社会发展,实现企业合规的价值理念与目标。

## 二、增设企业缓刑制度

针对被定罪量刑的犯罪企业,可以推动其进行合规整改,获得刑罚的减免。为此,需要建立起配套的刑事法律制度。我国可参照国外的企业缓刑制度,将其作为企业犯罪控制的一个创新举措。我国企业缓刑的适用条件包括:企业单位与执法机构之间达成和解,制定合规整改的计划,并在企业内部积极实施。[③] 企业是市场经济的主体,对企业进行刑事处罚的目的不是消灭企业,而是促进其实现可持续发展。增设企业缓刑制度之后,可以将合规整改规定为宣告企业缓刑

---

[①] ［美］金伯莉・D.克拉维克:《表象化的合规与协商治理的失败》,李本灿译,载李本灿等编译:《合规与刑法:全球视野的考察》,北京:中国政法大学出版社 2018 年版,第 97 页。

[②] ［德］弗兰克・萨力格尔:《刑事合规的基本问题》,马寅翔译,载李本灿等编译:《合规与刑法:全球视野的考察》,北京:中国政法大学出版社 2018 年版,第 64 页。

[③] 万方:《企业合规刑事化的发展及启示》,《中国刑事法杂志》2019 年第 2 期。

的条件,为刑罚执行中的企业创造合规整改的空间。① 在涉案企业被宣告有罪之后,司法机关对其一般会判处罚金。较高罚金数额对于部分无法进入合规不起诉的企业而言或难以承受。更重要的是,我国刑法处罚的结果不应当是促使企业死亡,而应当是实现企业的合规经营。如果罚金数额过高,会带来企业不可承受的后果,严重的结果将是企业破产并引发其他一系列问题,而较轻的结果也是影响企业的生产经营,并导致其他有关方利益受损。为避免罚金数额过高造成企业破产、员工失业等等各种社会性问题的出现,判处罚金的同时可以对企业宣告缓刑,缓刑期间内要求企业进行合规整改,并且要求企业积极赔偿被害人,以减少、弥补犯罪行为造成的社会损害。② 对企业犯罪的惩治宜采取轻缓化的刑事政策,企业缓刑能够对此予以体现,并且有利于促进企业合规整改,降低社会损害程度,维护社会公共利益。③ 企业被定罪量刑之后,附随的不利影响较大。为涉案企业设置缓刑考验期,企业在期内进行合规整改,实现正常合法地生产经营,期满后罚金刑不再执行,企业也得以回归市场竞争,社会利益得到维护。

我国企业缓刑制度可以比照自然人缓刑的规定,设置一定的期限,在缓刑期限内,司法机关要求企业合规整改,期满后接受司法机关的验收。在验收时,一方面要求企业妥当建立合规计划,另一方面也应当要求企业消除此前的犯罪后果,减少社会利益因其犯罪造成的损害。缓刑考验期之后,由司法机关宣告罚金刑不再执行。如若能建立企业缓刑制度,则能在刑罚执行时,要求犯罪企业通过合规整改获得减刑机会。在企业缓刑制度的具体实现上,可以在法律上明确规定:当犯罪企业被判处罚金刑后,该企业单位愿意积极进行合规整改,并可以获得被害人谅解的,可以对其宣告缓刑。此外,司法解释可以进一步规定,对宣告企业缓刑附加条件,条件包括:采取相应措施挽救犯罪行为造成的损害;定期向司法机关报告合规整改情况并接受监督;遵守其他有利于预防犯罪或补救犯罪危害的条件。

### 三、企业犯罪的刑罚执行应重视预防

费尔巴哈认为,刑罚的目的是让公众意识到犯罪的严重后果,从而畏惧而不敢犯罪。诚然,带有明显的惩罚性质是刑罚的特点,但单凭刑罚威慑作用不足以减少犯罪的发生可能性。在企业合规制度中,刑罚目的不应走向惩罚目的,而应

---

① 周振杰:《企业合规的刑法立法问题研究》,《中国刑事法杂志》2021 年第 5 期。
② 李鄂贤:《法人刑事责任的本质转变与法人犯罪立法的未来改革》,《法学杂志》2019 年第 5 期。
③ 孙国祥:《刑事合规的理念、机能和中国的构建》,《中国刑事法杂志》2019 年第 2 期。

继续坚持预防目的。在企业犯罪的刑罚执行中,合规整改的目的是预防犯罪的企业再次犯罪,并帮助企业重新投身经济建设。因此,刑罚目的应当继续坚持预防目的,把企业的犯罪预防放在首位,且要避免企业因过重的刑罚而失去生产经营能力。

在企业犯罪的刑罚执行阶段,司法机关可以通过适用缓刑等方式,要求犯罪企业进行合规整改。从企业法律责任的本质来看,企业犯罪的刑罚所蕴含的道义报应意味较少,目的主要体现为犯罪预防、社会关系修复。① 企业的合规整改要求企业建立或完善合规计划,而合规计划是执法机关从外部强制要求企业实施的治理机制,本质上是企业内部的预防措施,可以预防、发现并制止企业潜在的违法犯罪行为。② 合规整改可以实现企业治理体系和治理能力的优化,在刑罚执行中应用有别于刑罚惩罚性目的,塑造预防性法律规则。③ 刑罚执行阶段进行的合规整改属于刑罚执行的一部分,刑罚执行不能仅对犯罪人进行惩罚,还应对其教育改造。企业在合规整改之后,实现“新生”,降低刑事法律风险,同时也消除犯罪动机,刑罚的犯罪预防目的得以实现。

## 四、加强对企业缓刑中企业合规整改的监督

在实施企业缓刑制度的国家,司法机关对犯罪企业作出刑罚暂缓执行决定时,往往是出于企业背后公共利益保护的考量。诚然,法院对犯罪企业进行刑罚上的暂缓执行决定,并对企业进行合规整改方面的指引,有利于保护企业产权,进而保护公共利益。但保护公共利益不应是国家为企业开脱罪责的借口。④ 因此,在司法机关作出刑罚缓期执行的决定上,法律应当对适用范围与适用程序严格限制,并注重监督。

### 1. 建立企业犯罪刑罚执行阶段合规整改的监督体系

刑罚暂缓执行时的企业合规整改监督可以参见合规不起诉阶段的合规整改监督要求,一方面有利于形成制度施行的统一性,减少监督工作开展的障碍;另一方面有利于节约立法资源,如果在合规不起诉阶段就形成了严密的监管体系,可以直接将其适用在刑罚执行阶段的合规整改,减少立法工作负担。因此,我国可以在企业合规制度中打造与合规激励程序相适应的监督体系,主要包括内部

---

①　蔡仙:《论企业合规的刑法激励制度》,《法律科学(西北政法大学学报)》2021年第5期。

②　Sean J. Griffith, Corporate governance in an era of compliance, 57 William and Mary Law Review 2075 (2016).

③　Donald C. Langevoort, Cultures of Compliance, 54 Am. Crim. L. Rev. 933(2017).

④　张迪:《刑事合规视野下企业缓起诉制度功能定位的反思与借鉴》,《财经法学》2021年第5期。

和外部的监督。在内部监督上，司法机关可以根据企业的规模、管理结构体系，设立企业内部的监督部门或者监督员。对于中小微型企业，在刑罚暂缓执行阶段，司法机关可以要求企业负责人监督企业合规整改。对于大型企业，可以参照美国，通过设立合规监督组织的方式，组建合规监督董事委员会，对管理层的合规整改进行监督并定期审查。① 在外部监督体系构建上，美国、英国和法国等发达国家的暂缓起诉协议制度规定，检察机关应当要求企业聘请独立的合规监督员，随时监督和审查涉案企业协议履行情况，并要求企业向执法机关或监管机构作出定期汇报。② 因此，我国在刑罚缓期执行阶段的规定上，也可以与合规不起诉阶段一样，借鉴外部设立独立合规监督员制度，依靠合规监督员，对涉案企业缓刑期间的合规整改进行监督。由于单纯依靠司法机关或者非专职型第三方机构的监督效果不足，为有效回应刑法规定，在遵循法律缺位和不干涉企业经营原则前提下，刑罚执行阶段开展的合规整改也有必要依靠第三方监管机制的监督。③

### 2. 发挥检察机关的法律监督作用

涉案企业的合规整改在刑罚执行阶段进行，来自法院的判决结果要求，企业具体如何实施可以依靠内部和外部的合规监督员予以监督，但是具体如何执行依然需要发挥检察机关的法律监督作用。我国宪法规定，人民检察院拥有法律监督的根本职能，在刑罚执行过程中行使法定的监督权力。这一监督角色符合我国的刑事诉讼法制度逻辑，我国刑事诉讼法对检察机关赋予的权力包括自侦案件的立案侦查和审查起诉在内的一系列诉讼性权力，以及法律监督权。④ 检察机关在我国司法机关中的定位就属于法律监督机关。因此，在刑罚执行阶段，包括在企业犯罪的合规整改执行中，检察机关扮演监督角色符合我国刑事诉讼法律制度逻辑链条。

### 3. 赋予检察建议与纠正违法通知书法律效力

为实现检察机关对涉案企业在刑罚执行中合规整改的监督作用，应当赋予检察机关作出检察建议与纠正违法通知书的法律效力。检察建议和纠正违法通知书经常被检察机关在司法实践中使用，但由于这两种文书不具有法律强制性

---

① supra note 2. § 8 B2. 1 note 2(C).
② 陈瑞华：《企业合规视野下的暂缓起诉协议制度》，《比较法研究》2020 年第 1 期。
③ 杜方正、刘艳红：《国有企业刑事合规制度的法理重塑》，《南京社会科学》2021 年第 3 期。
④ 张建伟：《检察机关刑事执行职权模式比较研究》，《中国刑事法杂志》2022 年第 1 期。

效力,经常有监督对象不作回应。① 刑罚执行阶段的违法行为无法得到适时纠正,检察机关的监督作用在一定程度上也被削弱。当涉案企业在刑罚执行阶段开展合规整改时,检察机关可以通过发出检察建议或者纠正违法通知书的方式,要求执行机关严格审查涉案企业的合规整改,或者对涉案企业进行监督。因此,检察建议和纠正违法通知书的法律效力应当在刑事诉讼法中得到加强,以保障检察机关监督效果的提升。

### 五、对企业犯罪采取非刑罚模式

由于企业犯罪的刑罚惩处出现了"威慑陷阱"等问题,所以企业犯罪的刑罚方式应当进行适当扩充。当前《刑法》第三十七条规定的训诫、责令具结悔过、赔礼道歉、赔偿损失等非刑罚措施尚不能在企业犯罪追诉中发挥作用。因此,企业犯罪的刑罚惩处可以对上述非刑罚模式予以采纳,非刑罚模式在企业犯罪中适用可以体现为企业承诺并进行合规整改,积极赔偿被害方,减少犯罪后果的影响。非刑罚措施在一定程度上有助于安抚被害人,并且可以改善企业和社会公众的关系。因为从情理上看,被害人一般并不一定要求财产上的赔偿或补偿,而是需要心理上的宽慰,往往也是许多被害人的第一要求。企业犯罪治理与合规整改要求企业和社会实现合作,非刑罚模式可以在其中发挥作用。企业可以通过悔过并承诺合规整改获得社会公众的谅解。因此,《刑法》第三十七条可以进行一定的扩充,即对于较为严重的单位犯罪,可以规定合规整改的非刑罚方式,要求涉案企业在刑罚执行阶段建立或完善合规计划,维护社会利益,缓和涉案企业和社会之间的矛盾。

---

① 单民:《刑罚执行监督中的问题和对策》,《政治与法律》2012 年第 11 期。

# 第九章　辩护律师在刑事合规程序中的有效参与

## A 公司串通投标合规不起诉案[*]

2021 年 4 月 1 日，数十名警察进入经营十几年的 A 公司，刑事拘留了公司的近十位高管，查封了公司的数台电脑、调取系列文件、传唤公司多名员工。公司上下人心惶惶，异常紧张。S 律师事务所临危受命，接受委托，正式介入刑事诉讼程序。辩护律师了解到公安机关并没有对公司的账号采取查封措施，冻结账号只是银行的行为。律师于是向银行发出了律师函，银行很快解冻了账号。律师通过会见和进一步的调查了解到，A 公司案发前数日向一家关联企业转出了 33 万元，该关联企业将该笔款转给了 B 公司。A、B 公司均因涉嫌串通投标罪，被立案侦查。A 公司负责人向公安机关承认了上述犯罪事实。如果罪名成立，个人量刑可能会是 3 到 7 年。公司会被判处罚金，且因为有犯罪记录，以后会被禁止参与政府采购服务的招投标。企业如果被定罪，直接影响企业 2000 多员工的生计。

辩护律师充分利用最高检在全国推行企业合规试点改革的时机，在审查批捕阶段，约见了经办的检察官，提交了请求对 A 公司适用合规不起诉制度的申请书，同时附上详细的合规整改的计划书。检察机关赴 A 公司实地调研后，同意对 A 公司启用合规整改方案，并适用合规第三方监督评估机制，被逮捕的高管全部被取保候审。

---

[*]　案例援引自宋福信：《一件合规不起诉案件的办理始末》，https://weibo.com/ttarticle/p/show? id=2309404775662765343101，2022 年 6 月 29 日访问。

随后,按照合规建设承诺,律师开始对 A 公司持续几个月的合规整改工作。律师首先向企业的高管强调,合规整改不能走形式,一定要做到有效合规。同时,帮助企业设立合规部、培训数名兼职合规员、建立完善的合规管理制度、开发了一套线上审批系统,将与招投标业务相关的审批、财务全程线上留痕,有效预防了串标和腐败。基于上述工作,合规整改通过专家验收,企业获得不起诉的诉讼待遇,摆脱了刑事追诉的风险。A 公司全体员工对 S 律师事务所的法律帮助表示非常满意。

## 评述

此案 A 公司犯罪所涉的金额不大,但是犯罪事实清楚、证据确凿充分,辩护律师如果按照传统的刑事辩护思路作无罪辩护难度较大,而且诉讼时间太久,对企业的发展而言实属不利。辩护律师敏锐地捕捉到了当前国家推行企业合规试点改革的政策实质,引导检察官接受自己的合规整改建议,形成了当地检察机关适用刑事合规不起诉保护企业的典型案例,实现了法律效益、社会效益、经济效益的统一,是一个检察机关、涉案企业、律师等多赢的诉讼案件。总结此案,给我国律师参与刑事合规业务·提供了以下几个方面的启示:

### 一、律师要充分利用企业刑事合规的激励政策,帮助企业获得最大的诉讼利益

本案利用合规不起诉获得的成功,并不是律师"灵光一现"的偶然结果,而是与律师长期关注国家的司法改革紧密相关。S 律师事务所很早就开始为一些企业建立刑事合规制度,一直关注和研究着刑事合规业务,A 公司的情况,刚好符合了企业合规不起诉这一项法律政策。因此,辩护律师应该具有刑事合规的法律意识。

同时,在企业全体员工感觉到紧张、绝望的情况下,因为辩护律师的思路转变,策略得当,企业最终获得不起诉待遇,彻底摆脱牢狱之灾,挽救了企业以及企业两千多员工及其家庭的命运。因为律师帮助下的合规建设,也强化了企业的合规法律意识,保障了企业长期健康的发展。显然,刑事合规是保护企业的利器,辩护律师应充分运用这一武器服务企业。

### 二、律师要提高刑事合规的能力,为当事人提供优质的刑事辩护服务

企业刑事合规的改革已经在全国范围内推开,将来不仅是企业合规,所有单位和组织都必须进行合规建设。面对改革的浪潮,刑事辩护律师必须与时俱进。

本案中,S律师事务所通过此案在业界获得良好的口碑,随后接受了一系列案件的刑事合规委托,打造了一个优秀的企业合规律师团队。无论在经济效益还是社会效益上,S律师事务所都获得了巨大的收益。

与传统的刑事辩护不同的是,刑事合规的辩护专业性较强。在本案中,S律师事务所除了完成传统刑事辩护中的调查取证、会见、阅卷、与检察官沟通等工作之外,还必须对刑事合规的理论、法律、政策非常熟悉,具体工作包含对企业的合规培训、帮助企业风险识别、制定有效合规计划、协助企业建设合规体系、应对专家的审核评估等,是一项全面、综合的工作,需要律师事务所集体、协同工作。合规是未来律师业务的重要增长点,律师要在刑事合规中占有一席之地,必须加强业务学习,提升刑事合规能力。律师事务所可根据行业发展的需要,打造律师合规团队,形成特定行业的合规服务品牌。尤其是国际性合规案件,对辩护律师的能力与素质提出了更高的要求。律师事务所应尽早进行人才贮备,以满足将来国内外企业刑事合规的发展需要。

### 三、律师全面参与,除了刑事辩护外,还在企业合规中承担多项职能

因为刑事辩护律师了解企业的情况,或者已经与企业建立了信任,通常企业会同时委托刑辩律师一并完成企业的合规建设。但出于合规业务的多样性和复杂性,律师除了在刑事辩护中协助企业进行合规建设外,还有以下职能承担:

**1.提供企业合规建设专项服务**

律师虽然不是涉案企业的辩护律师,但是可以根据自己的业务特长,为企业提供专门的合规体系建设服务。在此种情况下,涉案企业的刑事辩护律师和合规法律服务律师分别独立行使不同的职能,但需要在工作中加大沟通、相互协助、相互配合,共同维护企业的合法权益。

**2.担任第三方组织专家**

律师可以成为第三方组织的专家,履行对合规建设的评估审查职能。各地第三方组织专家库中都有一定数量的律师担任专家,根据《关于建立涉案企业合规第三方监督评估机制的指导意见(试行)》第12、13条之规定,第三方组织专家应当对涉案企业合规计划的可行性、有效性、全面性进行审查,并根据案件具体情况和涉案企业承诺履行的期限,确定合规考察期限。在合规考察期届满后,应当对涉案企业的合规计划完成情况进行全面检查、评估、考核。

**3.担任合规监控人**

受人民检察院、第三方组织或企业的委托,对企业合规建设情况进行监督。

如深圳市司法局与深圳市检察院等九部门于2021年7月共同制定了《企业合规第三方监督评估机制委员会及地第三方监控人管理暂行规定》等文件，建立了深圳市企业合规第三方监督评估机制。2021年底选认了首批企业合规第三方监控人，共30家机构，包含23家律师事务所在内。截至目前，已经有多家名单内的律师事务所作为第三方监控人履职，其职责具体包括：对涉案企业的合规建设进行检查、指导和监督；定期向检察机关报告合规监管情况；考察期满对涉案企业履行企业刑事合规承诺、完成刑事合规计划的情况出具合规考察并出具书面报告等。

**4. 担任合规建设巡查人**

根据《关于建立涉案企业合规第三方监督评估机制的指导意见（试行）》第9条之规定，律师可参加第三方机制管委会组建的巡回检查小组，对相关组织、人员在第三方机制相关工作中的履职情况开展不预先告知的现场拍查和跟踪监督。

# 第一节　辩护律师有效参与刑事合规的重大意义

2022年4月，涉案企业刑事合规改革在全国全面推开。显然，属于我国的刑事合规大时代已经到来。刑事诉讼中的合规融入，极大地改变了传统律师企业犯罪辩护的进程与思路。面对这一变革，辩护律师应主动出击，对刑事辩护的形式、内容进行拓展和充实，确保辩护律师对刑事合规程序的有效参与。刑事辩护从形式到内容都必须进行拓展和充实。在刑事合规程序中，辩护律师除了行使一般辩护职能，还必须应刑事合规的要求，参与合规计划的制定、合规整改、合规验收等非诉工作。刑事辩护的主要阶段前移，从庭审转向侦查、起诉。为充分发挥辩护律师在刑事合规程序中的重大作用，必须从对律师参与合规的观念勘误、刑事合规能力提升、参与合规的制度保障等方面着手，实现辩护律师在刑事合规程序中的有效参与。辩护律师在刑事诉讼中的重大作用已经不言而喻，刑事合规对诉讼程序的变革赋予辩护律师在刑事程序中更为特别的重大意义。

## 一、回应刑事合规对传统辩护提出的新要求，保障刑事合规目的实现

无论是域外成熟的刑事合规制度还是中国试点中的刑事合规措施，都是意欲借助刑事实体和程序的激励，鼓励企业主动建立合规体系，打造有效的合规计划。因而，刑事合规的根本目的主要是两个：一方面，帮助企业减少刑事风险，保护企业及利害关系人的合法权益，实现企业的可持续发展。刑事合规成为企业最严厉最有效的"护身符"；另一方面，改变对企业犯罪单一的刑罚威慑模式，实

现企业与国家对犯罪的共治,进而达到预防和减少企业犯罪的目的。在此意义上,可将刑事合规界定为"国家-企业的犯罪合作治理模式",即将企业合规管理与刑事追诉建立关系,通过实体或程序激励,推动企业自我管理,实现企业与国家共赢。①

相较一般犯罪的辩护,刑事合规的辩护无论是形式还是内容都发生了巨大的变化。首先,合规已成为一种独立的刑事辩护方式或策略。辩护律师必须从实体上寻找合规的出罪情节和法律依据,并从程序上予以证明,从而获得在追诉上的激励和优待。其次,辩护律师因为最了解案件,还必须同时参与合规体系的重建以及有效合规的评估、验收,并接受和进行一系列的合规调查。形式上的独立性和内容的复杂性、多样性决定了刑事合规辩护工作的强度和难度均会大幅度增加。因此,刑事合规案件的辩护,尤其是重大案件的辩护,通常必须组建一个专业的团队,各自进行分工负责,方能最终完成辩护工作。如在西门子全球贿赂案件中,西门子公司聘请的是美国的德普律师事务所(Debevoise & Plimpton)。该律所组建一个律师团队,先后检查了 4000 万份银行账户报表、1 亿份文件以及 1.27 亿次交易记录、评估了 5000 多个咨询协议、进行了无数次内部谈话,出具了多份专项调查报告,整个过程历时 2 年多。律师团队出具的调查报告被美国司法部和证交会接受,西门子公司获得快速结束诉讼程序、减少罚款等优待。② 2019 年,Quad/Graphic Inc. 公司被美国司法部指控 2011—2016 年期间在秘鲁、2010—2015 年期间在中国存在违反《反海外腐败法》的犯罪行为。该公司经过律师充分评估风险后,选择及时自愿披露违法行为并积极配合调查,最终因合作获得不起诉的从宽待遇。可见,正是因为辩护律师的有效参与和正确抉择,刑事合规的各项程序方能顺利推进,刑事合规的实质追求才能得以实现。

## 二、实现认罪认罚视域下"协商性诉讼"的诉讼结构平衡

2018 年刑事诉讼法正式确立认罪认罚从宽制度后,契约和协商的理念深入贯彻刑事诉讼全过程,诉讼中的对抗更多的转变为合作,我国的刑事诉讼模式也逐渐从"权力主导型诉讼"转向"权利主导型诉讼"。刑事合规的实质是企业与追诉机关的合作,因此,企业认罪认罚是合规的应有之义,否则无法体现企业的合作和整改的诚意。正因为如此,几乎所有推行刑事合规的国家,包含我国试点中

---

① 李本灿:《刑事合规制度的法理根基》,《东方法学》2020 年第 5 期。
② 陈瑞华:《企业合规制度的三个维度》,《比较法研究》2019 年第 3 期。

的刑事合规,都将涉案企业自愿认罪认罚作为对其开展刑事合规的前提条件。[①]

在认罪认罚的案件中,诉讼重心前移至审查起诉阶段,刑事诉讼由通常的正三角形结构(控辩平等对抗,法官居中裁判)转变为"两点一线"(控、辩两点为一方,裁判为另一方)构造。审查起诉阶段,在检察机关的主导下,控辩双方通过协商,对定罪、量刑、程序选择等实体、程序问题达成的一致意见,按照我国刑事诉讼法第 201 条之规定,人民法院一般应当采纳。审查起诉阶段缺乏了法院的参加,检察机关成为程序的主导者,并决定案件的重大问题,此时控辩平等的保障更具特殊意义。[②] 具体到刑事合规案件中,检察机关更是合规程序的主导者和最终决定者。在此过程中,被追诉企业通过重建合规体系、制定有效的合规计划、认罪认罚等,以换取检察机关程序和实体的优待。那么,控辩平等作为刑事诉讼的基本原则如何在刑事合规中保障? 实际上,无论是契约、协商,还是权利主导,都强调诉讼平等武装。刑事合规中,被追诉企业诉讼条件和能力先天不足,无法与控方抗衡。被追诉人对辩护律师的支持有着强烈的需求和依赖,尤其是认罪认罚的协商中,辩护律师以自己专业能力和丰富的刑事经验,可有效充实辩方力量,实现认罪认罚视域下"协商性诉讼"的诉讼结构平衡。

### 三、最大程度保护企业的合法权益

刑事合规中,国家将对企业监管的一部分权力让渡给企业承担,因此企业方拥有了较大的自主权和自治权。在刑事程序中,企业可有效开展自救,其具体措施包括:根据企业自身的实际情况和利益得失,与检察机关进行谈判、协商,选择认罪认罚的具体策略,确定希望获得的合规激励待遇,承诺的合规体系建设等。刑事合规中涉及企业自身重大利益的一系列选择,既是机遇,也是挑战,作何选择,需要眼光、谋略、专业、技术。对刑事合规业务并不是非常熟练的企业,很大程度上依赖专业律师的建议,才能得以顺利推进刑事合规。

刑事合规中检察机关的主导地位,令人担心追诉机关滥用权力,滋生新的腐败。同时,被追诉企业的各项诉讼权利也存在被侵犯的风险。辩护律师的参加,可有效预防上述风险的发生。一方面,辩护律师可利用诉讼规则和正当程序防止国家机关权力的滥用,实现保护企业实体权益和诉讼权利之功效。如在合规调查中,如果检察机关使用的调查手段违反了法定的程序或违背了企业的自愿,或者其他机关的调查存在越权行为,辩护律师可以请求适用刑事诉讼中的非法

①　赵恒:《认罪答辩视域下的刑事合规计划》,《法学论坛》2020 年第 4 期。
②　朱孝清:《认罪认罚从宽制度中的几个争议问题》,《法治研究》2021 年第 2 期。

证据排除法则,将违法调查的结果排除在刑事诉讼之外,从而消除追诉机关在刑事合规中的违法动机,最大限度地减少因权力滥用对企业权益的侵害。① 另一方面,辩护律师可直接通过自己行使或帮助被追诉企业行使诉讼权利,实现企业诉讼利益的最大化。如在辩护权的行使过程中,辩护律师可充分挖掘企业的合规要素,实现企业责任与个人责任的切割,帮助企业获得合规出罪机会。对于无法出罪的案件,辩护律师也可代表企业与检察机关进行富有成效的沟通、磋商,帮助企业获得最大程度的诉讼激励。在国际社会影响较大的刑事合规案件,如西门子公司贿赂案、联合技术(UTC)案件、英国宇航系统公司案件等,企业最终获得不起诉或暂缓起诉或刑事和解待遇,均可见优秀律师团队的出色发挥。

## 第二节　刑事合规程序中辩护律师的功能定位

无论是作为重要的公司治理方式,还是作为刑法激励机制,企业合规制度的有效运行都离不开律师的参与。② 刑事合规中的辩护律师,其功能行使亦受到巨大冲击,除了行使传统的刑事辩护职能之外,还因为对刑事案件以及企业情况的知悉,一并行使和刑事辩护相关的刑事合规非诉功能。

### 一、行使传统的刑事辩护功能

辩护依旧是刑事合规中辩护律师的主要任务和根本目的,只是刑事辩护中更多的要考虑合规情节。因此,辩护律师必须充分利用自己传统刑事辩护的技能和经验,做好刑事辩护工作的充分准备。但毕竟刑事合规程序中的辩护与一般犯罪的辩护有所不同,辩护律师在辩护中有了更多的选择和更大的发挥空间。在传统刑事辩护的基础上,刑事合规的辩护要注意:

1. 刑事合规程序辩护的多样化选择

世界各国刑事合规的一个共同做法就是通过程序的分流实现刑事合规的程序激励。其中最典型的做法有美国的合规暂缓起诉和不起诉制度。后来,英国、法国、加拿大、澳大利亚、新加坡等国,纷纷仿效美国,确立了暂缓起诉制度,但在名称以及实施细节上各国各具特色。如英国对涉嫌犯罪的企业是否适用暂缓起诉或不起诉,由法官进行司法审查,而美国则完全由检察官决定。

① 杨帆:《企业刑事合规的程序应对》,《法学杂志》2022 年第 1 期。
② 陈瑞华:《企业合规制度的三个维度——比较法视野下的分析》,《比较法研究》2019 年第 3 期。

我国试点中的企业合规改革也将合规不起诉作为主要程序激励措施。按照最高人民检察院 2021 年 4 月下发的《关于开展企业合规改革试点工作方案》中"试点检察院对民营企业负责人涉经营类犯罪，依法能不捕的不捕、能不诉的不诉、能不判实刑的提出适用缓刑的量刑建议"之规定，我国的刑事合规程序激励主要包括：强制措施（包含逮捕、拘留、搜查、扣押等）的谦抑、起诉的谨慎、刑罚的轻缓化等。

因此，辩护律师在进行辩护策略和方向选择时，可根据企业犯罪的具体情况，争取获得上述程序激励。如通过说服企业主动披露违法犯罪信息，接受合规考察，重建合规管理体系，制定有效合规计划，获得检察机关的合规不起诉。此种辩护策略既帮助企业在个案中获得"出罪"的最大利益，同时又消除企业既有模式中的刑事风险与犯罪因素，提升企业竞争力，保障企业的可持续发展。

2. 刑事合规实体辩护的充分运用

实体激励为刑事合规提供源动力，并为程序激励的实施提供法律依据。刑事合规对犯罪的预防主要是通过将刑法规范中预防犯罪的注意义务转化为企业合规计划来实现。因此，欧美国家基本上将合规纳入刑法体系之中，如美国最早规定在《联邦量刑指南》之中。大陆法系在刑法中确立了合规出罪制度，如意大利和法国均规定，只有代表企业或者为实现企业利益所实施的犯罪行为，才可以由企业承担刑事责任。英美法系则是以替代责任原则和同一性原则作出规定，要求企业员工或代理人在职务范围内、为实现企业利益所实施的犯罪行为，企业承担相同性质的刑事责任。企业的高级代理人（主要是指企业内部的高级管理人员）为实现企业利益所实施的犯罪行为，企业应与他们共同承担刑事责任。[①]

虽然表述和理论根基不同，但英美法系和大陆法系的具体做法基本上都是将企业的合规情节与犯罪构成、刑事责任追究直接挂钩，企业有效的合规计划则是犯罪阻却或刑罚减免的法定理由。那么，在刑事辩护中，刑辩律师就会根据刑事实体法的合规规定，以企业无犯罪的主观过错或者已经尽到监管义务为理由，实现企业法律责任与自然人法律责任的切割，达到"交出自然人，保护企业"之功效。即便无法获得帮助企业出罪之目的，亦可努力将合规作为换取最低刑罚处罚之重要筹码进行辩护。

我国刑法对企业犯罪的追责实现"主客观相统一"的原则。但是企业合规在我国刑法中缺乏明确的规定，我国刑法既未将合规规定为刑法义务，也未使合规成为犯罪阻却事由或法定刑罚减免情节。[②] 但随着我国刑事合规改革的深入进

---

① 陈瑞华：《企业合规出罪的三种模式》，《比较法研究》2021 年第 3 期。
② 刘艳红：《企业合规不起诉改革的刑法教义学根基》，《中国刑事法杂志》2022 年第 1 期。

行,应对社会发展的需要,刑事实体法和程序法做出相应的调整,已经是势在必行。当前试点改革中,已经对实体激励提出了一些具体的要求,一些辩护律师已经开始尝试在"主客观相统一"原则基础上,逐步引入实体激励的辩护思路。合规实体辩护的充分运用,是刑辩律师有效参与刑事合规的重要路径。

## 二、参与刑事合规建设的非诉功能

刑事合规中辩护诉讼业务与合规建设非诉业务实难截然分开。且辩护律师已经获得了案涉企业的信任,对企业的运作以及案情熟悉、了解。企业出于保护商业秘密或工作便利的考虑,会将与刑事辩护相关的合规建设等工作委托给辩护律师,主要工作包括:

### 1.合规计划的打造

合规计划是指企业结合自身的性质、业务、风险等实际情况,根据法律法规、行业规章、商业伦理等,建立的一整套违法及犯罪预防、发现、举报、处理机制。在刑事合规程序中,有效的合规计划是刑事合规的核心内容和实质手段。其作为企业换取合规激励的证据、认罪认罚从宽协商的筹码、企业自治管理的举措,贯穿于刑事合规程序的始终。因此,打造有效的合规计划,是刑事合规中企业和辩护律师工作的重点。何为有效的合规计划?各国的刑事合规立法和实践认为,有效的合规计划至少要包含下列七个要素:(1)为预防犯罪,企业应建立合规准则;(2)安排专门的企业高层人员监督合规准则的执行;(3)不得聘用在尽职调查期间发现的具有犯罪前科的高管;(4)对所有员工培训并普及企业的合规准则;(5)通过采取违规举报等合理措施实现企业的合规;(6)建立严格的违规惩戒机制;(7)发现犯罪后,及时采取必要的措施来应对并预防类似行为再发生。[①]

辩护律师必须掌握有效合规计划必备的几个要素,并按照各个要点,帮助企业制订有效的合规计划,最终通过评估验收。辩护律师根据案涉企业的风险点以及行业的一般要求,为企业量身打造一套有效的合规管理体系;对没有建立合规计划的企业,帮助新建合规计划;对已经初步建立合规体系的企业,进行合规计划的整改和完善。[②]

### 2.应对政府和检察机关的合规调查

刑事合规程序进行的过程中,企业还会同时面临来自于海关、工商、税务等政府部门以及检察机关的各种调查。调查结论对于企业是否能够获得不起诉或

---

① U. S. SENTENCE GUIDELINES MANUAL § 8C2. 1(b)(2010).

② 陈瑞华:《律师如何开展合规业务——合规计划的打造》,《中国律师》2020年第8期。

量刑从宽等刑事激励至关重要。所以,刑辩律师必须认真准备,协助企业应对来自于政府和检察机关的各种合规调查。

辩护律师的具体工作主要包括:(1)做好行政合规调查和刑事合规调查的衔接。企业因为同一违法犯罪行为,可能会同时遭受行政处罚以及刑罚处罚。辩护律师在"一事不再罚"的基本原则指导下,与检察机关以及行政机关进行交涉,实现法律责任的公平追究。同时,做好调查中各种会议、行为、活动、措施的证据留存,对于行政执法的证据,依法申请进行刑事证据的转化。(2)协助调查机关查明违法犯罪事实,分清企业和自然人个人的法律责任。对于属于企业内部人员的违法犯罪事实,应说服企业主动向调查机关披露,必要时给予责任人一定的处理。唯有如此,才能实现企业责任与个人责任的切割,充分利用合规保护企业合法权益。(3)协助企业提交调查证据。按照证据的"三性"(客观性、关联性、合法性)要求以及证据规则的指引,协助企业整理、提交物证、书证等实物证据,确定证人名单,对接受调查的企业员工和管理人员进行必要的法律辅导。(4)做好强制性侦(调)查措施中企业权利的保护。任何一项强制性侦(调)查措施,包含对企业的搜查、扣押、查封等以及对企业负责人的拘留、逮捕等,都会引起员工、投资人、合作伙伴的恐慌,甚至会导致造成企业的声誉下降、股票严重下跌等结果。辩护律师应尽量帮助企业申请上述强制性侦(调)查的替代措施适用,对于无法避免的强制性调(侦)查措施,也要做好强制性措施执行过程中对企业的权益保护,如向社会公众的说明和解释等。

3. 参与企业合规体系的建设

企业犯罪暴露的是企业某个或某方面的风险点。着眼于企业长远、全面的发展,企业一般会以此为契机,深挖犯罪的原因,同时对企业的全部风险点或隐患进行全面体检诊断,以增强企业的抵抗力。所谓体检,即对企业进行一站式风险扫描,发现并帮助企业避开将来可能的刑事风险。[①]

辩护律师结合案件对企业进行体检具有先天优势。从体检涉及领域来看,包含"常规体检"和"专项体检"。辩护律师最重要的工作是根据体检结果,对企业进行全面合规建设。合规体系建设与前述合规计划不同,合规计划主要是针对刑事诉讼程序的要求,满足刑事合规中多方主体的要求,因此,合规计划通常有相对固定的模式,包含诸多"规定动作"。那么,企业的合规体系建设,则是企业自愿自发进行的,合规体系建设中企业可根据自身的实际情况,加入更多的

---

① 陈心哲、薛瀚:《企业刑事合规的内化路径探析——以律师业务展望为视角》,《西安石油大学学报(社会科学版)》2020 年第 3 期。

"自选动作"。帮助企业改造商业模式就是重要的"自选动作"之一,如针对有涉嫌传销犯罪风险的企业,采取种种手段,证明企业有真实的商品和实际的交易,从而规避将来传销指控的刑事风险。对于涉嫌侵犯知识产权犯罪的,建议企业与知识产权所属单位进行各种形式的合作或者尽快获得授权,消灭可能发生的刑事风险。可见,辩护律师通过案例的辩护,延伸至帮助企业进行全面合规体系建设,将会对企业的整个运营产生重大影响。

## 第三节 辩护律师有效参与刑事合规的障碍

近几年,我国的刑事合规在检察机关的主导下快速发展,尤其是随着2021年6月3日《关于建立涉案企业合规第三方监督评估机制的指导意见(试行)》(以下简称《意见》)的出台,更是标志着企业合规正式、全面融入刑事司法领域。就辩护律师对刑事合规的参与而言,社会大众、企业、律师自身以及各项制度、机制建设,似乎并没有做好充足的准备,由此使得辩护律师尚且不能快速、专业地融入刑事合规。

### 一、对律师参与刑事合规的"误解"

2019年4月,某涉黑公司的法律顾问律师被检察机关以"帮凶""同案犯"控诉的新闻见诸报端后,引起社会哗然。[1] 虽然后来检察机关撤回对律师的犯罪指控,但大多数律师依然心有余悸。参与企业法律服务以及为企业刑事辩护的律师在执业中也心存诸多顾虑与担忧。这一事件折射出社会大众甚至包含一些司法机关对律师参与企业合规建设等工作存在诸多"误解",在上述案件中,检察机关指控律师构成犯罪的理由是律师以法律服务的方式为犯罪团伙提供了帮助,因此,其应为犯罪团伙的重要组成人员,承担刑事法律责任。在全国"扫黑除恶"的专项整治中,类似案件并不少见。

具体到辩护律师参与刑事合规,辩护律师将面临更为重大的风险。企业已经涉嫌犯罪,甚至一些企业的犯罪影响到广大民众的切身利益,引起了社会公愤。而作为企业的辩护律师(一些企业的辩护律师即为企业的长期法律顾问),从维护委托人合法利益最大化的角度出发,在法律许可的范围内,为企业确定是

---

① 《女律师被控为套路贷涉黑团伙服务 本人称相信法律》,https://www.sohu.com/a/307809539_420076,2022年3月8日访问。

否申请启动刑事合规程序、是否披露以及如何披露企业的其他信息、是否认罪、怎么认罪、是否认罚、如何认罚等具体策略,而该策略可能会与公诉机关、被害人的某些利益诉求冲突,引起不满,辩护律师则可能招致"民怨"甚至公权力以"共犯"为名的打击报复。因此,如果社会大众对辩护律师参与刑事合规的重大意义没有正确的认识,而局限于个体利益或局部利益的得失计算,就会使得辩护律师在刑事合规程序中如同"戴着脚镣跳舞",无法充分发挥辩护律师的职能与作用,最终影响刑事合规制度目的之实现。

### 二、律师刑事合规的专业性不足

全球范围内,律师在刑事合规中成为不可或缺的重要参与主体。为此,一些知名律所,如美国世强律师事务所(Steptoe & Johnson),专门开发了刑事合规专项服务。其服务事项包括:帮助企业制定减轻风险的保障措施;代表企业与追诉机关谈判;指导企业建立有效的合规计划等。[①] 我国刑事合规是在检察机关主导、学者们的大力呼吁下从上至下推进。在刑事合规的试点改革中,律师并未充分参与。对于律师而言,刑事合规可谓一个全新的业务,全国除了极少数律所及律师开始涉及刑事合规业务,大多数律所和律师的刑事合规业务意识尚未建立起来。全国范围内,律师和律所对经济合规、行政合规接触较多,积累了较为丰富的经验,专业从事刑事合规的律所、律师甚少。

面对重大的刑事合规案件,中国律师明显力不从心。在 2018 年中兴事件中,中兴公司以累计支付罚款 22.9 亿美元、更换管理层、10 年内接受美国合规官监管的巨大代价,与美国政府达成和解。痛定思痛,中兴事件带给我们的教训除了企业自身对合规风险重视不够外,法律应对的不力也是重要原因。中兴公司在处理这次合规危机时存在着多法律上的应对失误和操作不当。包括:中兴公司基于对外国律师的信赖,聘请的法律顾问是美国律师 Ashley Kyle Yablon;外聘顾问向美国政府部门提供虚假陈述;在合规整改期未能把握机会,反而采取不配合的应对措施等。随着国内外刑事合规业务的蓬勃发展,我国律师应提升刑事合规专业能力,力争在将来的国际刑事合规中占有一席之地,为企业的"走出去"和"引进来"提供专业的刑事合规服务。

---

① 有关世强律师事务所的刑事合规业务范围,参见 https://www.steptoe.com/en/services/index.html 首页,2022 年 3 月 8 日访问。

### 三、律师参与刑事合规的制度保障缺失

由于整个刑事合规制度尚处于初创期间,因此辩护律师参与刑事合规的制度、机制及辩护律师的权利保障处于严重缺失状态。《意见》的出台,规定了律师特别是辩护律师在刑事合规过程中的主体地位、诉讼权利以及每个环节的工作要求。按照《意见》第10条规定,检察院办理企业犯罪案件时,涉案企业的辩护律师可主动向检察院申请适用企业合规试点以及第三方机制,检察院应受理审查。第16条、18条则规定了辩护律师对第三方运行机制的申诉、控告权利。

上述规定对于辩护律师有效参与刑事合规提供了重要的保障。但从整体上来看,一方面,《意见》效力层次过低,《刑事诉讼法》《律师法》等基本法律尚未对辩护律师参与刑事合规做出回应;另一方面,涉及辩护律师参与刑事合规的一些重要事项,尤其是辩护律师在刑事合规中的特别权利保障,现行法律并未涉及。

以刑事合规中辩护律师的当事人——委托人特免权为例,该特权要求律师与委托人之间的交流不得被披露,更不得作为对委托人不利的证据使用。在一般的刑事案件中,律师—委托人特免权适用范围简单、单一。而在刑事合规程序中,委托人更为复杂、广泛,工作范围则涉及公司、股东、管理层、员工、子公司、分公司等,那么律师—委托人特免权的范围应该如何确定?美国、德国等国家的刑事合规程序对此问题分别作出了不同的规定,如美国主要采取控制群体标准和事项标准。[①] 而德国司法机关对此问题的处理则是摇摆不定,前后不一。随着我国刑事合规程序的改革发展,律师—委托人特免权的范围厘定也应提上我国刑事程序立法的日程。

此外,辩护律师参与刑事合规程序的整套工作机制、保障体系,也应通过不同层面的立法予以规定。否则辩护律师参与刑事合规无法施展拳脚,每个律师都只能是小心翼翼地摸索,影响刑事合规法律服务的效能。

## 第四节　保障辩护律师有效参与刑事合规的路径选择

刑事合规将是未来很长一段时间内中国社会治理和司法改革的重大事件。作为刑事诉讼中重要主体之一——辩护律师,应根据刑事合规的改革发展需求,

---

[①] 徐磊:《美国公司背景下的律师——委托人特免权适用标准研究》,《太原师范学院学报(社会科学版)》2011年第6期。

不断完善和自我更新,继续行使在刑事改革中的重要职能。同时,国家和社会也应转变观念,为辩护律师有效参与刑事合规提供全方位的保障。

## 一、转变观念

辩护律师在刑事诉讼中的影响广泛而深远,一个国家和社会对待辩护律师的态度是该国刑事法治文明、理性程序的重要标志。传统的中国社会认为律师"挑词架讼""帮助恶人与政府对抗",歧视甚至敌视辩护律师的观念根深蒂固。随着中国法治社会的发展,大众对辩护律师介入刑事诉讼经历了一个逐步接受的过程。但在每一次司法改革的紧要关口,在追求改革成效之时,依旧会有律师介入带来对公权力侵扰的担心。因此,对律师的介入存在或多或少的抵触,刑事合规的改革也不例外。

依据《中华人民共和国律师法》(以下简称《律师法》)第二条之规定,律师应维护当事人合法权益。即便是犯罪企业,也存在诸多合法权益需要维护,律师也应依法维护。为保障律师履行职责,《律师法》第三十八条规定了律师执业过程中知悉的企业商业秘密,有保密的义务。第三条规定了律师依法执业受法律保护,任何组织和个人不得侵害律师的合法权益。第三十七条特别强调律师在执业活动中的人身权利不受侵犯。虽然存在上述规定,但各地仍然时有发生侵犯辩护律师人身权利的事件发生。

为充分发挥辩护律师在刑事案件审判中的重要作用,促进公正司法,2017年10月,最高院、司法部联合发布《关于开展刑事案件律师辩护全覆盖试点工作的办法》,在上海、广东等八省市开展刑事审判阶段律师辩护全覆盖的试点改革,2019年1月,试点改革扩大到全国。辩护律师覆盖扩大到包含刑事合规的全部诉讼流程,是将来刑事诉讼发展的必然趋势。辩护律师的有效参与是刑事合规改革顺利推进的重要保障,是维护当事人合法权利的有力支撑,是建立国家法治秩序的基石。着眼于长远的利益和全局的视野,应正确认识辩护律师在刑事合规中的重要地位与作用,给予刑事辩护律师更多的信任与包容。毕竟,律师制度是推进社会法治进程不可或缺的车轮之一,缺乏辩护律师有效参与的刑事合规制度,也将永远不可能驶入现代法治的轨道。[①]

## 二、提升辩护律师刑事合规的业务能力和专业素质

刑事合规业务对于辩护律师而言,既是机遇,又是挑战。刑辩律师必须抓住

---

① 冀祥德:《中国刑事辩护的困境与出路》,《政法论坛》2004年第2期。

这一历史机遇，提升自己的刑事合规能力与素质，将刑事合规与传统刑事辩护有效结合，形成合规时代刑事辩护的新模式。应对刑事合规对辩护工作提出的新要求，律师事务所和律师自身必须做好充分的准备。具体工作主要包括：

1. 律师事务所专业刑事合规团队的培养

刑事合规业务的专业性强，尤其是涉及大型企业、跨国企业的刑事合规，需要经验丰富、业务娴熟的刑事合规团队分工负责，才可高效完成。因此，国际上涉及刑事合规的重要案件，如法国巴黎银行案、西门子贿赂案、阿尔卡特—朗讯贿赂案等，都是在专业的律师团队的共同努力下完成。面对我国刑事合规业务的快速发展，律师事务所应该成立企业刑事合规业务部，提前战略布局，储备专门的刑事合规人才。律师事务所通过案件实战、交流学习、研讨与培训等方式，提升律师的刑事合规服务能力。律师事务所通过刑事合规的实战案例，如企业贿赂案件的刑事合规、企业知识产权案件的刑事合规、企业环境污染案件的刑事合规等，可树立本所在刑事合规业务领域的声望与优势，形成刑事合规的品牌业务。

2. 律师刑事合规综合素质与能力的提升

刑事合规目标多样、内容复杂，并不单纯是一个刑事辩护的问题，而是一个兼跨公司运营、金融与证券投资、税收监管、知识产权保护、犯罪治理、经济保护等多个领域的综合性事项。[①] 因此，刑辩律师虽然以辩护为主要职责，但同时还需要具备与刑事合规相关的知识、技能、专业经验。在国际刑事合规中，辩护律师还必须对国际条约、国际公约以及相关国家的合规法律有一定的了解，具备与外国律师沟通和协作的能力。最后需要强调的一点是，在企业刑事合规中，辩护律师要帮助企业防范刑事风险，尽可能减少刑事责任的承担，此时律师需要保持客观的立场，具备执业合规的能力，避免自身出现合规风险。

3. 加强律师之间的合作

与传统刑事辩护相比，刑事合规辩护的功能业务领域得到了拓展。一方面，辩护律师在进行刑事辩护时还可能参与相关民商事纠纷的处理；另一方面，辩护律师还会跟进相关企业后续合规管理工作。[②] 刑事辩护律师有思维方面的优势，也存在知识、经验上的弱项，开展合规业务不能单兵作战，应当注重与非诉律师、民商事律师的合作，实现优势互补，共同完成帮助企业建立有效合规体系、维护企业合法权益之目的。在中国国际化发展的背景之下，刑事律师应进一步参与我国企业的海外刑事合规利益保护。同时，我国的刑事合规管辖不仅针对国

---

① 赵万一：《合规制度的公司法设计及其实现路径》，《中国法学》2020 年第 2 期。
② 陆华清：《论合规激励模式下刑事辩护的空间与技术路径》，《理论观察》2021 年第 8 期。

内企业,还将涉及外资企业、外国公司,实现刑事合规管辖内外的"一视同仁"。这就要求,我国从事刑事合规的律师,在提高国际化水平的同时,还应加强与其他国家刑事合规律师团队的合作与交流。

### 三、强化辩护律师参与刑事合规的保障

为实现我国辩护律师对刑事合规的充分、有效参与,立法应结合刑事合规程序改革的要求,主要从辩护律师的权利保护、刑事合规相关法律关系的明晰两个方面为辩护律师参与刑事合规扫清障碍、提供保障。

1.保障刑事合规中辩护律师的各项诉讼权利

由于《意见》对辩护律师主体地位以及权利保护的规定相对简单,且法律影响力有限,因此,随着刑事合规改革的深入进行,应通过基本法律的形式,赋予辩护律师对刑事合规程序的广泛参与权,同时对几项影响刑事合规实施效果的重要权利予以明确。主要权利包括:

(1)刑事合规的程序参与权

调辩护律师基于辩护工作的需要或者基于被告人的另外授权,对刑事合规程序启动、进行、结果形成等活动享有程序参与权。毕竟,合规程序的进行,对辩护结果有重大影响。企业也区为对辩护律师的信任,希望辩护律师对刑事合规程序全程参与。

(2)律师—委托人特免权

为打消辩护律师与企业、投资人、管理层、员工之间交流的顾虑,保证信息的全面真实,除了强调律师的保密义务之外,还应进一步明确律师与委托人及相关主体之间的交流不得被披露,更不得作为对其不利的证据使用。

(3)获得合规信息的权利

检察机关、合规监管委员会、行政执法机关等主体,对于涉及刑事合规的重要信息,有向企业、辩护律师告知的义务,以便于辩护律师做好下一步走的准备工作和及时调整应对策略。

(4)对选任的第三方组织组成人员提出异议的权利

《意见》第十条第三款规定,人民检察院、涉案企业、个人、其他相关单位对选任的第三方组织组成人员有权提出异议。辩护律师作为重要参与主体,也应明确规定其对第三方组成人员提出异议的权利。

(5)代表企业与检察机关、第三方组织沟通、磋商的权利

作为辩护工作的重要环节,辩护律师应有权代表企业与检察机关就认罪认罚、重建合规体系等实质问题进行交涉,力争以企业切实可行的合规承诺获得最

大的刑事合规激励。代表企业向第三方组织就合规计划的制定、合规评估进行汇报，让企业顺利通过合规验收。

（6）其他权利

如代表企业与行政主管机关、公安机关、纪检监察机关交涉的权利；在人民检察院对于拟作不批准逮捕、不起诉、变更强制措施等决定的涉企犯罪案件听证会上发表意见的权利；以刑事合规为由申请强制措施变更的权利等。

**2. 理顺辩护律师参与刑事合规的法律关系**

刑事合规程序增加了行政机关、合规监管委员、第三方组织等参与主体，还将会出现行政合规与刑事合规的衔接、企业内部调查与侦查的衔接等复杂问题。辩护律师面对上述主体与问题时，要作出正确的选择与判断，有赖于刑事合规制度自身对上述法律关系的进一步明确。

（1）行政合规与刑事合规的衔接

我国大多数企业犯罪都是从行政违法行为发展起来的"行政犯"。要真正解决企业的犯罪问题，不能只着眼于刑事合规的犯罪治理，还应从源头通过行政合规解决企业的违法违规经营。① 刑事合规程序的推行应与行政合规形成合力，检察机关在合规改革探索过程中，要注重发挥行政监管的作用，统筹兼顾行政处罚与刑罚的执法、司法效应，并利用现有的制度空间解决好合规的行刑衔接配合问题。② 辩护律师面对企业违法与犯罪的"双轨执法体制"③，要做好和各类行政机关、检察机关的沟通，避免企业遭受双重处罚。特别是当行政处罚与刑事处罚发生竞合时，辩护律师应努力帮助企业争取"处罚手段配合、处罚结果互认、同质罚相折抵"的公正待遇。

（2）合规监督与企业自主经营的边界区分

刑事合规程序中的一个重要阶段即为对企业运营的监管。如在中兴事件中，由美国商务部选定的合规团队进驻企业，进行为期十年的合规监管。按照《意见》规定，第三方机制管委会、第三方组织，也有权对企业进行监管。合规监管的目的是"营救企业""保护企业"，如果监管方式不当，侵犯企业经营自主权，则会适得其反。因此，必须明确公权和私权保护的边界，寻求有效合规监管与保障企业经营自主权之间的平衡。如若合规监管权逾矩，辩护律师则可通过行使异议权、申诉权、控告权等，维护企业的合法权益。

---

① 周佑勇：《契约行政理念下的企业合规协议制度构建——以工程建设领域为视角》，《法学论坛》2021年第3期。
② 李奋飞：《涉案企业合规刑行衔接的初步研究》，《政法论坛》2022年第1期。
③ 朱孝清：《企业合规中的若干疑难问题》，《法治研究》2021年第5期。

# 第十章　刑事合规与认罪认罚程序激励的融合

## 上海 J 智能电器有限公司、朱某某假冒注册商标案[*]

上海 J 智能电器有限公司（以下简称"J 公司"）注册成立于 2016 年 1 月，公司经营地为浙江省嘉兴市秀洲区。J 公司生产经营的主要产品是智能家居电器，公司规模较大，经营发展良好，拥有专利数百件，有效注册商标 3 件。自成立以来，先后被有关部门评定为浙江省科技型中小企业、国家高新技术企业。该公司员工多达两千余人，年纳税额 1 亿余元，为当地居民就业和经济社会发展做出了重要贡献。2018 年 8 月，上海 T 智能科技有限公司（以下简称"T 公司"）为寻求业务发展，开拓有关市场，扩大生产经营规模，与 J 公司洽谈委托代加工事宜。在洽谈中，双方约定由 J 公司为 T 公司代为加工智能垃圾桶，但后期由于所生产的样品未能达到有关的标准要求以及货物无法按期交付，双方于 2018 年 12 月正式中止合作。但 J 公司及其负责人朱某某在合作终止后为挽回前期的投资损失，于 2018 年 12 月至 2019 年 11 月间，在未取得商标权利人 T 公司授权许可的情况下，擅自组织该公司内部员工展开生产假冒 T 公司注册商标的商品，商品种类主要为 T 公司的智能垃圾桶和垃圾盒，J 公司也将所生产的假冒 T 公司注册商标商品进行了对外销售，涉案金额总计达 560 万余元。J 公司及其负责人朱某某的行为涉嫌犯罪，但朱某某在 2020 年 9 月 11 日主动投案自首，得到了取保候审的处理。在案发之后，J 公司积极认罪认罚，尽力赔偿商标权利人 T 公

---

[*] 本案例援引自最高人民检察院于 2021 年 12 月 8 日发布的关于企业合规的第二批指导性案例——上海 J 公司、朱某某假冒注册商标案。

司的损失,赔偿金额为 700 万元,成功取得了 T 公司的谅解。2020 年 12 月 14 日,上海市公安局浦东分局将 J 公司、犯罪嫌疑人朱某某涉嫌假冒注册商标罪一案移送给浦东新区检察院进行审查起诉,该案最终在检察机关的主导下适用企业合规措施并作出了不起诉决定。

在本案中,上海市浦东新区人民检察院认为 J 公司的经营管理人员法律意识相对淡薄,尤其是对刑法和知识产权法等相关法律的规定认知不足,同时企业内部的交易合同审核、财务审批以及采购销售等环节上存在明显的管理漏洞,合规管理体系尚不健全。但该检察院考虑到该公司发展前景良好,社会贡献较大,并且企业负责人朱某某主动向有关部门投案自首,如实供述犯罪事实,积极认罪认罚,并尽力赔偿了 T 公司的损失,且有强烈的合规整改意愿。因此,检察官认为 J 公司具备启动合规不起诉的基本条件,可以采取合规的第三方机制,推动其进行合规整改。在合规整改的工作开展过程中,浦东新区检察院主要通过《合规风险告知书》出示的方式引导 J 公司开展合规整改。《合规风险告知书》从多方面对 J 公司的合规整改提出了建议,包括合规风险的排查、合规制度的建设、合规管理体系的运作以及企业合规文化的建立等方面。同时,该检察院还督促 J 公司对合规整改的工作计划开展进行了分解,将合规整改分为若干主题,以实现可行性和有效性。J 公司在实施合规整改时采取了递进方式,一方面,J 公司在内部组织成立了合规工作领导小组,该小组负责修改公司章程强化管理职责,并在知识产权管理、合同审批、保密制度、员工培训等方面完善合规管理体系。另一方面,J 公司还通过设立合规专门岗位,建立了企业内部独立的合规监督机制,并多次开展合规与知识产权保护方面的员工专项培训,以及聘请专业团队指导合规整改,从而降低企业法律风险。在认罪认罚的制度安排下,J 公司及其负责人自愿如实供述自己的罪行,承认所指控的犯罪事实,并且展开上述行动树立合规意识,进行合规整改。

该案的合规整改设置了较充足的考察期限,期限届满后,检察院邀请的第三方评估组织认为,J 公司的合规整改有效提升了企业合规意识,完善了内部组织架构,完成了合规管理体系建立、合规工作程序完善等一系列的合规整改工作,因此评定合格。2021 年 9 月 10 日,浦东新区人民检察院于邀请人民监督员、侦查机关、异地检察机关代表等进行公开听证,获得了合规不起诉决定做出的同意。

## 评述

该案体现了企业刑事合规与我国认罪认罚从宽制度的融合适用。围绕企业合规理念实施企业认罪认罚从宽制度,在我国合规不起诉改革试点中逐渐被接受,并在许多案例中得到了实践应用。涉案企业认罪认罚可以节约司法资源,降低犯罪预防成本,因此可以给予合规激励。涉案企业也可以通过认罪认罚从宽制度,与检察机关在是否起诉、合规整改内容以及强制性侦查措施等问题上展开协商。从本案可以看出,J公司主动投案,积极认罪认罚,因而可以获得检察机关的合规不起诉适用。检察机关也发挥了认罪认罚从宽制度的作用,结合合规不起诉模式,要求J公司积极配合,实施有效的合规整改,成功维护了企业、企业家以及社会公共的利益。

## 一、认罪认罚是涉案企业刑事合规整改的前提

《关于建立涉案企业合规第三方监督评估机制的指导意见(试行)》第四条规定,对于同时符合下列条件的涉企犯罪案件,试点地区人民检察院可以根据案件情况适用本指导意见:(一)涉案企业、个人认罪认罚;(二)涉案企业能够正常生产经营,承诺建立或者完善企业合规制度,具备启动第三方机制的基本条件;(三)涉案企业自愿适用第三方机制。《涉案企业合规建设、评估和审查办法(试行)》第3条也明确指出,涉案企业应当全面停止涉罪违规违法行为,退缴违规违法所得,补缴税款和滞纳金并缴纳相关罚款,全力配合有关主管机关、公安机关、检察机关及第三方组织的相关工作。显然,企业进入刑事合规程序,认罪认罚是前提,认罪认罚与企业合规在程序上紧密相融。本案中,J公司认罪认罚,积极赔偿对方的损失,认真地进行合规整改,最终获得了不起诉的激励。

## 二、涉案企业认罪认罚以及承诺合规整改可以获得程序激励

涉案企业通过认罪认罚从宽制度接受企业合规措施时,刑事司法程序中的刑罚与非刑罚措施也都可以进行适应性的从宽。在企业刑事合规本土化背景下,涉案企业认罪认罚可在以下内容中获得从宽待遇。第一,程序从宽。公安机关与检察机关对待社会危险性小、主观恶性弱,且认罪态度良好的犯罪嫌疑人尽量采取非羁押措施。J公司负责人朱某某主动投案自首后,被采取了取保候审,原因也在于其能够积极认罪认罚,愿意参与企业的合规整改。第二,立案侦查措施从宽。强制性侦查措施应当慎用,主要包括企业资产的查封、扣押、冻结等手段。慎用强制性侦查措施可以有效降低刑事追诉程序对企业生产经营的负面影响。第三,不起诉的从宽。不起诉意味着企业结束了刑事追诉的程序,彻底避免了刑事定罪的风险。

### 三、检察机关注重对涉案企业认罪认罚的真实性、有效性审查

检察机关对于案发后主动实施合规整改并认罪认罚的企业,应当加强真实性、有效性审查。涉案企业认罪认罚的真实性、有效性是从宽的前提条件,其核心表现为企业真心悔罪,即建立了有效的合规计划。真实性、有效性审查应当由检察机关主导,并由符合资格的第三方组织审查以及制作评估报告,同时接受公开听证。如果认定涉案企业认罪认罚的真实、有效,企业合规管理体系建立完备的,检察机关应当给予一定的从宽幅度。在该案中,J 公司的认罪认罚需要实施浦东新区检察院所主导的合规整改计划,当合规体系建立完备之后,满足第三方评估组织的验收要求,获得公开听证的同意,才能实现检察机关的合规不起诉。

## 第一节  认罪认罚从宽制度的核心要义

认罪认罚从宽是我国近年来刑事司法改革的一项重要成果。所谓认罪认罚从宽,是指被追诉人如果自愿如实供述自己的罪行,对于指控犯罪事实无异议,并且同意检察机关的量刑意见,司法机关可依法从宽处理。在认罪认罚的案件中,认罪认罚是前提,从宽是结果。从宽则包含实体从宽和程序从宽。

### 一、认罪认罚从宽的改革与发展

与当前的企业刑事合规改革探索一样,认罪认罚从宽制度在中国也经历了一个逐步发展成熟的过程。

#### 1. 从试点改革到正式确立

认罪认罚从宽制度的探索是从速裁程序的试点改革开始。2014 年 6 月,全国人大常委会授权最高法与最高检(以下简称"两高")在北京、上海、天津等 18个城市开展为期 2 年的刑事速裁程序试点。同年 10 月,党的十八届四中全会通过了《中共中央关于全面推进依法治国若干重大问题的决定》,提出刑事司法改革应完善刑事诉讼中认罪认罚从宽制度。在试点取得成功后,2016 年 11 月,根据全国人大常委会授权,"两高"会同公安部、国家安全部、司法部共同发布《关于在部分地区开展刑事案件认罪认罚从宽制度试点工作的办法》,要求继续在这18 个城市开展为期 2 年的认罪认罚从宽制度、速裁程序的同步试点。经过 4 年的分层探索,直至 2018 年 10 月 26 日,全国人大常委会通过了《关于修改〈中华人民共和国刑事诉讼法〉的决定》,"认罪认罚从宽制度"正式成为刑事诉讼法中

的一项基本法律制度。

2. 运行情况

应该说，认罪认罚从宽制度在前期的探索中，同样遭遇了诸多制度"瓶颈"，如值班律师制度的配套实施不足等。但通过不断的发展完善，时至今日，在正式实施 4 年后，认罪认罚从宽制度的运转日渐成熟，其倡导的价值和司法理念也得到社会各界的认可。一些地方认罪认罚的适用率达到了 90% 以上，从全国范围来看，适用认罪认罚从宽制度审结人数占同期审结 85% 以上。司法机关对认罪认罚制度经历了不敢用—不会用—到应用尽用、规范适用的过程。认罪认罚制度在化解社会矛盾、促进社会和谐方面发挥了重大的作用。尤其是在疫情之下，认罪认罚制度实施的法律效果、社会效果更为明显。① 制度建设也更加细致全面，保障了认罪认罚的顺利推进。重要的法律文件有：2019 年 10 月，最高检联合最高法、公安部、国家安全部、司法部共同发布《关于适用认罪认罚从宽制度的指导意见》；2021 年 11 月最高检出台的《人民检察院办理认罪认罚案件开展量刑建议工作的指导意见》；2022 年 3 月 1 日，最高检颁布的《人民检察院办理认罪认罚案件听取意见同步录音录像规定》等。

## 二、认罪认罚从宽的价值

以"辩诉交易""量刑协商""处刑建议"等形式在美国、德国等国家出现的类似制度已经经过了上百年的发展。中国的认罪认罚从宽制度起步晚、发展迅速、成效明显。虽然在名称的表述上存在差异，但其制度的价值支撑却基本相同。

1. 产生诉讼经济效益

公正是诉讼的终极价值目标，但公正本身必须包含对诉讼效率价值目标的追求。毕竟，迟来的正义或消耗成本过高获得的正义并非真正的正义。尤其是面对"案多人少"的现实压力，要求我们进行程序配置时必须考虑资源的优化配置。我国认罪认罚案件适用简易程序、速裁程序、不起诉等程序分流机制等，避免了资源不必要的损耗，节省了司法成本，实现了诉讼效率。②

2. 创新社会治理

公民社会是一种高度自治的契约型社会。契约理念则包含着平等、参与、意

---

① 《最高检案管办负责人就 2021 年全国检察机关主要办案数据答记者问》https://www.spp.gov.cn/spp/xwfbh/wsfbt/202203/t20220308_547904.shtml#2，2022 年 5 月 19 日访问。

② 吕泽华、杨迎泽：《认罪认罚从宽制度的根基、困惑与走向》，《国家检察官学院学报》2019 年第 3 期。

思自治、对话、谈判、妥协、互利、诚信等重要精神。认罪认罚从宽制度中,尊重被追诉人的主体身份,通过被追诉人的直接参与,决定诉讼的结局,完全改变了过去检察机关单方面依据国家职权的强制性追诉,是契约理念在刑事司法中的贯彻,体现了司法文明、理性、民主化的发展。

此外,认罪认罚从宽也进一步激活了恢复性司法理念。恢复性司法追求犯罪行为人与被害人双方通过对话、协商,调和矛盾,并共同确定责任和责任的承担方式。鼓励通过道歉、补偿、社区服务、生活帮扶等使被害人因犯罪所造成的物质精神损失得到补偿。最终目的是使得犯罪行为人和被害人生活恢复常态,重新融入社区。而认罪认罚从宽制度的实施,通常以被告人和被害人的和解为前提,这正是对恢复性司法理念的践行。

### 3. 提升了对被追诉人的权利保护

2012 年刑事诉讼法修订时,将"人权保障"作为刑事诉讼的重要目的之一规定下来。认罪认罚从宽的改革从实体和程序的角度体现了对被追诉人的人权保障。在实体上,认罪认罚从宽准许被追诉人与公诉机关通过共同协商、沟通等交互性活动,决定案件的定罪、量刑。被追诉人在选择认罪认罚后,可获得量刑从宽。在程序方面,认罪认罚对被追诉人的权利保障更加全面。在具体的实现路径上,一方面限制国家权力的行使,防止国家权力滥用给被追诉人权利造成的损害。如非法证据排除法则的贯彻、对公安司法机关认罪认罚告知义务的强调、对听取意见的强调与规制等。另一方面,注重对被追诉人权利的直接保护。立法规定了被追诉人获得值班律师法律帮助的权利、阅卷权、反悔权、程序选择权等。整个诉讼结构也从原来单一的职权式诉讼发展为协作性、契约型诉讼结构。

### 4. 对宽严相济刑事等司法政策的落实

近十年来,我国社会发展以及刑事犯罪结构发生明显变化,虽然刑事案件总量还在高位徘徊,但恶性犯罪大幅度减少,轻微犯罪成为最主要犯罪类型。新时代人民群众对宽严相济刑事司法政策有了新的更高要求。可以说,认罪认罚从宽从宽制度正是宽严相济刑事政策在新形势下的深化。因为,相比犯罪后不思悔改的被追诉人而言,认罪认罚的被追诉人真心悔过,积极弥补自己的犯罪行为给国家、集体、被害人造成的物质、精神损失,其主观恶性较轻,理应获得从宽待遇。认罪认罚从宽是从宽严相济、惩办与宽大相结合的刑事政策演变而来,是为落实"坦白从宽"司法政策所作的具体制度安排。① 可以说,认罪认罚制度从宽

---

① 谭世贵:《完善认罪认罚从宽制度的思考》,《中国社会科学报》2016 年 7 月 6 日,第 5 版。

是体现上述刑事政策精神最好的制度样本。①

## 第二节　刑事合规与认罪认罚程序激励融合的可行性

来自刑事诉讼领域的司法改革与企业发展领域的管理变革似乎相去甚远，但细思慢想，不难发现，在社会管理创新的理念指引之下，借助程序激励的连接，认罪认罚从宽与企业合规在机理、功能、目的等方面具有天然的融通性。

### 一、主导机关的同一性

无论是认罪认罚从宽，还是企业刑事合规的试点改革，两者都是由检察机关主导下进行。新时代的检察机关，已经发展成为联动的、多元的、多方法的、多层次的系统履职。在社会治理上，强调标本兼治，将诉源治理、能动履职等理念贯穿检察履职全过程，推动高质量发展。检察机关的法律监督机关身份为检察机关开展多项刑事司法改革提供了职务的便利。

基于刑事合规与认罪认罚从宽的紧密联系，检察机关面对企业犯罪，可综合案件的具体情况，灵活运用多项措施，实现程序激励的互补与促进。因此，面对企业犯罪的追诉，检察机关应能动履职，有效整合认罪认罚与刑事合规的程序激励因子，将赋予企业合规以及认罪认罚更为丰富的内涵，产生 $1+1>2$ 之效能。如，检察机关可以结合认罪认罚和刑事合规的工作开展，探索不同于自然人犯罪的企业合规"认罪认罚"的模式。面对传统的程序从简激励，检察机关还需要协调合规考察期限与如何让企业从程序从简中获得从宽待遇之间的紧张，探寻灵活的、多层次的企业合规考察待遇，实现程序从宽与有效合规考察的兼顾。②

### 二、价值的一致性

现代企业犯罪的发展态势对犯罪治理模式提出了新要求。可以说，企业犯罪的认罪认罚从宽与合规激励正是在这一需求的基础上应时而生。认罪认罚从宽制度赋予企业面对指控，如果选择认罪认罚，将获得实体以及程序的从宽待遇，以从宽来换取企业的认罪认罚。企业合规通常必然伴随着一定的激励，如无罪抗辩、暂缓起诉等程序待遇。所谓无激励，则无合规指引。显然，认罪认罚从

①　陈卫东：《认罪认罚从宽制度研究》，《中国法学》2016 年第 2 期。
②　孔令勇：《刑事合规与认罪认罚从宽的融合》，《中外法学》2022 年第 3 期。

宽与合规均通过程序激励得到价值联结。这并不是偶然的现象,而是社会发展的必然结果。

1. 企业犯罪治理体系和治理能力的现代化发展要求

社会治理是一项庞大、复杂的系统工程。治理体系和治理能力现代化的发展对社会治理体制提出了创新要求。在法治的轨道上,多元治理主体并存的合作与协同治理则是社会治理变革的终极目标。人类社会发展的实践证明了法治是最理性、文明、高效的社会治理路径。然而被遵守和信仰的法治并不是孤立形成的,需要在复杂的社会系统中,以开放的心态,实现各系统、各主体之间的默契配合、互动合作,最终通过井然有序的自发和组织集体行动过程,实现社会治理资源配置效用最大化和社会系统整体功能的提升。① 在现代化的社会治理结构中,政府发挥着引导作用,而每一个主体对于公共事务都能够平等地发表意见并积极地采取合作行动,恰如其分地发挥其应有的作用。实践证明,愈是复杂的社会系统,合作与协同治理愈能产生事半功倍之功效。

企业犯罪治理可谓社会治理中最敏感、最艰巨的任务。随着我国经济的快速发展,企业在经营管理过程中,产生了包含腐败在内的各种违法犯罪。从近年来最高院公布的数据来看,企业犯罪呈现出愈发严峻的趋势,似乎传统、单一的国家规制并没有有效控制企业犯罪。从实践来看,当前我国企业犯罪治理主要存在以下问题:企业犯罪手段隐蔽,侦查取证与刑事追诉困难;刑事追诉对企业的正常经营影响较大;涉众型经济犯罪案件猛增,且影响面广;涉及重大社会公共利益的经济犯罪案件发案率高,侦破难度大、成本高。② 企业犯罪的追诉不仅仅涉及对企业高管个人责任的追究,更是涉及企业本身的"生死存亡"以及员工的生存。因此,对企业犯罪的治理必须从经济发展、民生关怀、社会稳定等角度进行全面的考量。

基于对单一国家法律规制在企业犯罪预防中的低效能的反思,企业犯罪治理研究产生了治理体系和治理能力的现代化发展要求。如通过融入合作与协同的治理理念,保护企业私权,对企业犯罪的治理从单一的国家规制转向国家与企业的共治,合规由此应运而生。③ 合规作为企业犯罪治理的替代模式首先在工业发达的美国兴起,通过合规,实现企业自身对犯罪预防的担当。而同时作为辩

---

① 范如国:《复杂网络结构范型下的社会治理协同创新》,《中国社会科学》2014 年第 4 期。

② 马明亮:《作为犯罪治理方式的企业合规》,《政法论坛》2020 年第 3 期。

③ 李本灿:《企业犯罪预防中国家规制向国家与企业共治转型之提倡》,《政治与法律》2016 年第 2 期。

诉协商最为发达的美国,也很早就实现了企业犯罪追诉中辩诉协商与刑事合规的融合。为了体现国家与企业的协商共治,现代国家的企业犯罪治理无不通过辩诉协商与刑事合规给予企业一定的程序激励,如在诉讼中的认罪从宽、以合规换取不起诉等。我国认罪认罚从宽制度的正式确认与刑事合规的兴起,为企业犯罪治理体系和治理能力的现代化发展提供了手段支持。

2.实体法从威慑到合规指引的转变

以贝卡利亚和边沁为代表的传统法学家多强调法律的威慑功能。认为刑罚越严厉,越能够阻却行为人基于犯罪成本、利益得失的担忧而实施犯罪,尤其是企业犯罪,更容易受到法律的威慑。[①] 深受传统刑法理论的影响,我国刑事立法对企业犯罪的规制可谓严密而周全。但事实上企业犯罪治理的效果却不尽人意,进而引发学者们对威慑论治理企业犯罪的质疑。实际上,早在 20 世纪末,国外学者面对本国频发的企业犯罪丑闻,就一针见血地指出,企业经营者不会因为法律的威慑而改变自己的犯罪计划,单纯依靠威慑的企业犯罪控制很难起效。[②]

国内的研究已开始逐步关注企业犯罪的特殊预防与治理。近十年来,以陈瑞华、李本灿为代表的学者从刑事合规、认罪认罚等角度,积极探寻刑事实体法对企业犯罪治理的突破。寻求企业犯罪治理的新模式,合规指引成为绝大多数国家的共同选择。一些国家的刑法亦正式回应了认罪认罚从宽的待遇以及企业合规计划的实体法效力。最为典型的如美国《联邦组织量刑指南》中规定,如果企业有有效的合规计划,其法律责任将被减轻。就辩诉交易的从宽,《联邦组织量刑指南》的规定则更为详尽、具体。

合规指引,从外在运行来看,是一种协商共治的模式,但从内在机理来看,却体现了刑法的特殊预防功能。借助认罪认罚从宽制度搭建的平台,合规指引给予的激励可有效实施。可惜的是,我国当前刑事立法对于认罪认罚从宽以及刑事合规尚未正式回应,但这一定是未来刑事立法修订的必然趋势。

3.程序法对诉讼合意、权利保护的追求

现代刑事诉讼逐步从传统的国家职权主导的"权力型诉讼"转向平等协商的"权利型诉讼",诉讼中的对抗性降低,更多为合作与沟通。协商性司法开始在传

---

① Charles R. Tittle, Crime Rates and Legal Sanctions, Social Problems, Vol. 16, No 4, 1969, pp409-423.

② Sally S. Simpson, Corporate Crime, Law and Social Control, Cambridge University Press, 2002, p154.

统刑事诉讼模式外占据重要地位。① 认罪认罚从宽制度通过辩诉协商,签署认罪认罚具结书,控方提出量刑建议。这是一个典型的合意形成过程。对于最终达成的"司法契约",源于双方的平等沟通,容易得到严格遵守和自觉履行。认罪认罚的实质归属是"从宽","从宽"包含适用速裁程序、变更强制措施等程序激励。随着认罪认罚从宽制度的深入实施,研究发现该制度除了体现初期所强调的实现繁简分流、提高司法效率的核心价值之外,逐渐演变为兼顾被追诉方程序参与及权利保障的新型价值观。被追诉方通过认罪认罚换取的实体从宽,正是通过被追诉方的系列程序性权利供给,如律师在场权、自愿性与合法性保障等得以实现。②

企业犯罪案件的认罪认罚,在保障被追诉人的参与权与自主权方面,合规提供了良好的契机。合规计划可作为认罪认罚具结书中的重要组成部分,有效的合规计划是刑事诉讼激励发挥作用的前提。合规计划是企业自己参与犯罪预防和犯罪矫正的承诺,同时也使得企业在犯罪追诉中处于相对主动的地位。以最早进行合规建设的美国为例,如果涉案企业承诺进行合规建设,美国联邦检察机关可以与涉案企业达成"暂缓起诉协议"或"不起诉协议",考验期届满如果确认合规建设有效,企业将获得不起诉或被宣告为无罪之激励待遇。此外,通过合规建设,借助律师的专业服务,可厘清自然人与法人之责任分担,减少企业的风险与羁绊,促进企业健康发展。企业通过自律,而在诉讼中获得了相应的自由。

我国的企业合规以企业内控、风险管理、公司治理等形式,在金融、证券、电信、食品安全、制造业等诸多领域逐渐普及。但由于合规计划缺乏刑法效力以及程序法上的意义,企业合规基本上沦为一种时髦的"装饰"。因而,我国企业犯罪追诉中的诉讼合意、权利保护无法得到充分的体现。

## 三、认罪认罚从宽与刑事合规具有天然的亲和性

源于公司治理或企业管理的合规,缘何会与刑事诉讼程序中的认罪认罚从宽建立联系? 追根溯源,不难发现,合规与认罪认罚具有内在的融通之处。从管理效能的角度出发,国家无法不计成本地对企业行为进行全方位的监管,但如果将部分监管职责让渡给企业承担,通过指引激励企业自觉遵守、自我约束,可实现国家与企业共同治理下的效果提升。国家基于对企业的信任,通过合规,给了

---

① 顾永忠:《关于"完善认罪认罚从宽制度"的几个理论问题》,《当代法学》2016 年第 6 期。
② 郭烁:《控辩主导下的"一般应当":量刑建议的效力转型》,《国家检察官学院学报》2020 年第 3 期。

企业在犯罪治理中一定的自主权。认罪认罚从宽亦是从诉讼管理的角度,追求合理利用司法资源,其手段也是通过被追诉人的自主选择,实现快速裁判和自觉履行。

在顺应时代发展的需求方面,二者也高度契合。自 2018 年 11 月 1 日,习近平总书记在民营企业座谈会上发表关于保护民营企业的重要讲话后,对民营企业及民营企业家的刑事保护得到持续关注。"打造良好营商环境""保护民营企业家的合法权益"已成为当前各地、各部门的工作重点。法治是最好的营商环境,司法是优化营商环境最有力保障。面对企业犯罪,为了减少司法追诉对企业正常生产经营活动的影响,营造鼓励创新、宽容失败、守法经营的良好氛围,刑事合规与认罪认罚都以企业权利保障为中心,积极展开探索。在具体路径上,二者几乎不约而同地选择了程序激励。如认罪认罚符合条件的,检察机关可以不起诉。刑事合规中,通过有效的合规抗辩,亦可获得暂缓起诉或不起诉待遇。

## 第三节　刑事合规与认罪认罚程序激励的运行现状

认罪认罚从宽制度从试点到入法再到当下已经历时 4 年,且对我国的刑事司法的产生深刻影响。源于美国的公司合规,已有 60 年的历史。2006 年的银监会出台的《商业银行合规风险管理指引》、2008 年证监会出台的《证券公司合规管理试行规定》、国资委的"总法律顾问"制度,可视为我国引入这一法律制度的开始。① 随着 2018 年中兴事件与华为事件相继爆发,我国政府和企业才真正认识到合规对企业治理的重大意义。

可以说"认罪认罚"与"刑事合规"均是舶来品,在中国都将会面临本土化的问题。二者在发展的时间节奏上具有重合性,但在当前的研究和有限实践中,虽然二者存在程序激励上的交集,整体上却处于各话各事的独立并行状态,彼此间缺乏理性的制度联系。

### 一、认罪认罚与企业合规程序激励的发展程度不一

1. 认罪认罚的程序激励无论是从理论研究、立法设计,还是司法运作来看,都较为成熟

学者们对认罪认罚的"从宽"达成了相对统一的认识,认为从宽是多元、动态

---

① 邓峰:《公司合规的源流及中国的制度局限》,《比较法研究》2020 年第 1 期。

的,兼具实体从宽和程序从宽双重性质。其程序激励包括不起诉、减少羁押、缩短办案期限、保障程序选择权等措施。① 甚至有学者结合诉讼程序,进一步列举了程序激励的具体表现,即为变更、解除强制措施、不予逮捕、酌定不起诉、未成年人附条件不起诉、适用简易程序、适用当事人和解程序以及适用速裁程序等。② 不足的是,目前认罪认罚程序激励的研究主要关注自然人,缺乏对"公共利益"必要重视,极少体现企业犯罪的特殊预防理念。

立法方面,在《刑事诉讼法》第十五条确定了认罪认罚从宽的基本制度后,2019 年 10 月,最高院、最高检、公安部、国家安全部、司法部联合颁布的《关于适用认罪认罚从宽制度的指导意见》第八条、十九条、二十条、二十一条、三十条、三十四条等,进一步为上述程序激励提供了可操作的立法保障。此外,最高院、最高检、公安部进一步修订司法解释与工作规程,落实程序激励的待遇。如修订后于 2019 年 12 月 30 日起施行的《人民检察院刑事诉讼规则》第二百七十条规定,已经拘留逮捕的犯罪嫌疑人认罪认罚的,人民检察院应当及时进行羁押必要性审查。对于没有羁押必要的,应当变更强制措施或予以释放。但就企业犯罪认罪认罚的特殊预防,立法同样也没有给予专门的回应。

实践中对企业犯罪认罪认罚程序激励的实施也已经在一定范围内形成了专门经验。实务工作率先认识到企业犯罪认罪认罚的特殊机制,制作了企业犯罪认罪认罚的具结书模板、建立企业认罪认罚从宽释法说理机制、简化诉讼程序、加快涉企业刑事案件办案进程。在保护民营经济的地方政策指引下,一些地方在符合条件的情况下,尽量对涉案企业人员采取非羁押诉讼的方式,慎用查封、扣押、冻结等措施,最大限度降低办案对企业正常生产经营的负面影响。③

2. 合规的程序激励在中国的发展相对缓慢

公司治理意义上的合规,只有在被赋予了刑事程序法的效力后,方可产生强大利益驱动,形成国家与企业"合作共赢"的格局。作为公司内控的合规,在我国长期处于弱化、虚无状态,无法发挥预防犯罪的作用,很大程度上源于其与刑事法律的断层。从刑事激励或程序激励的角度研究合规,也主要出现在近几年。研究多从探索合规不起诉、暂缓起诉角度展开,并倡导在中国建立刑事合规附条

---

① 胡云腾主编:《认罪认罚从宽制度的理解与适用》,北京:人民法院出版社 2018 年版,第 79 页。
② 顾永忠、肖沛权:《"完善认罪认罚从宽制度"的亲历观察与思考、建议——基于福清市等地刑事速裁程序中认罪认罚从宽制度的调研》,《法治研究》2017 年第 1 期。
③ 陈鸶、成贝金欣:《运用认罪认罚从宽制度依法办理涉企刑事案件》,《检察日报》2018 年 12 月 2 日第 03 版。

件不起诉的立法设计。① 企业刑事合规的程序激励显然不仅仅包含暂缓起诉或附条件不起诉，研究颇显集中、单一。但无论如何，对刑事合规程序激励的关注为合规发展带来契机。

在立法层面，合规最早和刑事实体法建立联系。企业犯罪后，以合规获得刑事责任的减免，通过刑法上的单位犯罪构成要件剥离（通过抗辩实现与个人犯罪的切割）②、尽到完全注意义务抗辩、违法犯罪阻却事由主张等，顺理成章找到实体激励的依托。但这种联系是间接的，因为自始至终，刑法未正面规定合规的实体法效力。如果说合规与刑法的联系较为勉强的话，当前合规与刑事程序的联结仅仅停留在理论探讨的层面。

在理论研究的推动下，面对现实的需求，实务部门先行探索刑事合规的程序激励。广东、浙江、江苏等多地检察机关以企业"刑事合规不起诉"为切入点，积极探索在现行刑事诉讼制度框架内将刑事合规引入司法实践的可行路径。上海长宁区检察院从社会综合治理的角度出发，秉承"刑事打击"与"合规营救"并重的理念，通过"合规检察建议－相对不起诉"模式，督促企业依法开展刑事合规管理。2020 年 10 月，长宁区检察院对一批虚开发票的企业及经营者，在企业如实申报并缴足税款后，作出相对不起诉决定并向税务机关等职能部门制发检察建议，建议帮助企业查找漏洞，开展刑事合规管理，护航企业"轻装"再出发。显然，企业合规与刑事诉讼的融合已成不可阻挡之势。

## 二、认罪认罚与企业合规程序激励内容的碎片化

认罪认罚的程序激励在理论界和实务部门已达成相对一致的认识，在实践的操作中也较为成熟、规范。而正在逐步尝试进入刑事司法领域的合规，在程序激励的选择上似乎没有清晰、完整的思路。开展刑事合规最早的美国，其程序激励功能以合规计划为载体，通过免于追诉、暂缓起诉、不起诉等路径实现。在美国的影响下，英国、德国、法国、意大利、澳大利亚、日本等国家的程序激励主要路径基本相同，但在实施细节上各国均显特色。如美国，对涉嫌犯罪的企业是否适用暂缓起诉或不起诉，完全由检察官自行决定；而英国则采用法官的司法审查模

---

① 杨帆：《刑事合规附条件不起诉的立法应对》，《中国刑事法杂志》2020 年第 3 期。《中国刑事法杂志》2020 年第 3 期开辟"企业附条件不起诉专题"专栏，专题研究企业合规附条件不起诉。《法学杂志》2019 年第 9 期也开设"企业刑事合规"专题，但主要侧重于刑事实体激励研究。

② 2017 年，兰州市中级人民法院对雀巢公司员工侵犯公民个人信息一案的终审裁定，认定所诉行为为被告人个人行为，企业已经履行合规义务，此案被称为这个案件曾被律师界称为"企业刑事合规抗辩第一案"。

式。无论是检察官的决定，还是法官的审查，在与企业的协商中，合规承诺是获得程序激励的前提，合规计划是所达成协议的重要内容。

1. 刑事合规与认罪认罚在程序激励上的断裂

刑事合规与认罪认罚都是以认罪答辩为核心的快速处理机制。认罪认罚具有普适性、包容性、广泛性，刑事合规也并非独立的诉讼程序，而是属于认罪案件快速处理机制的特殊组成部分。[①] 但作为淮南之橘的中国合规，在进入刑事诉讼的领域尝试与认罪认罚结合时，马上就遭遇了基础性条件、规则缺乏的困境。以企业犯罪认罪认罚实施为例：当前认罪认罚的制度设计，主要针对自然人犯罪，缺乏对企业犯罪追诉的特殊性考虑，如对企业犯罪中企业刑事责任与自然人刑事责任的区分，毕竟企业被告人与自然人被告人在案件中的诉讼利益存在较大差异；企业认罪认罚后，检察机关与工商、环保、税务、财政、金融、证券部门之间如何进行合规监督衔接？律师缺乏为涉罪企业提供合规服务的专业能力，也普遍存在担心为涉罪企业提供合规服务后成为"共犯"被追诉；合规计划与认罪认罚具结书的关系尚未建立；作为合规程序激励的重要手段，附条件不起诉（又称缓诉、暂缓不起诉、暂缓起诉、起诉保留等等）在我国只针未成年犯罪，如果适用刑事合规，尚需对立法进行技术处理。

2. 刑事合规与认罪认罚程序激励的保障缺失

刑事合规与认罪认罚融合所带来的不是简单的程序激励问题，还会给程序法带来一系列的冲击，需要程序法律做好全方位的、充分的准备，否则会影响程序激励的效力。如刑事合规在犯罪证明、刑事管辖权、刑事司法协助等方面与刑事程序法发生关联。当企业认罪认罚时，有效的刑事合规计划或体系可以作为企业获得从宽处罚或免除处罚甚至出罪的证据，此时就必须从证明责任、证明机制角度进行研究，并考虑合规问题。[②] 企业的刑事合规强化了企业自身的规范化管理，使得刑事追诉也或多或少地带有刑事自治、刑事追诉私权化的性质，那么企业前置调查中调查手段、证据的法律效力等都必须进一步明确。当企业面临涉外违规犯罪指控时，刑事合规就会对刑事管辖权与刑事司法协助产生深刻影响。[③]

基础性规则与保障措施的不足造成了合规在刑事诉讼中与认罪认罚的边界模糊，甚至引发对刑事合规的质疑与批判。但在企业刑事合规全球化态势下，现

---

① 赵恒：《涉罪企业认罪认罚从宽制度研究》，《法学》2020 年第 4 期。
② 孟珊赦博：《刑事合规和单位犯罪重构》，《检察日报》2019 年 6 月 1 日 03 版。
③ 石磊：《刑事合规：最优企业犯罪预防方法》，《检察日报》2019 年 1 月 26 日 03 版。

实告诉我们,中国企业要真正走出去,实现国际化发展,就必须主动在刑事合规方面有所作为。依托认罪认罚提供的载体,刑事合规可对企业治理、犯罪控制,发挥更大的作用。因此,当刑事诉讼开始拥抱新模式的时候,既有条件的缺失不过是下一步改革的方向而已。

# 第四节　刑事合规与认罪认罚程序激励融合的路径选择

刑事诉讼中的认罪认罚从宽制度与企业管理中的合规在目的、价值、手段、功效上具有高度的融通性,但实践中两者却在不同的轨道上运行,呈现"碎片式"的表达。通过整合认罪认罚与刑事合规的程序激励因子,将赋予企业合规以及认罪认罚更为丰富的内涵,进而形成新的制度活力。

认罪认罚与合规虽然来自不同的领域,具有不同的规则体系,但二者都选择了程序激励作为实现手段。在企业犯罪的追诉上,认罪认罚与刑事合规的程序激励存在高度的重合与大范围的交叉。厘清两者的关系,全面梳理、整合现有的刑事诉讼法、刑法、公司法、企业法等法治资源,通过引进、培育之手段,构建企业认罪认罚视阈下刑事合规程序激励体系,是为当前刑事司法研究与改革的一大要务。

## 一、刑事合规与认罪认罚程序激励融合的原则

然而认罪认罚与刑事合规的程序激励融合,并不是简单地相加。在融合的过程中,必须紧密结合企业犯罪的特殊情况,制定便于操作的体现认罪认罚与刑事合规价值的激励规则。

### 1. 程序激励的正向性

需要特别指出的是,无论是认罪认罚,还是刑事合规,其程序激励都是正向激励。即认罪认罚与刑事合规可以获得程序上的从宽或优待。但是反过来,不能因为涉罪企业的不认罪或不合规,而在程序上更为严厉或苛刻。不认罪认罚或不合规,其程序待遇保持原有水平即可。

以"扫黑除恶"专项运动期间对企业犯罪案件的追诉为例,一些地方的司法机关对于合规建设较好、认罪认罚、积极配合缴纳罚款、税款、退赔的企业,通常网开一面,不采用逮捕、扣押的严重影响企业生产经营的强制手段。而对于罪名、情节、后果基本相同的小企业,尤其是民营企业,企业负责人却大量被羁押。虽然最高检一再强调,要把扫黑除恶斗争与保护民营企业家人身权结合起来,但

实践中一些民营企业家面对大量的羁押、扣押强制追诉手段,依旧人心惶惶。通常在这些运动式的执法、司法中,对认罪认罚、合规、程序激励都没有正确的解读。刑事合规建设需要投入大量的人财物,可以说是"昂贵"的企业运营管理机制。因此,不是每个企业都能有良好的合规体系,追诉机关在适用程序激励时必须意识到这一差异。即便一些中小企业、民营企业在犯罪后,无法通过认罪认罚及时提供有效的合规计划,按照强制措施的适用条件,能不予逮捕关押的,应同样坚持"少捕慎捕"之原则。

2.合规计划程序效力的充分保障

合规计划是刑事合规的核心内容和实质手段。所谓合规(Compliance Program),是指企业结合组织体自身的性质、文化、规模等实际情况,在法律许可的范围内,建立的一整套违法及犯罪预防、发现、报告、处理机制。这种机制不仅仅是制度层面的,同时应该被切实地贯彻和执行,形成企业的守法文化。① 借鉴国际社会刑事合规的实践,我国企业打造的合规计划必须是有效的合规计划。

合规计划的程序效力在企业认罪认罚案件中必须全程贯彻、充分体现。具体范围包括:评估为有效的合规计划,可作为对企业程序从宽的依据,如对企业的不起诉、对企业负责人的不逮捕等;将合规计划的完善与重建承诺嵌入认罪认罚的具结书,作为企业的重要责任与义务规定;对适用附条件不起诉的认罪认罚企业,合规计划的完善与重建的效果是重要的考核指标,据此决定最终的起诉或不起诉;有效的合规计划是区分企业工作人员与企业刑事责任的重要依据,实现自然人犯罪与企业犯罪的切割。

3.将合规风险信息的披露嵌入认罪认罚

涉罪企业面对合规调查,为降低损失,对违法犯罪行为进行全面补救,选择与调查机构合作,主动披露已经发生或潜在的、尚未被发现的违规、违法、犯罪行为,此可谓刑事合规自带之刑事激励。一般来说,企业主动披露违法犯罪信息的行为认定必须符合三个要件:向调查机关披露确实存在的违法犯罪行为;在调查取证等方面全面配合;及时采取其他合理、有效的补救措施。许多国家的刑事合规,都将企业主动披露风险信息作为实体从宽以及程序从宽的主要情节。②

事实上,我们可以将企业对合规风险信息的披露与认罪认罚从宽制度中的"主动认罪"整合。根据 2019 年 10 月最高院、最高检、公安部、国家安全部、司法

---

① 李本灿:《合规计划的效度之维——逻辑与实证的双重展开》,《南京大学法律评论》2014 年春季卷,第 229 页。

② 陈瑞华:《企业合规基本理论》,北京:法律出版社 2020 年版,第 27 页。

部联合发布的《关于适用认罪认罚从宽制度的指导意见》第九条之规定，在从宽的幅度和限度上，主动认罪优于被动认罪。那么，将来我们在建立刑事合规制度的时候，必须将合规风险信息的披露纳入认罪认罚之"主动认罪"范畴；对于企业刑事合规且认罪认罚的，从宽幅度一般应当大于仅有合规或认罪认罚的。对企业既有披露风险信息情节，同时认罪认罚的，应当在法定刑幅度内给予相对更大的从宽幅度，但不可作重复评价。

### 4. 律师的充分参与专业服务

认罪认罚与刑事合规对协商性、合作性司法的追求，给被追诉的企业释放出较大的自由选择与裁量空间。在复杂的规则面前，每一次选择，都涉及企业巨大利益与发展前景，企业必须审慎而理性。因而，无论是认罪认罚还是刑事合规，要实现其制度初衷，都必须有律师的支持与协助作为保障。为回应这一现实需求，认罪认罚制度在实施的同时，完善了值班律师制度，让值班律师在认罪认罚中扮演了解释和说服者、协商和监督者等多种身份。[1] 强化了辩护律师在认罪认罚程序中的重要作用，全国范围内"辩护律师全覆盖"的改革是为了认罪认罚制度的实施而推进。的确，即便认罪认罚对被追诉人存在从宽的实质利益与激励待遇，但没有律师的参与、沟通，被追诉人会因其戒备的心理，产生对制度的疏离感。

随着合规的深入推进，刑事合规已被视为一种有别于诉讼业务的法律服务业务逐渐被重视。律师在刑事合规中的核心任务包括：对企业进行合规调查；刑事追诉的、调查的应对；帮助企业建设合规体系。在认罪认罚与刑事合规中，律师都必须从企业利益最大化角度出发，在法律许可的范围内，与追诉机关进行协商、交涉、沟通，将制度允诺的激励待遇变为企业的发展契机。

通过律师的实践工作，就认罪认罚案件与刑事合规的业务开展，可形成专门化的经验和专项法律服务。这些经验与服务将对程序激励转变为制度内生的实施动力具有重大作用。如当企业面临认罪认罚与刑事合规的多种程序激励时，如何帮助企业根据企业的实际情况和发展需求，作出合理的选择和补救措施，这既考量律师的智慧与才能，也事关程序激励是否真正能发挥效能。当前律师对民营企业涉黑犯罪，在提供认罪认罚和合规法律服务时，大多心存顾虑，担心被以"共犯"追究，形成影响程序激励实现的巨大障碍。律师的充分参与专业服务，是连接和激活认罪认罚视域下刑事合规程序激励活力的重要保障，在"中兴公司的出口管制合规""湖南建工的诚信合规计划""西门子的反商业贿赂合规计划"

---

[1] 姚莉：《认罪认罚程序中值班律师的角色与功能》，《法商研究》2017 年第 6 期。

以及"企业合规无罪抗辩第一案——雀巢员工侵犯公民个人信息案"等诸多重大刑事合规案件中,律师都发挥了重大作用。

**5.优待企业,保护被追诉人的权利**

程序激励的重要目标是给予被追诉人更多的选择与自由。但司法协商和快捷、灵活的程序,也对被追诉人行使权利的能力提出了更高的要求。具体而言,当涉罪企业对自己的权利茫然不知或无力行使时,就必须为被追诉人程序激励的实现设定保障性权利,即为实现权利的权利设定。认罪认罚制度从实施伊始,并一直强调保护被追诉人的权利,如强调公安司法机关的告知义务、保障被自诉人认罪的自愿性与合法性等。

从整体上来看,认罪认罚针对的是所有被追诉人,只要选择认罪认罚的,一律平等进行权利保护,给予程序激励。刑事合规,也意在给予企业"再一次的机会",实现对企业和企业员工的利益保护。有所不同的是,刑事合规更加强调和注重的是对企业的保护。美国司法部贯彻多年的"能起诉自然人,就不起诉企业"理念。[①] 多国的刑事合规,也形成了诸多"交出自然人,保护企业"的案件。因此,企业犯罪认罪认罚与刑事合规的程序激励选择,必须做好自然人权利保护和企业权利保护的平衡。

具体路径上,可以通过设置被追诉企业"权利清单"与公安、司法机关"义务清单"模式实现。"权利清单"主要包括:知情权、获得律师帮助权、程序选择权、自主制定和完善合规计划权、不被强迫自证其罪、反悔权、救济权等;"义务清单"主要包括:告知的义务;保障的义务;平等沟通的义务;协助和监督企业合规建设的义务;遵守程序的义务等。

## 二、刑事合规与认罪认罚程序激励体系的构成

对涉罪企业的程序激励,从刑事立案后的侦查阶段开始就已经产生,一直延续到起诉阶段、审判阶段,只是在不同阶段的体现方式不同。但从内容来看,认罪认罚的涉罪企业,因合规可获得的程序激励主要包括:

**1.强制措施的轻缓化**

在对企业犯罪的追诉中,强制措施包含对人的强制措施和对物的强制性措施。强制措施的轻缓化带来的程序激励效果是最为直接、明显的,也是当事人首先关注的激励待遇。

---

① "DOJ Announces Revised Guidance for Corporate Cooperation Credit",https://www.Iw.com/thought leadershiip,April8,2019.

（1）严格审批程序，降低拘捕率

在企业涉罪案件中，如果对企业家或企业高管、负责人采取拘留、逮捕等限制人身自由的强制，不仅会损害企业家本人及家庭的利益，还会对企业的生产经营活动产生重大影响。如引起股价大跌、声誉下降、客户担忧、员工人心惶惶等，严重者导致企业停产停业。联合国《公民权利和政治权利国际公约》第9条规定：等候审判的人受监禁不应作为一般规则。与其他国家和地区相比，我国的逮捕率虽然有所下降，但整体仍然偏高。根据最高人民检察院公布的全国检察机关主要办案数据显示，2005年的逮捕率为91％、2015年为80％，2020年1至9月，共批准和决定逮捕各类犯罪嫌疑人551002人，同比下降35.4％。①《广东省人民检察院2020年工作报告》也显示，2019年广东省人民检察院对民营企业家或民营企业犯罪，坚持能不捕的不捕，对民营企业涉罪案件不批捕879人，不捕率为23.6％。显然，面对过高的审前羁押导致的弊端，降低逮捕率成为我国强制措施制度改革的基本方向。

企业犯罪多为经济、财产型犯罪。与一般的自然人犯罪不同，在企业犯罪中，企业管理者、负责人逃跑或继续危害社会的危险性不大，尤其是认罪认罚并有较好的合规计划的企业，采取非羁押性措施，如取保候审、监视居住足矣。如同在"孟晚舟案件"中，虽然此案全球关注，但也并没有审前羁押，而是选择替代性的保释措施。实际上，在追诉实践中，最高人民检察院也多次表示，检察机关应慎重逮捕涉嫌犯罪的企业管理者，确需逮捕应提前与涉案企业沟通。2019年12月3日，原最高人民检察院检察长张军在参加最高人民检察院开放日活动时表示，最高检高度重视保护民营企业合法权益，对涉嫌犯罪的民营企业负责人能不捕的不捕。

有了改革的现实需求、法理的支持、实务部门的推动、国际社会的示范，立法应对降低企业犯罪审前拘捕率做出回应。将认罪认罚、刑事合规、程序激励等，通过法定情节的设定，贯穿到拘捕的审批条件和程序中，发挥其在控制和降低羁押率方面的制度性功能。

（2）强制性侦查措施的克制

强制性侦查措施对当事人的重要权益将造成一定程度的限制或损害。实践中多次出现企业犯罪案件"案件办了、企业垮了"，甚至在立案、侦查的初期，因为一些侦查措施的过当，企业因此而骤停。

---

① 《重磅！最高检发布1至9月全国检察机关主要办案数据（全文）》，https://www.sohu.com/a/425814311_118060，2020年11月2日访问。

一直以来,对强制性侦查缺乏有效的审查监督,是我国刑事诉讼中一个最薄弱的环节,而这个环节又是刑事诉讼被追诉人权利保障的关键。在当前保护民营经济的政策导向之下,公安部、最高检多次明确表示,坚决防止因侦查办案不当加剧企业生产经营困难,对涉嫌犯罪的企业不轻易查封企业账册、扣押企业财物,依法慎重使用搜查、查封、扣押、冻结等强制措施。

实际上,多年以来,学界强烈呼吁对强制性侦查措施进行司法审查,甚至提出了较为具体的制度方案。① 忌惮于限制侦查权影响打击犯罪的目标实现,立法迟迟未做出回应。认罪认罚与刑事合规似乎为这一制度实施提供了试点改革的土壤。如果说在全部案件中实施对强制性侦查措施进行司法审查尚存顾虑的话,那么对认罪认罚且加注了合规要素的企业犯罪,试点进行司法审查,实现对企业犯罪案件强制性侦查措施的谦抑与克制,于侦查程序的完善以及企业经济的保护等诸多价值追求,都是成熟、合理、多赢的选择。

**2. 不起诉、暂缓起诉的分流**

按照刑事合规的逻辑,起诉一家企业,基本上就是宣告其死刑。而一家企业的死亡,会造成成千上万的无辜第三人的经济利益甚至家庭生活受到影响。因此,无论是认罪认罚还是刑事合规,争取不留"案底""前科",让企业获得"重生"的不起诉、暂缓起诉,都是各国进行程序激励的重要筹码,也是被追诉人及其辩护律师全力以赴、努力争取的结果。当前我国的不起诉在企业犯罪中适用可通过程序改良和模式嵌入,实现程序激励。尤其是酌定不起诉与附条件不起诉,都属于检察机关裁量不起诉范畴,可以非常便利、有效的适用于认罪认罚、刑事合规的程序激励。

**(1)不起诉的充实**

如何实现酌定不起诉在认罪认罚与刑事合规中的适用?依据《刑事诉讼法》第一百七十七条之规定,适用酌定不起诉必须满足三个条件:已经构成犯罪;犯罪情节轻微;依照刑法规定不需要判处刑罚或者免除刑罚的。对于认罪认罚中酌定不起诉的运用,《指导意见》第30条规定,应逐步扩大酌定不起诉在认罪认罚案件中的适用。对认罪认罚后没有争议,不需要判处刑罚的轻微刑事案件,人民检察院可以依法作出不起诉决定。

---

① 关于如何对强制性侦查措施进行司法审查的制度设计,参见龙宗智:《强制性侦查司法审查制度的完善》,《中国法学》2011年第6期;李建明:《强制性侦查措施的法律规制与法律监督》,《法学研究》2011年第4期;孙长永:《强制侦查的法律控制与司法审查》,《现代法学》2005年第5期。在相关研究中,诸多法学大家都提出对我国强制性侦查措施进行司法审查的具体方案。

当企业认罪认罚叠加了刑事合规的情节,酌定不起诉则有了更多的适用空间。此时,应对企业的认罪认罚、获得被害人谅解、积极退赃退赔、合规计划等进行综合审查,符合上述条件的,检察机关可以不起诉。

(2)暂缓起诉的扩大适用

暂缓起诉,又称附条件不起诉、缓诉、暂缓不起诉、起诉保留等,在刑事合规中适用非常广泛。根据我国《刑事诉讼法》第二百八十二条之规定,我国的附条件不起诉只针对成年犯罪,即对于未成年人涉嫌刑法分则第四、五章、六章规定的犯罪,可能判处1年有期徒刑以下刑罚,有悔罪表现的,人民检察院可以设置一定的考验期和应遵守的义务,待考验期满再根据犯罪嫌疑人在考验期内的表现,决定是否最终起诉或不起诉。我国未成年犯罪的附条件不起诉运行模式与美国刑事合规中广泛使用的"暂缓起诉协议"(deferred prosecution agreement,简称DPA)基本相同。当前,从我国企业犯罪治理和民营经济保护的角度出发,要求改造附条件不起诉制度,将其扩大到刑事合规和认罪认罚程序的呼声此起彼伏,理论研究甚至提出了较为完整的立法应对方案。在刑事合规暂缓起诉的全球化态势之下,我国刑事合规的暂缓起诉应借助认罪认罚提供的制度供给,通过企业与检察官的沟通、协商直至达成最后的缓诉协议,换取刑事程序的相应优待。此外,还需构建从刑事合规—认罪认罚—暂缓起诉的关联和具体操作指引。

3.便利诉讼程序的选择

对涉嫌犯罪的企业而言,时间就是利润,效率就是生命。尽早地从刑事追诉中摆脱出来,恢复企业正常的生产经营是涉罪企业的重要诉讼利益。

(1)简易、速裁程序的扩容

当前我国刑诉法在简易程序适用的重要条件之一是"被告人承认自己所犯罪行,对指控的犯罪事实没有异议的",速裁程序则专门针对被告人认罪认罚案件。显然,便利诉讼程序的选择适用均考虑了"认罪""认罪认罚"等要素,但对刑事合规未曾涉猎,无从体现。从简易程序、速裁程序设计时依据的标准来看,要求案件事实清楚、证据充分,控辩双方对罪刑争议不大。刑事合规涉及的诸多企业犯罪案件符合这一标准,却无法完全满足《刑事诉讼法》第二百二十二条中适用速裁"基层人民法院管辖的可能判处3年有期徒刑以下刑罚的案件"这一条件,因而无法选择带来实质简易的速裁程序。随着刑事合规的深入发展,简易程序与速裁程序必须在适用范围和条件上作出调整,以满足刑事合规对快捷程序激励的需求。尤其是当企业拥有认罪认罚与刑事合规情节时,在简易程序、速裁程序等便利诉讼程序的选择方面应赋予企业更大的主动权。

（2）增设刑事合规暂缓起诉司法审查程序

美国刑事合规暂缓起诉中的一个重要弊端为检察官自由裁量权过大,导致暂缓起诉被滥用。因此,后来英国、法国、德国、新加坡、澳大利亚等国家进行制度设计时,纷纷加大司法审查监督力度。同样,依前文所述,我国刑事合规附条件不起诉的引入,从协议订立、履行、评估、考核、监管,也应接受司法审查。人民法院可以选择书面审理、听证会等简便易行的方式进行,在审查过程中,人民法院应努力实现起诉方的权力、被追诉企业的利益以及社会公平正义三者的平衡。

# 第十一章　企业合规刑事诉讼特别程序的设立

## X公司走私普通货物案 *

　　X股份有限公司(以下简称"X公司")系内地水果行业的龙头企业。2018年开始,X公司从其收购的T公司进口榴莲销售给国内客户。张某某为T公司总经理,负责在泰国采购榴莲并包装、报关运输至香港;曲某某为X公司副总裁,分管公司进口业务;李某、程某分别为X公司业务经理,负责具体对接榴莲进口报关、财务记账、货款支付等。X公司进口榴莲海运主要委托深圳、珠海两地的S公司(另案处理)代理报关。在报关过程中,由S公司每月发布虚假"指导价",X公司根据指导价制作虚假采购合同及发票用于报关,报关价格低于实际成本价格。2018年至2019年期间,X公司多次要求以实际成本价报关,均被S公司以统一报价容易快速通关等行业惯例为由拒绝。

　　2019年4月后,经双方商议最终决定以实际成本价报关。2019年12月12日,张某某、曲某某、李某、程某被抓获归案。经深圳海关计核,2018年3月至2019年4月,X公司通过S公司低报价格进口榴莲415柜,偷逃税款合计397万余元。案发后,X公司规范了报关行为,主动补缴了税款。2020年1月17日,深圳市检察院以走私普通货物罪对张某某、曲某某批准逮捕,以无新的社会危险性为由对程某、李某作出不批准逮捕决定。2020年3月3日,为支持疫情防控期间企业复工复产,根据深圳市检察院建议,张某某、曲某某变更强制措施

　　* 案例援引自最高人民检察院于2021年12月8日发布的关于企业合规的第二批指导性案例——深圳X公司走私普通货物案。

为取保候审。2020 年 6 月 17 日,深圳海关缉私局以 X 公司、张某某、曲某某、李某、程某涉嫌走私普通货物罪移送深圳市检察院审查起诉。

鉴于该公司积极开展企业合规整改,建立了较为完善的合规管理体系,实现合规管理对所有业务及流程的全覆盖,取得阶段性良好效果,为进一步支持民营企业复工复产,深圳市检察院于 2020 年 9 月 9 日对 X 公司及涉案人员作出相对不起诉处理,X 公司被不起诉后继续进行合规整改。为了确保合规整改的持续性和有效性,深圳市检察院对 X 公司合规整改进行评估验收,并由第三方工作组继续对 X 集团进行为期一年的回访考察。

在该案办理过程中,深圳市检察院依法向深圳海关发出《检察建议书》。深圳海关就完善进口水果价格管理机制向海关总署提出合理化建议,并对报关行业开展规范化管理,引导企业守法自律。同时,深圳市检察院与深圳海关加强在合规整改结果互认、合规从宽处理等方面的沟通协作,形成合力,共同帮助 X 公司完成合规整改。

## 评述

上述案例虽然没有经过完整的诉讼流程,而是在起诉环节程序终结,但通过对案件的处理流程的梳理来看,企业刑事合规对传统的"以自然人为中心"的刑事追诉程序提出了新的挑战。因而也要求当前我国的刑事诉讼法必须在企业刑事合规程序设置方面有所考量。

### 一、企业刑事合规对刑事诉讼程序的特殊要求

1.侦查、审查起诉、审判、执行等期限设置要满足企业合规整改、合规体系重建、考察、评估、审查等多项工作的特殊需要

本案中,侦查、审判、执行阶段的刑事合规工作甚少,但审查起诉阶段检察机关的合规工作却非常的繁杂,需要较长的时间才能理顺。本案中,2020 年 6 月 17 日,深圳海关缉私局移送深圳市检察院审查起诉。深圳市检察院于 2020 年 9 月 9 日对 X 公司及涉案人员作出相对不起诉处理。2021 年 6 月深圳市检察院委托第三方组织对企业进行合规考察评估,考察结束后,第三方工作组继续对 X 集团进行了为期一年的回访考察。上述工作的完成,耗时两年多时间。而按照我国《刑事诉讼法》第一百七十二条第一款规定:人民检察院对于监察机关、公安机关移送起诉的案件,应当在一个月以内作出决定,重大、复杂的案件,可以延长 15 日;犯罪嫌疑人认罪认罚,符合速裁程序适用条件的,应当在 10 日以内作出决定,对可能判处有期徒刑超过 1 年的,可以延长至 15 日。显然,上述期限规定

没有考虑企业合规建设所需时间要求,已经无法满足企业刑事合规程序的需求。

**2.强制措施的适用要结合企业的实际情况,并发挥合规的程序激励作用**

我国的五种强制措施拘传、取保候审、监视居住、刑事拘留、逮捕的条件设置和适用范围,基本上都是以自然人犯罪为中心设置,没有融入企业合规的情节。实际上,强制措施具有明显的刑事合规激励效应。本案中,深圳市检察院对张某某、曲某某批准逮捕,对程某、李某作出不批准逮捕决定。为支持疫情防控期间企业复工复产,后来对已经批捕的张某某、曲某某变更强制措施为取保候审。"支持防控疫情期间企业复工复产"的理由并不是强制措施变更的法定理由,该理由是考虑了企业发展经营的实际需要,是关乎企业刑事合规的一个特别表达,正当合理,但缺乏法律根据。为确保公检法依法自如地在刑事合规中运用刑事强制措施,比如在强制措施的立法设计中充分考虑企业犯罪的特殊情况以及合规的法律效力。

**3.刑事合规的最重要手段——合规不起诉,无法承载合规改革的需求**

本案中,深圳市检察院根据全案的具体情况,最终对 X 公司及涉案人员作出相对不起诉处理,但要求 X 公司被不起诉后继续进行合规整改。这一做法其实选择做合规暂缓起诉或者附条件不起诉更为合适,或者效果更为明显。但由于我国刑事诉讼法目前尚无对其企业合规暂缓起诉或者附条件不起诉的法律依据,检察机关只能适用相对不起诉。相对不起诉原本是属于法律规定的对所有人(包含自然人、法人)的不起诉制度,无法特别体现对企业刑事合规的程序激励。随着刑事合规的深入推进,对合规不起诉的改造已成为立法之重点。

**4.刑事合规程序中要体现合规引导,做好与行业治理、行政管理衔接贯通**

传统的刑事诉讼,多为公检法机关之间合作的诉讼活动,与其他行政机关广泛合作的较少。但刑事合规中,检察机关必须与行政机关在多方面开展合作,才能顺利完成刑事合规的任务。本案中,深圳市检察院与深圳海关在合规整改结果互认、合规从宽处理等方面有效合作,最终使得本案的处理获得法律效益和社会效益的最大化。因此,企业刑事合规在进行中央层面的立法时,必须从原则、方针以及具体的制度设计方面对刑事合规与行政合规的衔接予以关注。

## 二、刑事诉讼法应对企业刑事合规程序立法给予特别考量

本案例发生在 2020 年 3 月我国企业合规的第一批试点改革进行的过程中,属于各地检察机关对企业刑事合规试点的积极探索。实际上,在试点进行的过程中,各地检察机关已经普遍感觉到现行刑事诉讼程序法无法满足企业刑事合

规改革的需要。一方面,试点必须严格按照现行法律规定进行,另一方面,一些检察机关开始在法律许可的范围内进行探索,如将合规相对不起诉与检察建议的结合。但从整体上来看,检察机关在刑事合规中因为缺乏刑事诉讼法的明确制度支持,在实践中无法施展拳脚。随着试点改革的深入推进,提出对企业刑事合规进行法律层面的修订的呼声越来越高。理论界召开了不同层次的关于企业刑事合规改革与刑事诉讼法修订的专项研讨。如2022年3月26日,中国人民大学法学院举行涉案企业合规改革与刑事诉讼法修改研讨会。参会代表就刑事诉讼法的修订、增设企业合规特别诉讼程序等建言献策,贡献法治智慧。多位研究者提出了关于刑事合规特别程序增设的建议,并提出了较为具体的方案。

我国《刑事诉讼法》自1979年颁布以来,已经经过了1996年、2012年、2018年三次修改,每次修改的程序都颇为复杂,耗时较长。就本轮企业刑事合规的改革实践,《刑事诉讼法》作出修订已经是大势所趋。然而,如何做到让立法修订既能满足改革的需要,适应新的形势变化,又能够使得修法成本最低,简便易行,亦是立法决策时应考量的重要因素。

# 第一节　关于企业合规刑事诉讼程序改革的几种思路

企业合规改革的深入推进,必定会引起立法的修订,而理论研究则为法律最终的修订提供重要的方案。当前最为紧迫的是在吸收和借鉴企业合规相关理论研究成果的基础上,及时对《刑事诉讼法》进行修改。通过法律修订,将试点改革取得的成果进行确立、巩固,并进一步推进改革的发展。到目前为止,关于企业刑事合规司法程序的立法设计,诸多学者已经展开研究,并分别提出了不同的意见。代表性的观点有"与认罪认罚从宽制度融合说"以及"建立独立的企业合规特别程序说"两种。

## 一、与认罪认罚从宽制度融合

### 1. 主要观点

"与认罪认罚从宽制度融合说"并没有系统的就刑事合规诉讼程序的建设提出完整的思路,而是针对刑事合规程序中的主要制度——合规不起诉提出了具体的立法建议。坚持此种观点的学者认为,认罪认罚从宽与合规从宽具有诸多共同之处,建议在《刑事诉讼法》第一百八十二条之后增加"第一百八十二条之一"和"第一百八十二条之二",对企业附条件不起诉的适用条件和考察程序等作出规定。① 也有学者指出，从两种制度内核相似性与构建经济性的角度考虑，融合构建更为合适。具体可从企业认罪认罚的方式、有效合规计划的融入、从宽的种类、认罪认罚有效性审查及配套机制、证据证明、强制措施的应对等多方面展开。本书亦在专门章节论述了认罪认罚从宽与刑事合规程序激励在内容、效力上的融合。显然，就刑事合规与认罪认罚如何融合的具体立法形式，大多数学者并没有深入的研究。

2.观点评析

刑事合规与认罪认罚从宽在适用范围、目的追求、手段保障、制度内容等方面，的确存在较大的交叉，但事实上，二者并不是完全重叠一致。认罪认罚从宽实际上主要是针对自然人犯罪后的认罪认罚从宽进行程序设计，对企业犯罪的特殊关注较少。毕竟，相较于自然人犯罪，企业犯罪占比较低。虽然，合规不起诉在立法上可简单实现与认罪认罚的融合，但显然，合规不起诉并不是刑事合规程序的全部。企业刑事合规内容较为庞杂，包含了在不同诉讼阶段以及诉讼参与人、强制措施、证据证明等多方面的特殊要求，认罪认罚从宽在刑事诉讼程序中的相关规定较为简单、零碎，如果实现二者的全面融合，需要大费周章，而且对刑事诉讼法的结构影响较大。因此，从刑事合规程序系统构建的角度，与认罪认罚从宽在立法上的融合构建，并不是最经济、最科学、最合理的选择。

## 二、建立独立的企业合规特别程序

所谓刑事特别程序，与刑事诉讼中的普通程序、简易程序、速裁程序相对而言。具体是指我国《刑事诉讼法》规定的，适用于特殊类型案件的刑事诉讼程序和处理特定事项的非刑事诉讼程序的统称。② 部分学者认为，企业刑事合规，可视为刑事诉讼领域内特殊的主体——企业和特殊事项——合规，适用特别程序的立法体例。

1.主要观点

学者杨宇冠研究员认为，一方面，《刑事诉讼法》的修订启动应该谨慎，面对随时出现新情况的刑事合规，不宜多次的、全面的修订《刑事诉讼法》。另一方面，我国现行《刑事诉讼法》主要是针对自然人犯罪追诉设立，而企业合规的刑事案件中，诉讼原则、被追诉人性质、立案标准、程序激励、处罚方式等方面，都与对自然人的追诉有重大区别。鉴于上述两个原因，建议在《刑事诉讼法》中为企业

---

① 李勇：《企业附条件不起诉的立法建议》，《中国刑事法杂志》2021年第2期，第142页

② 吕晓刚：《刑事特别程序辨义》，《湘潭大学学报(哲学社会科学版)》2016年第5期。

合规制定特别程序，并将其作为《刑事诉讼法》特别程序体系中的第六种类型。①

李奋飞教授则从单位犯罪一个更加宽广的视野指出，为满足企业刑事合规诉讼程序的发展需要，应在刑事诉讼法特别程序编设置"单位刑事案件诉讼程序"。他认为，如果只设定"企业合规特别程序"，范围过于狭窄，未来的发展趋势是不仅仅要求企业合规，也要求单位组织合规。况且，我国刑法中就犯罪主体的不同，也分为自然人犯罪与单位犯罪。刑事合规程序的立法应该与刑法的规定保持一致。至于如何设置"单位刑事案件诉讼程序"，李教授指出，可在刑事诉讼法"特别程序"一编中第二章设立"单位刑事案件诉讼程序"。具体内容上包括：合规附条件不起诉、单位刑事案件坚持的方针与原则、诉讼代表人、责任主体分离追诉、强制性措施等基础条款。②

2. 观点评析

无论具体名称如何，就企业刑事合规设置特别程序是目前法学理论界呼声最高的、切实可行、简便易操作的立法建议。立法必须具有一定的前瞻性，应该为可预见的未来若干年的发展留下足够的制度空间。从这一点来看，合规特别程序的设置不仅应包含企业，还应包含相关的单位组织。"特别程序"的设立只是解决了立法体例的问题，立法内容和制度设计是重点，也是难点。从当前的研究来看，除了李奋飞教授、杨宇冠研究员尝试提出了建议草案之外，尚未见到其他成熟的建议草案。我国传统的"以自然人为中心"的刑事诉讼程序格局，经过多年打磨，方才日渐成熟。企业合规特别程序的具体设计同样需要理论界、实务界齐心协力，群策群力，才能最终建立企业合规的刑事诉讼程序支撑。

## 第二节　设置企业合规特别程序的必要性

### 一、设置刑事诉讼特别程序，是当前世界上主要国家刑事司法程序应对刑事司法日益复杂、多元的重要做法

不可否认，社会发展日新月异，刑事诉讼因主体、对象、事由等要素的不同，

---

① 杨宇冠：《企业合规与刑事诉讼法修改》，《中国刑事法杂志》2021 年第 6 期。
② 李奋飞：《"单位刑事案件诉讼程序"立法建议条文设计与论证》，《中国刑事法杂志》2022 年第 2期。

对刑事司法提出了不同的要求。在刑事诉讼法典化呼声日益见涨的当今,刑事诉讼立法既要满足法典化的一般要求,还要兼顾专门事项追诉的特殊要求。为平衡这一需求,世界范围内无论是判例法的英美法系,还是法典化的大陆法系,均选择了在刑事诉讼中设除了普通程序之外的特殊程序,来满足不同层次的刑事追诉需求。具体如,法国《刑事诉讼法典》在第十一编规定了对军事犯罪、危害国家利益的犯罪、恐怖犯罪、有组织犯罪、性犯罪、法人犯罪等多种特别程序;德国《刑事诉讼法典》在"特别程序种类"一编中就没收扣押财产、精神病人保安处分的审理等作出了规定;日本《刑事诉讼规则》则规定了少年案件、家事案件特别程序;俄罗斯《刑事诉讼法典》就精神病人的强制医疗以及分别对法官、检察官、律师、议员等特殊主体的追诉规定了特别程序。① 面对刑事司法程序完备化、科学化、专业化、精密化的要求,我国刑事诉讼法立法中也创设专门的"第五编 特别程序",分别规定了五种特别程序:未成年人刑事案件诉讼程序、当事人和解的公诉案件诉讼程序、缺席审判程序、犯罪嫌疑人、被告人逃匿、死亡案件违法所得的没收程序、依法不负刑事刑事责任的精神病人的强制医疗程序。五种特别程序的运行实践证明,特别程序是对诉讼效率价值的坚持与完善②,同时也提升了我国刑事诉讼人权保障的水平。我国的刑事司法程序的设计更加凸显了科学化、人性化、专业化、国际化。

## 二、刑事合规诉讼程序内容的复杂性、多样性提出了对单位犯罪进行全流程、系统改造的需求

根据犯罪主体的性质不同,可将犯罪分为自然人犯罪、单位犯罪。而企业是单位犯罪中最主要的主体。当前我国的刑事追诉程序的设置,基本上是以自然人为主体设计,没有考虑单位这一犯罪主体的追诉特殊性,程序上根本无法满足对企业犯罪的需求。我国《刑法》中对犯罪进行的自然人、单位犯罪的划分,在程序法的追诉中并未得到体现。从刑事法律的立法、司法的实际情况来看,与自然人犯罪相比,对企业犯罪追诉的特殊性存在于以下多个方面:

1.犯罪构成方面

单位犯罪要求是以单位的名义,为本单位谋取非法利益,由单位的决策主体按照单位规定的程序决定,最后由直接责任人员具体实施行为。

① 陈卫东:《构建中国特色刑事特别程序》,《中国法学》2011 年第 6 期。
② 陈宏、洪良:《新〈刑事诉讼法〉特别程序对诉讼效率价值的坚持与完善》,《西南政法大学学报》2012 年第 5 期。

**2.处罚方面**

对单位和主管人员、其他直接责任人适用双罚制或两罚制。按照我国《刑法》第三十一条规定,单位犯罪的,对单位判处罚金,并对其直接负责的主管人员和其他直接责任人员判处刑罚。

**3.诉讼主体方面**

除了普通的自然人诉讼参与人之外,单位作为组织,必须由相关的自然人代表,代表单位参加刑事诉讼。对代表人的选择、权利与义务的设定等,都关系到单位重大利益的实现。

**4.举证质证方面**

在单位犯罪的追诉中,存在着单位与直接主管、责任人的刑事责任切割的问题,因此,在举证和证明中,需要对单位内部的决策、管理、培训等制度进行合规性证明,以此来确定刑事责任的最终判定。

**5.强制措施方面**

除了可以适用针对自然人的拘传、取保候审、监视居住、拘留、逮捕、人身检查等强制性措施外,还可以针对单位实施查封、扣押、冻结等强制性措施。

**6.诉讼原则方面**

由于单位主体的特殊性,在追诉时应特别予以考量。如同对未成年刑事诉讼中要坚持惩罚、教育、感化、挽救的方针,对单位犯罪,比如企业犯罪,应贯彻合规激励、平等保护等原则。

**7.诉讼制度方面**

为激励单位的自我约束与管理,对单位可进行合规不起诉等程序激励。由此,需要对单位进行合规监管以及合规体系的重建考验,从而保障单位的可持续、健康发展。

**8.司法效果方面**

对单位的刑事追诉,不仅影响到直接主管人员、负责人的重大利益,还涉及企业自身、企业的投资人、股东、合作伙伴、债权人、员工、员工家庭等多个主体的广泛利益,甚至对社会的稳定造成影响。

**9.其他方面**

包含对单位犯罪的立案、侦查、审判、执行等诸多环节,有别于对自然人犯罪追诉的特殊要求。如侦查阶段,可鼓励单位自我披露犯罪、单位员工的检举揭发等,通过共同协作完成对单位犯罪的追诉。

综上,对于单位犯罪的刑事追诉,刑事诉讼程序必须进行"全流程"规范,而不是零碎和片段的修补。在坚持我国传统的"以自然人为中心"的刑事诉讼程序格局的同时,单独建立单位犯罪刑事追诉特别程序,以实现"以提供合规从宽机会为激励、以确认落实合规整改为归宿"的创新型司法治理理念。

### 三、特别程序为试点改革提供了探索的平台空间

通过对现行刑诉法中的五种特别程序创立的实践观察可知,特别程序基本上承担了一个试点改革的职能。以未成年人刑事诉讼程序为例,对未成年人应该给予特殊的关注与保护,理论界与实务部门取得了广泛的共识。因此,世界范围内,各国通过不同的形式,纷纷创立了本国的未成年刑事诉讼特别程序。

我国的未成年人刑事诉讼程序也经过分层试点、总结、立法修订等环节,最终通过特别程序予以立法确认。1984 年,上海市长宁区法院建立少年法庭,开始探索我国的未成年刑事诉讼程序。随后,我国先后多次通过立法对未成年人刑事诉讼讼程序进行规范:1991 年《中华人民共和国未成年人保护法》确立了对违法犯罪的未成年人坚持"教育为主、惩罚为辅"的原则、隐私保护原则,贯彻"教育、感化、挽救"的方针。1999 年《中华人民共和国预防未成年人犯罪法》强调了司法机关办理未成年人刑事案件时,应保障未成年人行使其诉讼权利。最高人民法院、最高人民检察院、公安部也先后出台了一系列有关未成年人刑事诉讼程序的司法解释,建立了未成年人审判制度、检察制度和侦查制度,如犯罪记录封存制度、附条件不起诉制度、适格成年人在场制度等。庞大的、分散的立法并未形成我国统一的未成年刑事诉讼程序,但构建了我国未成年人刑事司法制度的框架。在试点积累大量的经验和成果后,2012 年,刑事诉讼法第二次修订,最终以"特别程序"的形式对多年的改革进行固化。将来,根据我国未成年人刑事诉讼程序的发展需求,也可以在适当的时候单独制定未成年人刑事诉讼法,为未成年刑事诉讼程序的发展提供更加广阔的空间。[①]

如今,我国的企业刑事合规的发展,和早期未成年刑事诉讼程序的改革与探索颇为相似。改革探索的过程,就是一个试错的过程。立法上,如果在各个章节强行融入单位犯罪的特殊规定,是一个牵扯面广、设计复杂的工作。同时,我国单位犯罪,尤其是企业合规的诸多程序和制度建设并不成熟,贸然植入各章节,以后根据情况发展修正就比较困难。反之,如果在刑事诉讼法"特别程序"一编中设立"单位刑事案件诉讼程序"作为单独的一个章节,系统规定单位犯罪的刑

---

[①]　赵秉志、王鹏祥:《论新刑事诉讼法与未成年人刑事诉讼制度的完善》,《预防青少年犯罪研究》2012 年第 3 期。

事诉讼程序,法律结构会更加流畅、紧凑、完整。同时,立法成本低、简便易行,而且随着企业刑事合规改革的日渐成熟,进行立法扩充和调整也更加便利。

# 第三节　企业合规特别程序之具体设计

## 一、立法形式

企业刑事合规内容复杂,单靠《刑事诉讼法》无法解决刑事合规中的所有企业主体的所有犯罪行为以及所涉全部事项。如果能形成包含法律、法规、规范性文件、司法解释的刑事合规规范体系,实现法律规范之间的相互补充与促进,将极大地促进企业刑事合规的程序改革与实施。

1.《刑事诉讼法》专章立法

可借鉴未成年刑事诉讼程序的立法模式,首先在《刑事诉讼法》特别程序中的第二章中专章设立特别程序。具体内容设计将在本节第四部分专门介绍。

2.相关法律的补充与完善

有学者提出制定专门的《中华人民共和国企业合规法》,[①]一揽子解决关于企业合规的诸多实体问题。这是一种理想化的立法状态,但就目前的社会发展形势来看,时机并未成熟。当前,我们可对相关法律法规进行整理,为企业刑事合规的立法从不同层面进行补充和完善。相关法律内容不限于刑事诉讼的规定,但属于对企业合规刑事诉讼从不同角度的一种重要补充。相关法律主要包括:

(1)刑事法律方面

《刑法》首先应对合规的实体法律效力作出回应。《刑法》赋予合规的出罪或从宽法定情节的效力将为刑事诉讼程序的激励提供了重要的实体依据,也是刑事合规顺利实施的重要保障。同时,借鉴美国、英国、法国等国家的《反海外腐败法》《反贿赂法》《萨宾第二法案》等法律在企业刑事合规中的规定,积极推动中国正在酝酿中的《中华人民共和国反腐败法》出台,并就企业刑事合规的制度建设做出回应。2017年10月18日,习近平总书记在十九大报告中指出,要夺取反

---

① 杨宇冠:《企业合规与刑事诉讼法修改》,《中国刑事法杂志》2021年第6期。

腐败斗争的胜利,必须深化标本兼治,推进反腐败国家立法。① 2018 年 3 月 20 日,第十三届全国人民代表大会第一次会议通过了《中华人民共和国监察法》(以下简称《监察法》)。但《监察法》重在国家层面对公权力犯罪的惩治,对于公权力犯罪中的一个重要环节,企业尤其是国有企业参与犯罪,未从合规角度触及。因此,随后《中华人民共和国反腐败法》的立法,必须吸收当前企业刑事合规改革的相关成果,回应改革的诉求。此外,面对日趋多样化的商业贿赂行为,我国应进一步加大反商业贿赂的立法。当然,在反商业贿赂的立法建设中,企业刑事合规仍然属于重要内容。

(2)行政法律方面

企业的诸多犯罪为行政犯,兼具违反行政法和刑法的性质。企业刑事合规本质上是中国特色"行刑"衔接机制的重要组成部分,行政监管是企业合规的基础。只有在行政监管严重失灵,才能启动刑事追诉。我国企业合规中的"行刑衔接不畅"是存在多年的痼疾。企业刑事合规的法治建设,"行刑衔接"是重要视角。因此,当前应在环境保护法、食品安全法、产品质量法、反不正当竞争法、知识产权保护法、个人信息保护法、税法、海关法等重要的行政监管法律体系中,全面融入合规理念,加强合规监管。在行政监管失灵,企业涉嫌犯罪时,应从行政与刑事的激励、合规计划的制定实施、证据适用、法律适用、主观过错、责任判定等方面前后综合认定。② 以《中华人民共和国企业所得税法》为例,可探索企业涉嫌偷税漏税犯罪时,授权税务机关与检察机关联合调查,以及行政激励与刑事激励融通等做法,便于涉税犯罪刑事合规的灵活推进。

(3)民事经济方面

在《公司法》《企业法》《合同法》《票据法》《证券法》等法律文件中,引导企业进行合规体系建设,并根据行业要求的不同,制定企业合规的一般原则和专项规则。同时,在相关的民事经济法中,就企业的违法犯罪进行刑事责任的规定时,亦可就合规的刑事法律效力进行指引,充分发挥民事经济法作为附属刑法的刑事合规功能。以《公司法》为例,可在第一章总则部分,增设"公司在经营管理过程中应加强企业合规建设"的基本原则,在第十二章的法律责任部分,可规定公司可因为合规获得相应各项法律责任的从宽。

---

① 习近平在中国共产党第十九次全国代表大会上的报告:人民网:http://cpc. people. com. cn/n1/2017/1028/c64094-29613660-15. html. 2022 年 5 月 1 日访问。第 196 页。

② 张泽涛:《论企业合规中的行政监管》,《法律科学(西北政法大学学报)》2022 年第 2 期。

（4）程序法律方面

《民事诉讼法》《行政诉讼法》《仲裁法》等程序性法律应根据企业合规建设的具体情况，就企业违约、违法的行为，从民事经济合规、行政合规的角度，给予程序激励。

### 3. 司法解释的细化和指引

司法解释是指最高人民法院、最高人民检察院在适用法律过程中对具体应用法律问题所作的解释，包括审判解释以及检察解释两种。司法解释的效力层次不高，但具有填补"法律漏洞"、指引具体办案、探索司法改革的重要功能。西方国家的企业刑事合规改革，在最初阶段都制定了大量的司法解释或专项规则。如美国的《联邦起诉企业的原则》[①]《组织量刑指南》《公司合规计划评价》等。美国司法部就企业起诉政策发布过多份手册、指南或备忘录，为美国检察官运用刑事合规政策提供了具体的指引。我国的司法解释主体众多，数量庞大。涉及企业刑事合规的特别程序规定在具体规定时有两种方案可供选择：第一种方案是在《人民检察院刑事诉讼规则》《关于常见犯罪的量刑指导意见（试行）》《最高人民法院关于适用〈中华人民共和国刑事诉讼法〉的解释》等主要的司法解释中分别增加企业刑事合规程序的规定；虽然目前制定《中华人民共和国企业合规法》的时机尚未成熟，但由主要的司法机关联合就企业合规刑事诉讼制定专门规则却可以尝试，这是第二种方案。专门规则可从立案、侦查、起诉、审判、执行等全流程进行探索规定。

## 二、特别程序的具体设计

### 1. 程序的名称

在刑事诉讼法的"特别程序"中，就企业合规的立法设计，具体名称上目前有以下几种观点：一种认为应叫做企业刑事合规特别程序；另一种观点认为叫做单位犯罪刑事诉讼特别程序更合适。还有学者提出应该叫做刑事合规监管程序，强调立法应从对涉案企业的监管主体、监管手段、监管对象、有效性评估的主体等基本问题进行规定。[②] 从立法的现实性、包容性、前瞻性来看，刑事合规监管

---

① 《联邦起诉企业的原则》又叫做《联邦起诉商业组织原则》（"霍尔德备忘录"），1999年美国司法部通过该文件规定了检察机关起诉企业时应考虑合规因素。2003年，进一步强调了检察官在决定是否起诉企业时应考虑企业是否具有有效的合规计划。

② 周振杰：《刑事合规的实践难题、成因与立法思路——以企业合规改革试点典型案例为视点》，《政法论丛》2022年第1期。

程序的范围过于狭窄,因为刑事合规并不仅仅是监管的问题,还涉及立案、侦查、起诉、审判、执行等诸多阶段的系列性问题,如起诉阶段的合规不起诉、审判阶段的合规从宽、执行阶段的暂缓执行等。企业刑事合规特别程序虽然可以包含企业刑事合规的系列问题,但要注意的是,我国刑法中根据犯罪主体的不同,分为自然人犯罪和单位犯罪,单位范围广泛,包括包含公司、企业、事业单位、机关、团体等,企业是最主要的单位,但并不是唯一的单位。况且,中国的合规建设目前重点是企业,未来一定会发展到所有单位的合规建设。因此,修订刑诉法时,必须考虑程序法与实体法的对称,还应为将来的改革留有余地。因此,在刑诉法特别程序编中,企业合规的特别程序宜确定为"单位犯罪刑事诉讼特别程序",但在内容设计上,以企业刑事合规程序为主。

至于放在特别程序编中的哪一章节,目前也有两种观点:作为特别程序编中的第二章或者第六章。综观我国刑诉法中特别程序的顺序安排,立法是有一定的考量和规律遵循。2012 年之前,我国刑事诉讼法立法中并没有特别程序的设置,2012 年修订刑事诉讼法时,回应社会治理的需要,增设了 4 种特别程序,分别是:第一章,未成年人刑事案件诉讼程序;第二章,当事人和解的公诉案件诉讼程序;第三章,犯罪嫌疑人、被告人逃匿、死亡案件违法所得的没收程序;第四章,依法不负刑事责任的精神病人的强制医疗程序。第一章的未成年人刑事案件诉讼程序因为犯罪主体特别而单列,第二章、第三章、第四章则均属于某些条件或者处理事项特殊而单列。2018 年,我国刑事诉讼法第三次重大修改时,增设缺席审判程序,将其作为特别程序的第三章插入,也主要是因为其同样属于审判程序的"缺席"这一特殊之处,故而将其植入第三章。我国单位犯罪的特别程序,与未成年人刑事案件诉讼程序一样,属于犯罪主体的特殊,故而在立法设计时,应将二者放在一起,单位犯罪的特别程序作为第二章更妥当,以保持特别程序体系的自洽性。

2.条款与内容

可以借鉴未成年人刑事案件诉讼程序的立法设计,主要条文如下:

(1)第二百八十八条:对单位犯罪刑事追诉全过程中,坚持事前预防与合规激励保护相结合的原则。企业涉嫌犯罪的,对涉案企业负责人可依法不捕、不诉、不判实刑。(原则与方针)

(2)第二百八十九条:对单位犯罪的认定,要严格区分单位犯罪和关联人员的个人犯罪,分别依法进行追诉。人民法院、人民检察院和公安机关办理单位犯罪刑事案件,应当保障单位被告人的诉讼权利,并由熟悉单位、企业运营情况的审判人员、检察人员、侦查人员承办。(单位犯罪的追诉)

（3）第二百九十条：涉嫌犯罪的单位的诉讼代表人，应当由与本案没有利害关系的法定代表人或者主要负责人或单位委托其他人作为诉讼代表人。（诉讼代表人）

（4）第二百九十一条：针对企业涉嫌犯罪的具体情况，公安司法机关应将企业有效的合规计划和合规建设承诺作为采取取保候审、监视居住等非羁押性措施以及采取查封、扣押、冻结等强制性措施的重要情节。（有效合规对强制措施适用的效力）

（5）第二百九十二条：公安机关、人民检察院、人民法院办理企业犯罪刑事案件，应根据情况对企业的合规建设情况进行调查。（企业合规调查）

（6）第二百九十三条：在对单位犯罪的追诉讼过程中，单位可以主动向公安机关、检察机关、人民法院申请合规整改，公安机关、检察机关、人民法院发现涉嫌犯罪的单位需要合规整改的，可以依职权向其提出建立或者完善合规计划的建议。（合规程序的启动）

（7）第二百九十四条：涉嫌犯罪的单位犯罪情节轻微、具有有效的合规计划或承诺合规建设的，可依法不刑事立案或暂缓立案。（不立案或暂缓立案）

（8）第二百九十五条：对于涉嫌犯罪的单位，具有认罪认罚、积极配合调查或侦查、主动披露犯罪、承诺进行合规整改等悔罪情节的，人民检察院可以暂缓起诉。被暂缓起诉的单位应按照相关要求进行合规建设。对于通过合规整改验收的企业，人民检察院可以作出不起诉决定。对于不能通过合规整改验收的企业，人民检察院可依法提起公诉。（合规暂缓起诉）

（9）第二百九十六条：暂缓起诉应听取被害人及其诉讼代理人的意见。对于重大企业或企业重大犯罪的暂缓起诉决定作出，人民检察院可组织专家论证或举行听证会，接受社会监督。（暂缓起诉听取意见和接受监督）

（10）第二百九十七条：单位合规整改的期限为 6 个月以上 5 年以下。上述期限不计入办案期限。（合规整改的期限）

（11）第二百九十八条：审判阶段，单位申请或人民法院要求企业合规整改的，人民法院应当通知人民检察院。人民检察院应按照合规整改的要求安排单位的合规建设、考察、评估。对于通过评估验收的，人民法院可依法从宽处罚。（审判阶段的合规建设）

（12）第二百九十九条：对于单位犯罪的审理，涉案单位应提交单位合规建设等相关证据。人民法院重点审查合规计划的有效性和合规体系是否完善。对于单位制定了有效的合规计划或完善的合规体系的，人民法院可以判决无罪或从轻、减轻、免除刑罚处罚。（合规证据的效力）

（13）第三百条：涉案单位"纸面合规""虚假合规"或者采用弄虚作假手段骗取评估验收结论的，所获得从宽待遇被取消，公安机关、人民检察院、人民法院等国家机关严格依照法律规定进行刑事追诉。（合规激励的取消）

（14）第三百〇一条：单位犯罪案件的执行，涉案单位承诺合规重建获得人民法院批准后，执行机关可采取暂缓执行、罚金减免等激励手段，保障涉案单位的正常运营发展。（合规暂缓执行或减免）

（15）第三百〇二条：涉案单位"纸面合规""虚假合规"或者采用弄虚作假手段骗取评估验收结论的，判决生效后，人民检察院、人民法院可依法提起审判监督程序予以纠正。（合规审判监督程序的提起）

（16）第三百〇三条：办理单位犯罪的刑事案件，除本章已有规定的，按照本法的其他规定进行。（特别程序与普通程序的关系）